Peut-on encore
sauver l'Église ?

HANS KÜNG

Peut-on encore sauver l'Église ?

Traduit de l'allemand par
Éric Haeussler

ÉDITIONS DU SEUIL
25, bd Romain-Rolland, Paris XIVᵉ

Ce livre est publié
sous la responsabilité éditoriale de Jean-Louis Schlegel

Titre original : *Ist die Kirche noch zu retten ?*
Éditeur original : Piper Verlag GmbH, Munich
© original : Piper Verlag GmbH, Munich, 2011
ISBN original : 978-3-492-05457-7

ISBN : 978-2-02-106149-9

www.seuil.com

Ce qui me pousse aujourd'hui à écrire

J'aurais préféré ne pas écrire ce livre. Devoir consacrer à l'Église, qui est restée la mienne, une publication aussi critique n'est pas agréable. Je parle de l'*Église catholique*, la plus grande, la plus puissante, la plus internationale et en quelque sorte aussi la plus ancienne des Églises, celle dont l'histoire et le destin influencent aussi toutes les autres.

J'aurais préféré dédier mon temps à d'autres questions et projets urgents qui figurent sur mon agenda. Mais la politique de restauration des trois dernières décennies, sous les papes Karol Wojtyla et Joseph Ratzinger, avec ses conséquences fatales et de plus en plus dramatiques pour l'œcuménisme chrétien dans son ensemble, m'impose de nouveau le rôle de critique du pape et de réformateur de l'Église – un rôle qui fait souvent écran à des aspects de mon travail théologique qui sont pour moi plus importants.

La grande crise de l'Église

Dans la situation actuelle, je ne peux pas accepter de me taire : des décennies durant, j'ai attiré l'attention – avec un succès variable, et en tout état de cause modeste, auprès de la hiérarchie catholique – sur la grande crise qui se développait dans l'Église catholique, qui est en fait une *crise de direction de l'Église*. C'est seulement avec la révélation des innombrables cas d'abus sexuels dans le clergé catholique, partout dissimulés, des décennies durant, par Rome et les évêques, que cette crise est devenue visible pour le monde entier comme une *crise du système* qui exige une réponse théologique fondée. Ni les voyages et les manifestations du pape, si solennellement mis en scène soient-ils (comme «pèlerinage» ou comme «visite officielle», c'est selon), ni les circulaires et les offensives de communication ne peuvent masquer cette crise persistante. Rien qu'en République fédérale d'Allemagne, elle s'est traduite durant ces trois dernières années par des centaines de milliers de retraits de l'Église[1] et, en général, par une prise de distance grandissante de la population avec les institutions ecclésiastiques.

Encore une fois : j'aurais préféré ne pas écrire ce livre. Et je *n'aurais pas* écrit ce livre :

1. *si* l'espoir s'était réalisé que, dans l'esprit du concile du Vatican II, le *pape Benoît* montre le chemin de l'avenir à notre Église et au monde chrétien en général. Cet espoir avait germé en moi lors de l'entretien personnel et amical de quatre heures que j'ai eu avec mon ancien collègue de Tübingen à Castel Gandolfo, en 2005. *Or*, emboîtant le pas de son prédécesseur, Benoît XVI a obstinément poursuivi dans la voie de la restauration, en prenant ses distances, sur des points importants, avec le Concile et une grande partie du peuple chrétien, tout en échouant à régler le problème des abus sexuels de clercs dans le monde entier ;

2. *si* les *évêques* avaient vraiment fait valoir leur responsabilité collégiale dans l'ensemble de l'Église – responsabilité qui leur a été attribuée par le Concile – et s'ils s'étaient manifestés en ce sens par la parole et les actes. *Or*, sous le règne de Wojtyla/Ratzinger,

---

1. Toutes les notes sont du traducteur. Il s'agit d'une déclaration de non-appartenance à l'Église catholique qui implique de ne plus payer l'impôt reversé à cette Église (sorte de «redevance» ecclésiastique). Le conflit porte ensuite sur la question suivante : en cessant d'appartenir à cette association de droit public qu'est l'Église, cesse-t-on aussi d'appartenir à la communauté de foi (et donc, est-on privé des sacrements) ? L'épiscopat allemand opinait dans ce sens, mais d'une part des procès ont eu lieu, qu'il a perdus, et d'autre part le Vatican ne l'a pas suivi.

la plupart sont redevenus de fidèles exécutants du Vatican, sans montrer de personnalité ou de responsabilité propre ; même leurs réponses aux récentes évolutions de l'Église ont été hésitantes et peu convaincantes ;

3. *si* la *communauté des théologiens* s'était comme jadis défendue publiquement avec unité et force contre la nouvelle répression et contre les tentatives romaines pour influencer le choix de la relève scientifique dans les facultés et les séminaires. *Or* la plupart des théologiens catholiques ont une crainte fondée devant le traitement critique et sans idée préconçue des thèmes tabous de la théologie dogmatique et morale, puisqu'ils courent ainsi le risque d'être censurés et marginalisés. Rares sont ceux qui osent soutenir le réformiste et mondial « Mouvement du Peuple de l'Église ». Il n'obtient d'ailleurs pas non plus assez de soutien de la part des théologiens et des dirigeants ecclésiastiques protestants, car beaucoup écartent ses questions réformatrices comme étant des problèmes internes au catholicisme ; il arrive que certains privilégient en fait les bonnes relations avec Rome au détriment de la liberté de l'homme chrétien. Tout comme dans d'autres discussions publiques, la théologie a joué un rôle minime dans les dernières polémiques autour des Églises, catholique ou autre, et a laissé passer sa chance d'exiger avec force les réformes nécessaires.

De quoi souffre l'Église ?

De divers côtés, j'ai sans cesse été prié et encouragé de prendre clairement position, de vive voix ou par écrit, sur le présent et l'avenir de l'Église catholique. Ainsi, au lieu d'articles et de colonnes isolés, me suis-je finalement décidé à rédiger un solide texte récapitulatif, qui expose et justifie ce qui, selon mon jugement éprouvé, s'avère être le *noyau de la crise* : l'*Église catholique*, cette grande communauté de foi, est gravement *malade*, elle *souffre du système de domination romain* qui, malgré toutes les résistances, s'est établi au cours du deuxième millénaire et s'est maintenu jusqu'à nos jours. Il est – je le montrerai – caractérisé par un monopole du pouvoir et de la vérité, par le juridisme et le cléricalisme, l'hostilité envers la sexualité et les femmes, ainsi que par le recours à la violence spirituelle ou non spirituelle. Ce système n'est certes pas le seul, mais il est néanmoins le principal responsable des trois grandes scissions de la chrétienté : la première entre l'Église d'Occident et d'Orient au XIᵉ siècle, la deuxième dans l'Église d'Occident entre catholiques et protestants au XVIᵉ siècle et finalement, au XVIIIᵉ-XIXᵉ siècle, la troisième scission entre le catholicisme romain et le monde moderne des Lumières.

Mais notons d'emblée ceci : je suis un théologien œcuménique *exempt de toute fixation sur le pape.* Dans *Le Christianisme. Ce qu'il est et ce qu'il est devenu dans l'histoire* (1994, trad. fr. en 1999), j'ai analysé et présenté sur près de mille pages les différentes périodes, paradigmes et témoignages de l'histoire du christianisme, en sorte qu'on ne puisse guère contester que la papauté est l'élément central du paradigme catholique romain. Un ministère de Pierre, ainsi qu'il se développa depuis les origines, était et reste pour beaucoup de chrétiens une institution pleine de sens. Mais à partir du XIᵉ siècle, il est devenu de plus en plus une *papauté monarchiste et absolutiste,* qui domina l'histoire de l'Église catholique et conduisit aux scissions de l'œcuménisme évoquées ci-dessus. Le constant accroissement du pouvoir de la papauté dans l'Église, malgré les revers politiques et les échecs culturels, représente la caractéristique décisive de l'histoire de l'Église catholique. Depuis, les points névralgiques de l'Église catholique ne sont pas tant les problèmes de la liturgie, de la théologie, de la piété populaire, de la vie religieuse ou de l'art, que ceux de la constitution de l'Église, qui, dans l'histoire catholique traditionnelle, ne sont pas mis en relief de façon suffisamment critique. Ce sont précisément ces problèmes que je vais devoir traiter ici avec grand soin, à cause de leur force œcuménique explosive.

L'actuel pape Joseph Ratzinger et moi-même fûmes les plus jeunes experts officiels au deuxième concile du Vatican (1962-1965), qui tenta de corriger ce système romain sur des points essentiels. Hélas, l'opposition de la Curie romaine fit en partie échouer ce projet. Dans la période postconciliaire, Rome mit de plus en plus de freins au renouveau, ce qui, ces dernières années, mena la maladie de l'Église catholique – dont le risque couvait de longue date – à se déclarer ouvertement.

Les scandales des abus sexuels du clergé catholique en sont le dernier symptôme. Ils ont pris une ampleur telle que n'importe quelle autre grande organisation aurait activé une recherche intense des causes d'une telle tragédie. Rien de tel dans la Curie romaine ni dans l'épiscopat catholique. D'abord, ils n'admirent pas leur part de responsabilité dans le camouflage systématique de ces affaires. Ensuite ils ne montrèrent pas – à quelques rares exceptions près – un grand intérêt pour chercher les causes historiques et systémiques profondes d'un dérapage aussi désastreux.

Le regrettable aveuglement des dirigeants actuels de l'Église et leur refus des réformes m'obligent à exposer franchement la *vérité historique sur les origines chrétiennes* contre tous les oublis, les dissimulations et les camouflages qui ont cours. Pour les lecteurs catholiques traditionnels surtout, peu au fait de l'histoire, et peut-être aussi pour des évêques, cela aura un effet de désillusion. Celui qui ne s'est pas encore vu sérieusement confronté aux faits de l'histoire sera sans doute parfois effrayé de voir ce qui s'est passé partout, à quel point les institutions et les constitutions ecclésiastiques – tout particulièrement l'institution catholique romaine de la papauté – sont «humaines, trop humaines». C'est pourtant justement cela qui signifie positivement que ces institutions et ces constitutions – y compris la papauté elle-même – sont modifiables, fondamentalement réformables. La papauté ne doit donc pas être abolie, mais rénovée dans le sens d'un service de Pierre inspiré par la Bible. Mais le système médiéval de la domination romaine doit être aboli. C'est pourquoi ma « destruction » critique est au service de la « construction », de la réforme et de la rénovation, dans l'absolu espoir qu'à l'encontre des apparences l'Église catholique restera quand même viable au troisième millénaire.

Non pas juger, mais soigner

Certains lecteurs seront étonnés de l'emploi prépondérant de la métaphore médicale dans ce livre. La raison en est que, pour ce qui est de la santé et de la maladie, des similitudes entre corps social de l'Église et organisme humain s'imposent aussitôt. Ensuite, avec le langage de la médecine, je peux, mieux qu'avec le langage juridique, exprimer le fait que, dans ce livre critique vis-à-vis de l'état de l'Église, je ne me considère pas comme un juge mais – au sens large du terme – comme une sorte de thérapeute.

Ma critique de fond du système romain est sévère et, bien sûr, je dois la fonder point par point. C'est pourquoi je vais dans ce livre constamment m'efforcer en mon âme et conscience de faire un diagnostic honnête et des propositions thérapeutiques efficaces. Une médecine sans doute souvent amère, mais l'Église a besoin d'une telle médecine si elle doit vraiment se rétablir. C'est une histoire captivante, mais, comme souvent pour les maladies, peu plaisante. Ce n'est donc ni par volonté d'avoir toujours raison ni même par pugnacité que je m'exprime si clairement, mais pour satisfaire un devoir de conscience en rendant ce service – peut-être le dernier ? – à ma communauté ecclésiale, celle que toute ma vie j'ai essayé de servir.

Comme pour mes précédents ouvrages, on fera tout à Rome pour, si ce n'est condamner, du moins réduire au silence un livre aussi gênant. C'est pourquoi, pour réveiller la hiérarchie romaine de l'Église, figée dans son idéologie et la plupart du temps en sécurité sur les plans juridique et financier, je compte sur les soutiens de la communauté ecclésiale, d'un public plus large de théologiens et, espérons-le, d'évêques ouverts au dialogue. Il s'agit de prendre acte de la présente *pathogenèse* qui explique le développement et les conséquences de la maladie dont souffre l'Église catholique et de ne pas opposer plus longtemps de la résistance ou un refus de dialoguer aux thérapies pénibles qui s'imposent. Y a-t-il de l'espoir au moins pour l'Église en Allemagne ?

Agenda pour un « colloque sur l'avenir »

Après les choquantes révélations du camouflage, pendant plusieurs décennies, des violences sexuelles, la conférence épiscopale allemande – à l'incitation du Comité central des catholiques allemands (ZdK)[1], la plus haute instance des laïcs catholiques – a annoncé à l'automne 2010, dans une lettre à tous les catholiques, un « colloque » biennal de l'Église « sur l'avenir ». Cette tardive *initiative de dialogue* – près de cinquante années après Vatican II – est à saluer ; elle signifie qu'enfin les évêques s'inquiètent de la frustration, de l'opposition et des défections de la communauté catholique consécutive à la crise des abus sexuels et au blocage complet des réformes. Le dialogue doit inclure la conférence épiscopale, les diocèses, les paroisses, mais aussi des intervenants plus extérieurs.

Mais lors du passage de 2010 à 2011, on pouvait constater que cette initiative de dialogue était une fois de plus dans l'impasse. En effet, les évêques allemands ne sont pas d'accord entre eux. Certains ne reconnaissent même pas le Comité central des catholiques allemands (ZdK) comme partenaire de dialogue et de coopération – sans parler de « Nous sommes l'Église », crédité de bien plus d'un million de signatures, une « voix du peuple de l'Église » indépendante.

1. Le Comité central des catholiques allemands (ZdK, *Zentralkomitee der deutschen Katholiken*) est une structure officielle qui représente les laïcs au sein de l'Église catholique romaine d'Allemagne et regroupe plus d'une centaine d'associations et d'institutions catholiques. Il n'y a pas de structure homologue en France.

Or ces mêmes croyants se souviennent fort bien que de telles initiatives de discussion – par exemple pour des consultations sur les nominations d'évêques – ont déjà été mises en pratique, mais qu'elles ne leur ont apporté que des déceptions, tout comme les résultats du «Synode de Wurtzbourg» (1971-1975) et les nombreux synodes diocésains «classés sans suite» par la hiérarchie et refusés sans plus par Rome. C'est pourquoi certains catholiques ont désormais le soupçon qu'en proposant un «dialogue» les évêques veulent surtout faire baisser la pression pour repousser les réformes.

Non moins fondé est le soupçon que l'habituelle diplomatie secrète du Vatican a d'ores et déjà exercé des pressions sur les évêques allemands – comme naguère sur les Autrichiens à l'occasion de leur «dialogue pour l'Autriche» (1997), dont les débuts avaient été prometteurs – pour freiner autant que possible,voire stopper, l'entreprise de dialogue. Cette nouvelle offensive de l'épiscopat allemand pour dialoguer serait bien plus convaincante si elle était liée à des décisions pour des réformes déterminées, sur lesquelles des «discussions» sont menées depuis des années voire des décennies. En tout cas, les laïcs catholiques veulent un dialogue sérieux avec des résultats concrets – celui-là même que plus d'un évêque craint.

C'est étonnant compte tenu des résultats du sondage sur la «Communication religieuse 2010», commandé par la conférence épiscopale elle-même : il n'y aurait que 54 % des catholiques qui se sentent liés à l'Église, dont plus des deux tiers de façon critique. Et même, durant l'année 2010, 250 000 personnes auraient quitté l'Église catholique de République fédérale d'Allemagne, soit environ le double de l'année précédente ; il y eut aussi plus de conversions au profit des Églises protestantes (selon les indications du sociologue des religions Michael Ebertz, de l'université de Fribourg).

Quoi qu'il en soit, je suis ouvert au dialogue et présente ici, basé sur un travail théologique de plusieurs décennies et sur mon expérience de l'Église, un *agenda* élaboré avec soin pour un tel débat sur l'avenir et pour des décisions appropriées. Il y a cinquante ans, après l'annonce du deuxième concile du Vatican, j'ai fait de même avec le livre *Concile et retour à l'unité. Se rénover pour susciter l'unité* (1960, trad. fr. 1961). «Agenda» (lat. : «ce qui est à faire») n'est pas à comprendre seulement comme un carnet où les affaires à régler sont notées *pro memoria*, mais comme un programme d'action avec des tâches à traiter d'urgence. Quel bonheur ce serait si, malgré tous les obstacles, ce livre avait le même succès qu'autrefois, lorsque, le plus souvent grâce au Concile, des propositions audacieuses s'étaient concrétisées. Aujourd'hui encore nous n'avons nul besoin de longues discussions ou réflexions, mais de propositions audacieuses et de réformes structurelles courageuses : elles sont formulées en toute clarté et justifiées en détail dans le dernier chapitre de ce livre.

Si le présent «colloque sur l'avenir» devait rester sans résultat, cet agenda, j'en suis convaincu, restera à l'ordre du jour de l'Église catholique. Et donc pour moi cela en valait la peine.

Tübingen, le 1ᵉʳ février 2011

1

Une Église malade, voire moribonde ?

État des lieux

Ça ne peut pas continuer comme ça

« Ça ne peut pas continuer comme ça avec notre Église !
"Ceux d'en haut", "ceux de Rome" bousillent toute l'Église ! »
De tels propos exaspérés, indignés ou désespérés, on
pouvait en entendre souvent ces derniers mois, en Europe
comme en Amérique, et de façon extrêmement saisissante
au deuxième *Kirchentag*[1] œcuménique de Munich, en mai
2010.

Alois Glück, le clairvoyant et courageux président du Comité
central des catholiques allemands, déclarait après ce *Kirchentag* :
« L'alternative est : ou la résignation, le rétrécissement voulu, en
tout cas accepté sans trop de regret, à une petite communauté
de "chrétiens convaincus" ; ou la volonté et le courage pour
un nouveau départ. » Il exprimait ainsi les préoccupations et
les espoirs de beaucoup de personnes, en l'occurrence ceux des
membres les plus engagés de l'Église. Mais il ne trouva que
plus tard un écho auprès des évêques catholiques. Beaucoup
parmi eux souhaitent manifestement continuer comme avant.
D'où la frustration, la colère et souvent aussi le désespoir des

---

1. Le *Kirchentag*, littéralement « journée de l'Église », est une manifestation de
masse (environ 200 000 personnes en 2010 à Munich) de deux ou trois jours qui a
lieu tous les deux ans en Allemagne. Il est organisé par l'Église protestante. Il a son
équivalent catholique, le *Katholikentag*, moins imposant, et chacun comporte une
dimension œcuménique.

catholiques les plus loyaux, de ceux qui n'ont pas encore oublié le deuxième concile du Vatican.

Mais l'Église catholique est embourbée dans la plus profonde crise de confiance depuis la Réforme et nul ne peut l'ignorer. En son centre se trouve – il faut que l'Allemagne aussi le comprenne – le pape actuel, Joseph Ratzinger, certes issu du pays de la Réforme, mais résidant dans la Rome pontificale depuis trois décennies, qui aggrave la crise au lieu d'y remédier. En tant que pape Benoît XVI, il a laissé passer l'immense chance de faire des impulsions – vers l'avenir – du deuxième concile du Vatican la boussole de l'Église catholique au Vatican même, et de faire avancer avec courage les réformes. Au contraire, il ne cesse de relativiser les textes du Concile et de les interpréter contre l'esprit des pères conciliaires – en les tirant vers le passé. Il s'oppose même explicitement au *concile œcuménique, qui représente selon la grande tradition catholique la plus haute autorité dans l'Église catholique.* Ainsi :

– sans conditions préalables, il a réintégré dans l'Église des évêques traditionalistes de la Fraternité Saint-Pie X, ordonnés illégalement en dehors de l'Église catholique et rejetant le Concile sur des points fondamentaux ;

– il favorise par tous les moyens la médiévale messe tridentine et célèbre parfois lui-même l'eucharistie en latin en tournant le dos à l'assemblée ;

– à l'égard des Églises protestantes, il attise une profonde méfiance, en ne cessant d'affirmer qu'elles ne sont pas du tout des Églises au vrai sens du terme ;

– il n'applique pas les accords définis avec l'Église anglicane dans des documents œcuméniques officiels (ARCIC[1]), mais renonçant ici à l'obligation du célibat, il tente d'attirer dans l'Église catholique romaine[2] les clercs anglicans conservateurs mariés.

---

1. Anglican-Roman Catholic International Commission.
2. Les clercs séculiers (diacres, prêtres et évêques) de l'Église anglicane peuvent

– en nommant des dirigeants anticonciliaires (secrétairerie d'État, congrégation pour la liturgie, congrégation des évêques, entre autres) et des évêques réactionnaires, il a dans le monde entier renforcé les forces hostiles au Concile.

Avec ces graves faux pas, le pape Ratzinger semble de plus en plus s'éloigner de la grande majorité du peuple catholique de nos pays qui, de toute façon, se soucie de moins en moins de « Rome » et, au mieux, s'identifie encore avec la paroisse locale et un bon prêtre, parfois aussi avec l'évêque local. La politique anticonciliaire du pape est intégralement soutenue par la Curie romaine, dont les forces favorables au Concile ont été isolées et éliminées. Dans la période d'après Concile, un très efficace appareil de propagande, voué tout entier au service du culte romain de la personnalité, s'est reconstitué. Les médias modernes (télévision, Internet et Youtube) sont, d'une façon systématique et professionnelle, utilisés par eux avec succès pour leurs propres intérêts. Au vu des grandes manifestations de masse, notamment les voyages du pape, on pourrait penser que tout va pour le mieux dans cette Église. Mais voici la question décisive : qu'est-ce qui relève ici de la façade, qu'est-ce qui est substance ? En tout cas, sur le terrain, les apparences sont autres.

Le déclin des structures de l'Église

Naturellement, je n'ignore en aucune façon l'immense travail sur le terrain dans les paroisses du monde entier : l'infatigable engagement pastoral et social d'innombrables prêtres et laïcs, d'hommes et avant tout de femmes ; je n'ai eu de cesse de rencontrer ces témoins crédibles de la foi durant les dernières décennies. Où en serait aujourd'hui l'Église allemande sans ces

---

se marier s'ils le souhaitent. Cependant, les plus conservateurs parmi eux sont opposés à l'ordination des femmes et des homosexuels, que l'Église anglicane autorise aussi depuis deux décennies. L'Église catholique a décidé de leur ouvrir ses portes, bien qu'ils soient mariés.

infatigables engagements ? Mais qui les en remercie ? Combien d'entre eux se sentent plus gênés qu'encouragés par la politique, la théologie et la discipline romaines venues « d'en haut » ! Partout dans le monde on peut entendre des plaintes sur le déclin des structures ecclésiastiques traditionnelles, établies durant tant d'années, voire durant des siècles.

Je me sens moi aussi tout à fait concerné sur un plan personnel. Je ne pense pas seulement à la suppression drastique de la pastorale dans la ville universitaire de Tübingen et dans l'ensemble du diocèse de Rottenburg-Stuttgart, mais aussi à Sursee, ma ville natale suisse près de Lucerne, où je retourne tous les ans en été et où je préside toujours la célébration de l'eucharistie. Mais cela me procure toujours moins de joie qu'avant. En effet, qu'ai-je constaté en août 2010 ? Voici un triste instantané :

– Pendant des siècles, la paroisse de Sursee a toujours eu au moins quatre ministres ordonnés (*Vierherren*). Maintenant, elle n'a même plus un seul prêtre ordonné, mais elle est dirigée par un diacre, théologien laïc, Markus Heil, qui ferait un excellent prêtre, mais étant marié, ne peut être ordonné à la prêtrise. Avec son équipe, il fait certes un travail remarquable, mais pour la célébration de l'eucharistie, il doit recourir à des prêtres retraités – aussi longtemps qu'il en restera. En Suisse aussi le clergé célibataire semble condamné à disparaître. À Sursee et ailleurs aussi, personne ne sait comment la paroisse et surtout la célébration régulière de l'eucharistie pourront continuer à exister.

– Les capucins, qui étaient depuis le XVIIe siècle un puissant soutien pour la paroisse, ont dû fermer et vendre, comme ailleurs, leur monastère de Sursee, par manque de relève. Même le renouvellement du clergé diocésain est très rare.

– La proche faculté de théologie de Lucerne, d'où est issue l'université de la ville au siècle dernier, doit aussi craindre pour sa survie ; selon les plans de certains politiciens, elle doit, à cause de la diminution du nombre d'étudiants, fusionner, au profit de l'expansion d'une « faculté de la santé », soit avec la Faculté de théologie catholique de Fribourg, soit avec la Faculté de théologie luthéro-réformée de Zurich. En Suisse, il n'y a pas assez d'étudiants en théologie catholique et trop d'établissements d'enseignement.

– L'évêque de Bâle, Kurt Koch, responsable des facultés, était peu apprécié à cause de sa fidélité à la ligne romaine, de son opposition au maintien dans le droit canon d'une forte représentation laïque de l'État suisse et de ses longs conflits avec une paroisse suite à la destitution arbitraire de son curé ; or cet évêque avait d'une façon assez précipitée quitté son diocèse en juillet 2010 et annoncé son retrait depuis Rome, où il avait été tout aussi subitement nommé président du Secrétariat pour l'unité des chrétiens. Il sera encore question de lui dans le contexte romain. Tout le monde espère que Felix Gmür, le jeune et nouvel évêque élu par le chapitre de la cathédrale, entré en fonction en janvier 2011, fera ses preuves plus longtemps.

La situation de ma paroisse d'origine est typique de beaucoup d'autres dans le monde entier. Par rapport à l'élection du nouvel évêque de Bâle, le président de la paroisse de Sursee écrivait préalablement à l'élection : « On a senti qu'un grand nombre de personnes ont en leur for intérieur adressé une fin de non-recevoir à notre Église. Peut-être remarquons-nous que même en nous la résignation s'est ici et là accrue. Cette résignation implique le fait que de toute façon rien ne changera. »

L'épuisement de l'Église progresse aussi dans d'autres religions du monde : depuis le Concile, des dizaines de milliers de prêtres ont abandonné leur ministère, surtout à cause de la loi du célibat. La relève des prêtres, mais aussi des religieux et des religieuses, a diminué en quantité et en qualité. La résignation et la frustration s'étendent dans le clergé, spécialement parmi les membres de l'Église les plus actifs. Beaucoup se sentent abandonnés dans leur détresse et souffrent de l'inaptitude de l'Église à se réformer. Dans beaucoup de diocèses, il y a de plus en plus d'églises, de séminaires et de presbytères vides. Dans certains pays, à cause du manque de prêtres, les paroisses sont, souvent contre leur volonté, réunies en d'immenses «unités pastorales» où les prêtres sont totalement surchargés : il s'agit en fait d'un semblant de réforme.

Le canon 515 du code ecclésiastique donne à tout évêque le pouvoir illimité d'établir et aussi de supprimer les paroisses. Ce canon a été il y a peu cité par la Curie romaine en soutien à des évêques comme le cardinal Sean O'Malley de Boston, contre les dix paroisses qu'il avait supprimées et qui en avaient appelé – naturellement en vain ! – au Saint-Siège. Depuis circule aux États-Unis ce mot, qui ne vaut malheureusement pas que pour les États-Unis : *No parish is safe* («Aucune paroisse n'est en sécurité»). Elles sont peut-être sécurisées contre les pilleurs d'église, mais pas contre la «rationalisation» diocésaine et les chefs romains de l'Église. Ils préfèrent renoncer à la célébration de l'eucharistie, centre de la communauté dans le Nouveau Testament, plutôt qu'à la «sainte» loi médiévale du célibat. En fin de compte, cela ne permet pas seulement de faire l'économie de prêtres, mais aussi d'argent. Par exemple, dans son diocèse de Cleveland/Ohio, Mgr Richard Lennon a fermé 27 paroisses et projette de fusionner 47 autres pour les réduire à 18. Là aussi, les intéressés en appelèrent à Rome – mais face aux bureaucrates peu compréhensifs en place, c'était peine perdue. Un peu partout en Allemagne, de telles fusions de paroisses sont qualifiées de *Christenverfolgung von oben* («persécutions des chrétiens par le haut»).

Je suppose qu'un théologien comme Joseph Ratzinger, qui a vécu plus de trois décennies à la cour du Vatican, peine à comprendre à quel point cela me fend le cœur lorsque, à la messe dominicale de ma paroisse d'origine, où des décennies plus tôt je trouvais une église pleine, je ne vois maintenant en face de moi que quelques douzaines de croyants. Cependant, ce n'est pas seulement, comme Rome ne cesse de l'affirmer, une conséquence de la montée de la sécularisation, mais aussi la suite d'une évolution fatale interne à l'Église, dont Rome est responsable. Il y a encore en divers endroits des groupes de jeunes catholiques actifs et des paroisses pleines de vie, animées par des femmes et des hommes courageux. Mais l'Église semble de plus en plus s'effacer de la conscience de la jeune génération. On ne se soucie aucunement du caractère rétrograde et irréaliste de la hiérarchie sur de si nombreuses questions de morale et de dogmes ! On ne s'intéresse plus à l'Église : dans la vie de nombreux jeunes, elle est devenue insignifiante. Mais au Vatican on le remarque à peine. On s'y vante du nombre toujours plus grand de pèlerins, même si beaucoup d'entre eux sont de simples touristes, et on y considère les jeunes que rencontre le pape comme représentatifs de « la jeunesse ».

L'échec de la politique de restauration de deux papes

Cela ne laisse pas d'étonner : même des contemporains séculiers qui ne se sentent pas liés à l'Église et des intellectuels esthétisants se laissent éblouir par le retour en force du faste baroque et des médiatiques mises en scène de la liturgie, avec lesquels Rome cherche à déployer une Église puissante et un pape incontesté. Tout cet apparat sacré ne saurait cependant masquer le fait que, globalement, la politique de restauration de Jean-Paul II et de Benoît XVI est un échec. Ni les apparitions du pape, ni ses voyages, ni ses documents doctrinaux ne sont capables de modifier dans le sens des enseignements de Rome les conceptions de la majorité des catholiques sur les questions controversées. Même les rencontres du pape avec les jeunes – fréquentées surtout par des groupements charismatiques conservateurs et soutenues par des organisations traditionalistes – n'ont pu freiner les déclarations de sortie de l'Église ou susciter plus de vocations à la prêtrise. Même dans le diocèse de Rottenburg-Stuttgart, dont on vante d'ordinaire l'ouverture, de janvier à la mi-novembre 2010 un total de 17 169 catholiques totalement déçus a quitté l'Église, soit 0,9 % de la totalité de ses membres.

L'affaiblissement de l'Église rapidement décrit ci-dessus a

beaucoup progressé ces trois dernières décennies. Mais bon gré mal gré, il a souvent été accepté comme un destin irrémédiable dû en dernière instance à Dieu ou au pape. L'opinion mondiale n'a été alertée que par les indignes scandales sexuels à répétition dans le clergé, notamment par l'abus de milliers d'enfants et de jeunes par des clercs aux États-Unis, en Irlande, en Belgique, en Allemagne et dans d'autres pays encore – le tout en lien avec une crise de direction et de confiance comme on n'en a jamais connu.

On ne doit pas se cacher que le camouflage efficace, dans le monde entier, des crimes sexuels du clergé a été piloté depuis Rome, par la Congrégation pour la foi, sous la direction du cardinal Joseph Ratzinger (de 1981 à 2005) et que dès Jean-Paul II les cas ont été recueillis dans le plus strict secret. Le 18 mai 2001 encore, Ratzinger envoyait une lettre solennelle sur ces gravissimes délits (*Epistula de delictis gravioribus*) à tous les évêques. Les cas d'abus sexuels y sont placés sous le *secretum pontificium*, dont le non-respect peut conduire à de lourdes sanctions ecclésiastiques. Cette lettre est toujours en vigueur.

À bon droit, beaucoup exigent un *mea culpa* personnel de la part du préfet d'alors, devenu pape. Hélas, il en a manqué l'occasion lors de la Semaine sainte de 2010. Au lieu de quoi, le dimanche de Pâques 2010, au début de la messe, lors d'une cérémonie plus pathétique que jamais, il laissa attester son innocence *urbi et orbi* par le doyen du sacré collège, le cardinal Angelo Sodano, ancien secrétaire d'État. Au demeurant, Sodano justement a lui-même fait l'objet de critiques publiques à cause d'engagements douteux. Le pape n'a certes cessé de regretter les cas d'abus sexuels ; néanmoins à propos de sa responsabilité personnelle il s'est tu, tout comme beaucoup d'évêques se sont tus. Même dans son récent livre, *La Lumière du monde*, il ne prend pas position sur son rôle dans cette affaire. Ce n'est pas dû au hasard, mais à des causes structurelles.

De « l'hiver de l'Église » à l'Église malade

Peu de temps après le deuxième concile du Vatican, le grand théologien Karl Rahner a forgé l'expression «hiver de l'Église», qui a beaucoup été reprise. Lorsque le 18 mars 1970 à Munich, il reçut au cours d'une cérémonie le premier prix Romano-Guardini, il se permit de caractériser la «mentalité institutionnelle» des évêques de «féodale, irrespectueuse et paternaliste». À deux exceptions près, ces derniers n'avaient même pas daigné accuser réception d'un *Memorandum zur Zölibatsdiskussion* («Mémorandum à propos du débat sur le célibat») confidentiel qu'il avait rédigé et que d'autres théologiens avaient cosigné.

Les cardinaux présents lors de la cérémonie, Julius Döpfner et Hermann Volk, et d'autres évêques encore, ne manifestèrent face aux paroles de Rahner ni compréhension ni contrition, plutôt de l'incompréhension et de la colère. Dès cet instant, en tant qu'homme d'Église progressiste, Karl Rahner ne fut plus à leurs yeux *persona grata*. Quant au futur évêque et cardinal Karl Lehmann, naguère l'assistant de Karl Rahner, «ce jour-là, il comprit que son chemin dans l'Église ne pourrait être celui de son professeur de théologie, K. Rahner» (selon Daniel Deckers, son biographe autorisé). Karl Rahner, jésuite, fidèle au pape encore en 1968, avait sur l'ordre du cardinal Döpfner activement et publiquement soutenu l'encyclique sur le célibat de Paul VI, dans une lettre ouverte au clergé largement diffusée ; après cette cérémonie, il fut, comme moi plus tard, accusé d'employer des «formules provocantes, une ironie irrespectueuse, de susciter des esclandres – d'user de tous les moyens médiatiques pour mettre en scène publiquement conflits et controverses». Depuis ce moment, l'obligation du célibat et la diminution accrue du nombre de prêtres devinrent des sujets vraiment tabous pour la conférence épiscopale allemande, et ils le restèrent sous la présidence de Lehmann – jusqu'à ce que la dissimulation des innombrables cas d'abus sexuels soit éventée sous la présidence du successeur de Lehmann, l'archevêque Robert Zollitsch.

Karl Rahner mourut en 1984, en pleine résignation «hivernale» – sans avoir vécu sous un nouveau pape un nouveau printemps de l'Église. Que dirait-il de l'état de son Église vingt-cinq années plus tard? Amer constat: notre espoir commun d'un Jean XXIV a été déçu. Après toutes ces expériences négatives sous trois décennies de restauration romaine, Rahner serait sans doute d'accord avec moi: après l'élection à la papauté du chef de l'Inquisition pour la foi et la création de douzaines de cardinaux conformes, on ne peut plus croire à un printemps imminent succédant à un hiver glacial; il faut plutôt qualifier cette Église de gravement *malade*. Il ne s'agit pas que de «névroses» individuelles «générées par l'Église», sur lesquelles le psychothérapeute catholique Albert Görres a attiré l'attention il y a quelques années déjà. Il s'agit de bien plus: d'une pathologie ou d'une *maladie des structures* de l'Église elle-même, qui suscite chez beaucoup cette interrogation: cette Église n'est-elle pas *moribonde*, *mourante*?

Je me sens conforté dans mon évaluation de l'état de l'Église par l'analyse, étayée par de nombreux sondages, de Thomas von Mitschke-Collande, directeur émérite du cabinet de conseil McKinsey (Allemagne) et lui-même catholique engagé. Il la livre en septembre 2010 sous le titre *Kirche – was nun? Die Identitätskrise der katholischen Kirche in Deutschland* («Où va l'Église? La crise d'identité de l'Église catholique en Allemagne»). Selon lui, il y a cinq dimensions du problème qui s'entrelacent et se renforcent réciproquement: une crise de la foi, de la confiance, de l'autorité, de la direction et de la médiation. Pour diverses raisons, beaucoup de personnes doutent de leur foi en Dieu, mais dans cette situation, ils ne peuvent développer leur confiance en l'Église et ses représentants, ce qui pourtant les aiderait beaucoup. C'est compréhensible, puisque l'autorité de l'Église est au plus bas, secouée qu'elle est par une profonde crise de direction et incapable d'améliorer l'explication rationnelle et le témoignage de sa foi officielle.

Beaucoup d'évènements en 2010 ont aggravé l'état de santé de l'Église catholique. Ils ont littéralement agi comme des tremblements secouant le corps de l'Église, annonçant – pour garder la même image – une soudaine augmentation de la fièvre.

Poussées de fièvre

Un «frisson fébrile» (*shiver*) a saisi l'Église catholique, déclarait le 13 septembre 2010 à Bruxelles l'archevêque André-Joseph Léonard, président de la conférence épiscopale belge. Ce canoniste conservateur, imposé par Rome à l'Église belge comme président contre l'avis de la majorité, ne parlait toutefois que d'un foyer déterminé de la maladie, celui qui est devenu extrêmement vif dans la Belgique catholique. En réalité, dans l'Église catholique, il y eut en 2010 plusieurs poussées de fièvre qui alternèrent avec des intervalles de répit, le plus souvent lors de temps de fêtes.

Première poussée de fièvre : une enquête policière contre des évêques. En Belgique, une commission d'enquête indépendante a sur deux cents pages fait état d'au moins 475 cas d'abus de clercs sur des enfants et de 19 tentatives de suicide des victimes, dont 13 ont connu une issue tragique. Depuis qu'en avril 2010 l'évêque de Bruges, Roger Vangheluwe, a dû se retirer à cause d'abus sexuels sur son propre neveu, les plaintes se sont accumulées. En raison d'un risque aigu de dissimulation, la justice belge ordonna trois descentes de police en l'espace d'une journée :

– la première pendant une session de la conférence épiscopale à Bruxelles : l'ensemble des évêques belges et le nonce apostolique furent retenus plusieurs heures et une foule de documents fut saisie ;

– dans la résidence privée du cardinal Godfried Danneels,

qui était en fonction comme primat de Belgique jusqu'à fin 2009, des dossiers ont aussi été confisqués ;

– à Louvain, le centre qui s'occupait des enfants abusés et travaillait sous la direction du pédopsychiatre Peter Adriaenssen a été fouillé. Celui-ci avait parlé d'une « affaire Dutroux de l'Église belge ».

Dans un pays catholique, il s'agissait d'évènements inouïs, qui firent grimper la température aussi dans d'autres diocèses, et surtout au Vatican. Certes, la cour d'appel de Bruxelles a, sous la pression de l'Église, déclaré par la suite que les interventions policières étaient illégales à cause de leur caractère disproportionné. Mais il est hors de doute que les enquêtes ont mis au jour des branches pourries du système de l'Église – d'une part les délits sexuels, d'autre part les dissimulations des évêques.

Au moins le cardinal Danneels a-t-il immédiatement, dans plusieurs interviews, présenté des excuses pour ses « fautes graves ». Cependant, il précisait qu'il voulait maintenir l'évêque de Bruges dans ses fonctions et qu'il essayait pour cela de convaincre son neveu – abusé pendant treize années – de retirer sa plainte. Et en même temps, le responsable de l'élucidation des abus, Mgr Guy Harpigny, déclarait que le président de la conférence épiscopale, Léonard, n'aurait pas exprimé de nettes excuses parce qu'on craignait que la victime exige des dommages et intérêts. Visiblement, même dans les pays catholiques, le temps où l'Église catholique pouvait prétendre à une juridiction particulière et pouvait imposer son propre droit à l'État est passé ; du reste, en Belgique, cela se paie chaque année de quelque 300 millions d'euros de moins pour l'Église. Et tout cela se produisait dans une Église où la situation pastorale donne lieu à la plus vive inquiétude : les deux tiers du clergé belge ont plus de 55 ans, et un tiers a plus de 65 ans. Actuellement, il n'y a que 28 étudiants qui se préparent au sacerdoce. Après ces évènements, combien d'entre eux iront encore jusqu'à l'ordination ?

Deuxième poussée de fièvre : la mise en cause du Vatican. La Cour suprême des États-Unis a refusé le recours par lequel le

Vatican contestait la validité d'un jugement de l'État de l'Oregon, disposant que, pour des abus sexuels commis par des prêtres, le Vatican peut être jugé, condamné et astreint à payer des indemnités réglées par le Vatican. La cour a donc rejeté la position du Saint-Siège qui en appelait à l'immunité juridique d'un État souverain. L'avocat Jeff Anderson (St. Paul / Minnesota), qui fédère beaucoup de plaignants pour abus sexuels et dont la fille a aussi été abusée par un ex-prêtre, déclare que, après huit années d'empêchements depuis 2002, la voie est libre pour une plainte, le Vatican étant pénalement responsable de la dissimulation des abus sexuels. La plainte devrait d'abord viser le cardinal Angelo Sodano, ancien secrétaire d'État et actuel doyen du collège des cardinaux, et le cardinal Tarcisio Bertone, l'actuel secrétaire d'État. Mais ensuite la plainte pourrait aussi viser le pape Ratzinger. En effet, ainsi que le *New York Time* en a fait un récit circonstancié, en tant que préfet de la Congrégation pour la foi il s'est abstenu de sanctionner le prêtre Lawrence Murphy qui, de 1950 à 1975, a abusé de près de 200 jeunes sourds à Milwaukee. Même si en tant que chef d'État le pape jouit de l'immunité, ce sont dans tous les cas de désastreuses perspectives.

Troisième poussée de fièvre : le blanchiment d'argent par le Vatican. Autrefois, le Vatican était critiqué car des sociétés où il était engagé financièrement participaient à l'industrie de l'armement ou à la production et au commerce de pilules contraceptives. En 2009, le président de la banque du Vatican devait démissionner car il était manifestement trop compromis par les révélations du livre *Vatican S.A.* du journaliste italien Gianluigi Nuzzi, dont il sera question plus loin. Ce fut un nouveau choc pour le Vatican quand il apprit, en 2010, que les autorités italiennes avaient confisqué 23 millions d'euros d'un compte de la Banque vaticane auprès la banque italienne Credito Artigiano et qu'une procédure était engagée contre le nouveau président de la banque du Vatican, proche de l'Opus Dei, Ettore Gotti Tedeschi, et son directeur général, Paolo Cipriani. Au vu de tous les scandales passés, il ne s'agit là, probablement, que de la partie émergée de l'iceberg. L'indépendance du Vatican comme «État» serait-elle désormais menacée non seulement du point de vue juridique, mais aussi sur le plan de la politique financière? Et le pape actuel, en tant que propriétaire juridique exclusif de la Banque, serait-il responsable? En tout cas, les nouvelles directives européennes sur le blanchiment d'argent valent maintenant aussi pour le Vatican. J'y reviendrai plus en détail au chapitre 6.

Quatrième poussée de fièvre: des contradictions dans les plus hautes sphères de la direction ecclésiastique. L'archevêque de Vienne, le cardinal Christoph Schönborn, un protégé du cardinal Ratzinger ou plutôt du pape Benoît, affirme qu'Angelo Sodano, alors cardinal secrétaire d'État, serait responsable de ce qu'une mise en examen du cardinal Hans Hermann Groër, prédécesseur de Schönborn, qui avait violé des enfants, ait été bloquée alors que la conférence épiscopale autrichienne avait fait part de sa «certitude morale» quant à la culpabilité de Groër. Le cardinal pédophile s'est certes retiré en 1995, mais il a encore pu prendre part, revêtu de ses ornements, à la remise de la barrette cardinalice à Schönborn à Rome. Par la suite, jusqu'à sa mort survenue le 24 mars 2003, il n'y eut aucune condamnation. Mais au Vatican, l'on était manifestement plus agacé par la critique ouverte du cardinal Sodano par Schönborn et par ses propos tolérants sur le célibat des prêtres et l'homosexualité. En tout cas il fut convoqué par Rome, ce qu'en Autriche on comprit comme un chemin de Canossa. D'un entretien à quatre (le cardinal secrétaire d'État Bertone fut lui aussi de la contribution) s'ensuivit une déclaration à la presse qui ne contenait aucune critique envers Sodano, mais culminait dans l'affirmation que la critique des cardinaux relevait de la seule compétence du pape. Pourquoi donc, et depuis quand? Manifestement la raison d'Église exigeait cette humiliation inouïe de l'archevêque de Vienne. Quant à savoir si, selon la déclaration de presse, la «grande affection» du Saint-Père envers l'Autriche et l'invocation de «la protection céleste de Marie, si vénérée à Mariazell » vont ouvrir la « voie à une nouvelle communauté ecclésiale », c'est plus que douteux. Le fait que le cardinal Schönborn ait osé une aussi franche critique envers un puissant de la Curie fut néanmoins considéré comme positif en Autriche.

Cinquième poussée de fièvre : l'agitation autour du préservatif. Le long entretien – publié en novembre 2010 sous la forme d'un livre (*Licht der Welt* ; trad. fr. : *Lumière du monde*, février 2011) – que Benoît XVI a accordé à son journaliste de cour allemand, Peter Seewald, a suscité de vives réactions. Pour la première fois, le pape y concède que, pour combattre le SIDA, les préservatifs peuvent être autorisés dans certains cas. Bien entendu, un pape peut aussi faire part de son opinion dans des entretiens. Mais qu'une question si délicate et si intime doive être traitée sous cette forme est contestable. Tout d'abord, le degré d'engagement d'un tel entretien restait flou. Sa publication dans l'*Osservatore Romano* (sans respecter l'embargo avant la publication !) était manifestement au service d'une campagne de publicité habile et de grande envergure, qui permit une mise en scène médiatique internationale. D'emblée le débat s'est créé : cette déclaration du pape signifiait-elle, oui ou non, un changement d'orientation ? En réalité les deux. Après que le pape Benoît XVI, lors de son voyage en Afrique, eut rejeté une fois de plus, comme immoral, tout usage du préservatif, il avait du moins changé d'avis pour les cas d'homosexualité masculine. C'était en fait l'aveu tardif que la rigide doctrine actuelle ne peut être maintenue. Le pape savait que même certains catholiques conservateurs, et aussi des évêques ou des théologiens, et plus encore des organisations catholiques d'aide au développement, rejetaient l'interdiction absolue du préservatif, et que la politique du Vatican, fermée à toute compréhension, ridiculisait l'Église dans le monde entier. Il s'agissait donc d'un *revirement tactique,* et non de principe. La limitation du réexamen éthique aux prostitués masculins représente un affront pour tous les conjoints, surtout évidemment vis-à-vis des femmes qui, en Afrique, sont touchées par le SIDA.

Ce serait un *revirement de principe* si Benoît donnait non seulement aux prostitués masculins une réponse casuistique, mais aussi aux millions de conjoints hétérosexuels une réponse comme celle-ci : le magistère romain ne considère plus toute contraception «artificielle» comme immorale. Dans la Bible, rien n'est précisé sur ce sujet. Il s'agit en fait d'une fausse déduction de la doctrine du droit naturel, comme si chaque rapport sexuel devait être orienté vers la procréation. À l'évidence, le pape veut encore maintenir la conception énoncée par Paul VI dans son encyclique controversée, *Humanae vitae*. Il est pris ici dans le piège de l'infaillibilité, et il faudra bien finir par en parler ouvertement et franchement. Pour le moment, le résultat de ce débat est : *Confusion, not clarity from Pope* (titre de l'*International Herald Tribune* du 23 novembre 2010). Ce sera paradoxalement vérifié quatre semaines plus tard, juste avant la fête de Noël, avec la Congrégation pour la foi essayant de calmer les esprits – que leur ancien chef justement avait agités – grâce à une note d'éclaircissement, «sur la banalisation de la sexualité», diffusée en six langues. Par sa déclaration sur le préservatif, le pape n'aurait en aucune façon voulu défendre le principe – courant en éthique – du moindre mal. Hélas !

De telles manifestations d'accès de fièvre, on ne voit malheureusement pas la fin ni un recul de la maladie de l'Église. Comment réagir ?

Sept réactions à la maladie de l'Église

La question se pose à chaque chrétien, homme ou femme, et aussi à chaque théologien. Des millions de catholiques ne sont pas d'accord avec cette orientation. Par rapport à cette situation, on peut observer sept réactions très différentes, dont les quatre premières sont pour moi hors de question.

1. On peut *quitter* l'Église, comme l'ont fait, rien qu'en 2010, des dizaines de milliers de croyants en raison des scandales qui

ont éclaté : en Allemagne, on l'a déjà dit, autour de 250 000, en Autriche (selon une estimation du cardinal Schönborn) près de 80 000.

2. On peut provoquer le *schisme* de tout un groupe, comme l'a fait en son temps Marcel Lefebvre, archevêque émérite réactionnaire, excommunié en 1988, avec sa Fraternité intégriste Saint-Pie X. Il faut le souligner : aucun groupe réformiste n'est allé jusque-là.

3. On peut opter pour l'*émigration intérieure* et se taire. Beaucoup d'anciens partisans d'une réforme, déçus, ont renoncé. Certes, ils restent dans l'Église, mais ne s'engagent plus : « De toute façon, ça sert à rien, ce système ne peut être réformé ! » Ainsi manque-t-on partout et de plus en plus de gens d'envergure qui opposent une résistance.

4. On peut être conforme *en public*, mais penser tout autrement en privé. Beaucoup, parmi ceux qui participent à des alliances politiques, le font, et des politiciens très conformistes, qui attachent de l'importance à une bonne relation avec l'Église, le font aussi. Ils aiment prendre place au premier rang lors du *Kirchentag* ou lors des visites du pape et flattent la hiérarchie. Mais, au mieux, ils n'expriment leurs objections contre le dogme ou la morale officiels qu'en privé.

L'on peut encore observer trois autres réactions qui, toutes, me semblent importantes :

1. On peut *s'engager* au niveau paroissial, sans se soucier ni du pape ni de l'évêque, et s'identifier au prêtre et à la paroisse du lieu ; ou encore, comme le font de plus en plus souvent des hommes et surtout des femmes engagés, se charger de certaines fonctions du prêtre absent.

2. On peut *protester publiquement* et, avec énergie, exiger des autorités de l'Église un changement. Néanmoins, au vu de la résistance massive de l'*establishment* catholique romain, le potentiel critique n'a cessé de faiblir. Même les mouvements réformistes souffrent d'un manque aigu de relève et sont touchés par le vieillissement.

33

3. On peut *réfléchir scientifiquement* sur la situation actuelle et publier des écrits pour orienter spirituellement et inspirer les membres particuliers ou la communauté de l'Église. C'est ce que font les théologiens qui ne se sont pas retirés par résignation ni confortablement installés dans la tour d'ivoire académique, mais qui prennent au sérieux leur devoir d'enseigner (cf. Première lettre aux Corinthiens 12,28 *sq.*). C'est ainsi que je conçois mon devoir particulier d'enseignant de théologie. Cependant, question non moins importante : comment réagissent les évêques ?

Les évêques prêts au dialogue

En décembre 2010, dans le diocèse de Munich-Freising – où Joseph Ratzinger séjourna en tant que séminariste, prêtre, professeur et évêque –, une enquête parvint à la conclusion que, de 1945 à 2009, au moins 159 prêtres ont été signalés pour abus sexuels ou mauvais traitements corporels. Mais le nombre réel de cas serait sans doute « largement supérieur », laissa entendre l'avocate Marion Westpfahl. Or, dans 26 cas seulement, des prêtres furent condamnés pour délit sexuel. Dans le passé, les cas auraient été systématiquement camouflés : « Nous avons affaire à une vaste action de destruction de dossiers. »

Malgré tout, que le cardinal Reinhard Marx, archevêque de Munich, ait rendu publique cette accablante enquête et qu'il ait en public reconnu passer par les « pires mois » de sa vie, mérite d'être souligné. Il montre qu'il y a aussi des évêques conservateurs en matière théologique qui commencent à prendre conscience de la gravité de la situation dans l'Église. Les évêques bavarois et lui ont formulé une demande commune de pardon et souhaitent faire plus pour la prévention et mieux coopérer avec le Ministère public. En 2010, Reinhard Marx s'est encore exprimé « pour une ligne d'ouverture, de vigilance et de transparence ». Le traitement de la crise est loin d'être achevé.

Cependant, pour surmonter cette crise profonde de crédibilité, Christian Weisner, le porte-parole du mouvement réformiste « Nous sommes l'Église », objecte qu'il faudrait aussi « traiter les problèmes sous-jacents » : abus de pouvoir, rapport crispé à la sexualité, manque d'égalité de droits entre homme et femme, célibat… Les évêques ne devraient pas espérer que les cas d'abus tombent vite dans l'oubli : « On ne passera jamais l'éponge. » Il ne suffira pas d'encadrer les affaires sur le plan de l'organisation. Et si tous les évêques, d'ailleurs, ne consentaient pas à reconnaître la gravité de la situation ?

« Quand la nuit je pense à l'Église d'Allemagne, le sommeil me fuit », ainsi pourrais-je détourner le mot de Heine. En 2010, dans toute l'Allemagne – malgré les deux financements à grands frais de « L'année de la vocation » et de « L'année de la prêtrise » –, seuls 150 candidats se sont déclarés. Jamais il n'y en a eu si peu. Et combien vont encore changer d'avis avant leur ordination ! Et combien de prêtres vont entre-temps mourir ! Vu la pyramide des âges inversée du clergé, on peut supposer que le sacerdoce célibataire va s'éteindre à une date prévisible.

Ce n'est cependant qu'un symptôme de plus de la dramatique perte de confiance que l'Église catholique a subie selon une enquête publiée en juin 2010 par l'Institut d'Allensbach : « La part de la population qui fait en général confiance à l'Église pour donner des orientations dans les questions morales est depuis 2005 tombée de 35 % à 23 % ; et rien qu'entre mars et juin de l'année 2010 de 29 % à 23 %. En même temps, la conviction qu'on peut attendre des Églises des réponses aux questions essentielles a faibli. En 2005, 50 % de la population en était encore convaincue ; en mars 2010, encore 45 % ; en juin, 38 % » (*FAZ*[1] du 23 juin 2010). Le dernier chiffre surtout est alarmant : il touche le noyau de la mission de l'Église et devrait inciter ses responsables à prendre d'urgence des mesures.

---

1. La *Frankfurter Allgemeine Zeitung*, en abrégé la *FAZ*, est à ce jour le quotidien allemand le plus diffusé à travers le monde.

Encore lors du deuxième *Kirchentag* œcuménique de Munich (du 12 au 16 mai 2010), les évêques n'ont pas prononcé un seul mot pour aborder les nombreuses demandes de réformes. En attendant, ils ont pu, dans de nombreux articles, courriers de réponse ou de lecteurs et entretiens personnels, constater à quel point l'inquiétude, la morosité, la frustration et la colère se sont répandues dans le peuple chrétien et le clergé. Ainsi s'esquisse un revirement de l'opinion dans la conférence épiscopale allemande, et si je ne m'abuse, aussi dans celles d'autres pays. La veille de l'assemblée plénière d'automne de la conférence épiscopale allemande à Fulda[1], en octobre 2010, Heinz Josef Algermissen, l'évêque de Fuldas, parlait d'une « situation d'encombrement ». Il y aurait bien des questions – de la morale sexuelle au célibat – qui sont depuis longtemps mûres pour être discutées. On ne saurait taire plus longtemps ces thèmes. En effet, à côté d'une évangélisation peu compréhensible, l'accumulation, depuis des décennies, de réformes en suspens, culminant dans le camouflage de la hausse des abus sexuels, est la raison principale de la vague actuelle de défections.

Une prise de conscience croissante semble aussi s'esquisser chez le président de la conférence épiscopale allemande, l'archevêque Robert Zollitsch. En tant que responsable du personnel dans l'archidiocèse de Fribourg, il était sans doute, depuis des années, bien informé sur la dissimulation des cas d'abus dans le diocèse. En tant qu'évêque, il manifestait plus d'ouverture et de disposition au dialogue. En tant que président de la conférence épiscopale allemande, il a dans un premier temps fortement surestimé l'influence politique de l'Église. Ainsi, dans le contexte des scandales de pédophilie, il a lancé sur un ton arrogant – que les évêques allemands n'emploient d'habitude qu'envers les prêtres, les théologiens et les laïcs – un ultimatum à la ministre de la Justice de la République fédérale d'Allemagne, Sabine Leutheusser-Schnarren-Berger, pour

---

1. Ville allemande du Land de Hesse d'environ 65 000 habitants.

qu'elle se rétracte sous vingt-quatre heures à propos d'une déclaration critique contre l'épiscopat. Il a finalement dû se montrer plus conciliant...

Début août 2010, à l'occasion d'un pèlerinage à Rome d'enfants de chœur, Zollitsch fit l'éloge de la jeunesse en tant qu'elle est l'avenir de l'Église et déplora la baisse des vocations au sacerdoce, mais ne dit mot de la règle du célibat, alors qu'elle est le principal obstacle sur le chemin de la prêtrise. Cependant, à l'automne 2010, dans son discours d'ouverture de l'assemblée générale de la conférence épiscopale de Fulda, il fit de manière inattendue entendre un tout autre son de cloche. Il prononça un « plaidoyer pour une Église pèlerine, à l'écoute et servante ». L'archevêque de Fribourg fit aussi l'éloge du deuxième concile du Vatican et appela ses collègues évêques à s'efforcer d'accroître la confiance dans les paroisses : « Nous devrions aussi être attentifs au doute sur les doctrines de l'Église dans le domaine de la sexualité humaine : beaucoup de catholiques mettent en question le célibat des prêtres et sont choqués par certaines positions conservatrices dans l'œcuménisme. » C'est ce que rapportait une revue hebdomadaire bien informée, *Christ in der Gegenwart*, éditée à Fribourg. Il n'est pas nécessaire de se retirer de la modernité, encore faut-il se tourner vers les signes des temps. Pour faire avancer le dialogue, Zollitsch proposa un « processus de réflexion », un « processus de discussion nouveau, collectif et ciblé ».

Un tel « colloque sur l'avenir », biennal – que j'ai déjà évoqué dans ma préface –, conduira-t-il à de réelles réformes ou n'est-il qu'un gadget de propagande ? Lors de son allocution radiophonique du quatrième dimanche de l'Avent 2010, l'archevêque parla longuement de la visite de la cathédrale de Fribourg par la chancelière fédérale Angela Merkel et le président français Nicolas Sarkozy, puis de l'amitié franco-allemande et de l'aspiration à la paix. Mais de la réforme de l'Église et de l'aspiration des chrétiens au renouveau et à l'entente œcuménique, pas un mot. Cependant, l'archevêque mit à profit le sermon de Noël de la même année pour exiger – dans l'ancien style moralisateur quasiment au nom de Dieu même devenu insupportable à beaucoup – l'interdiction du diagnostic préimplantatoire (DPI), comme si celui-ci, circonscrit dans des limites précises, n'avait pas été pour de bonnes raisons approuvé par de nombreux catholiques (sur ce sujet, voir au chap. 6, « L'entente œcuménique et la collaboration sincères… »). On aurait attendu qu'à la place le président de la conférence épiscopale s'exprime sur l'image ternie de l'Église et qu'il explique pourquoi la lettre pastorale de l'épiscopat, attendue à l'automne, avait été reportée au printemps suivant. Nommé début 2011 au conseil pontifical pour la nouvelle évangélisation, récemment créé, subirait-il la pression de Rome et des évêques allemands soumis à Rome qui, à la différence de Zollitsch, refusent d'avance tout débat ?

Les évêques qui refusent le dialogue

Sur ces questions, le silence de l'aile de la conférence épiscopale, qui est totalement soumise à Rome, en dit long. Ceux qui refusent le dialogue ont certes bien assez de soucis : le grand archevêché de Cologne du cardinal Joachim Meisner ne comptait en 2009 que neuf ordinations et, en 2010, ce fut encore pire : seulement quatre ; le nombre de paroisses doit être ramené de 221 à 180. Même situation dans le diocèse d'Essen de Mgr Franz-Josef Overbeck : en 2009 seulement deux nouveaux prêtres, en 2010 un seul ; les 272 paroisses incluant près de 350 églises utilisées pour la liturgie ont été fusionnées en 43 grandes unités paroissiales (selon les indications de Christel Darmstadt, spécialiste d'histoire de l'art et membre de l'action citoyenne « Sauvons les églises de Bochum »). Jadis on disait : « Les exemples suscitent l'émulation » ; au vu de tels évêques et des vocations à la prêtrise, l'on devrait aujourd'hui plutôt dire : « Les exemples paralysent. »

Un exemple consternant est donné par l'évêque de Limburg,

Franz-Peter Tebartz-Van Elst, proromain, élève du cardinal Meisner (cf. le compte rendu de N. Sommer dans le *Publik-Forum* du 3 décembre 2010). Cet évêque pense pouvoir écarter sans peine une lettre circulant dans le diocèse, où dix prêtres lui reprochent de gaspiller l'argent, d'être arrogant et d'entretenir un climat de peur. La critique largement répandue dans son diocèse est que, dans une période économique difficile pour d'innombrables individus, il s'autorise la construction, qui se chiffre en millions, d'une nouvelle résidence épiscopale, avec un grand logement et une chapelle personnelle au sous-sol destinée, selon une déclaration officielle, à «conserver toutes les reliques de l'évêché». Circonstances aggravantes : un nouveau vicaire général est arrivé, qui exige «discrétion et silence». D'où la crainte dans le clergé de dire la vérité sur la situation de l'Église. Des rédacteurs de la presse religieuse sont sous une pression constante. Les laïcs ne sont plus autorisés à remplacer les prêtres et les théologiens laïcs ne peuvent plus être désignés comme «agents pastoraux». On inocule de la suffisance cléricale aux candidats à la prêtrise. D'où des prêtres qui – contre le vote du conseil presbytéral – sont de nouveau parés de titres romains comme «prélat» ou «monseigneur». Ils ne doivent en aucun cas autoriser la communion aux divorcés remariés ni bénir un couple homosexuel. C'est aussi la fin des paroisses actuelles : place à la concentration dans des «centres d'offices religieux» dirigés par les prêtres restants, auxquels les croyants restants sont gentiment invités à se rendre.

Comment ne pas comprendre le cri de détresse des prêtres concernés ? Dans la lettre ouverte à leur évêque, ils écrivent entre autres : «Sommes-nous les derniers de notre espèce ? Agents pastoraux qui veulent partager la vie de leurs paroissiens en étant aussi proches et dignes de confiance que possible ; prêtres qui ont pris leur paroisse en affection et ne veulent pas les cumuler ni en changer comme on change de chemise, qui, dans une aimante communion de prière et de dialogue, se sont voués à leur paroisse... Ceux qui se sont engagés dans les conseils, qui ont pris une part de responsabilité et se retrouvent de plus en plus souvent mis au rebut par le principe de la chaise pliante... Artistes et intellectuels qui sentent très nettement que leur monde n'est pas celui des pompons et des flonflons que l'Église étale de nouveau, ni celui du kitch scintillant qui n'est que le design couvrant l'enveloppe des mots creux... »

Cette lettre aurait aussi pu être adressée à l'évêque de Regensburg, Georg Ludwig Müller, ancien professeur de théologie dogmatique et ami de Ratzinger, qui – en raison de sa politique autoritaire, hostile aux laïcs et anti-œcuménique – a encore plus mauvaise presse que son collègue de Limburg. Dès février 2010, il déclarait que l'Église maîtrise les problèmes. Aussi s'en est-il pris plusieurs fois à des journalistes critiques et, encore en août 2010, il parlait de « critique qui est manifestement de la mise en scène ». Pour les victimes des abus, tout ce qui est possible, disait-il, finirait par être fait.

Que les représentants d'anciens enfants de la DASS, ayant subi des abus, considèrent que les indemnités versées, qui sont maintenant prévues par une commission, sont insuffisantes ne préoccupe guère cet évêque : au lieu d'un règlement rapide d'une somme forfaitaire à quatre chiffres, ce sera un mesquin et très long examen au cas par cas. Toujours est-il que Walter Mixa, l'évêque d'Augsbourg (Bavière), dut démissionner de son poste – non sur ordre d'en haut, mais suite à des pressions de la base – pour maltraitances et abus de confiance. Son diocèse avait enregistré environ 7 000 retraits de l'Église en 2009, et jusqu'à 12 000 en 2010.

Certes, la position des évêques hostiles au dialogue et aux réformes semble affaiblie en Allemagne. Mais il reste encore bien trop d'évêques qui, à l'exemple de Rome, cherchent à minimiser la profonde crise de l'Église en l'assimilant à une pure campagne des médias et qui, avec la bénédiction du pape, continuent comme si de rien n'était. C'est justement ainsi qu'ils rendent leur Église malade, de plus en plus malade.

C'est vrai aussi d'autres pays, en particulier des États-Unis où, depuis peu, la conférence épiscopale catholique « a basculé à droite ». C'est aussi le cas du jésuite Thomas J. Reese du Woodstock Theological Center de l'université de Georgetown (cf. son article du *Washington Post* publié début novembre 2010). À l'évidence, aux États-Unis, le cardinal Francis George, de Chicago, ancien vice-président et maintenant président de la conférence épiscopale, joue un rôle néfaste. Naguère déjà, dans l'International Commission on English in the Liturgy (ICEL), il avait poussé vers la sortie tous ceux qui s'opposaient à une traduction de la messe en latin dans un anglais littéral et borné. Cette traduction en mauvais anglais a été inaugurée lors de l'Avent 2011. Le cardinal George a aussi mené les attaques contre la réforme de la santé publique du président Obama, car elle finance l'avortement, alors que la Catholic Health Association ne partage pas cet avis.

Dans le passé, la conférence épiscopale américaine a disposé d'excellents présidents qui, tel le cardinal Joseph Bernadin de Chicago, œuvraient dans l'esprit de Vatican II. Mais l'équilibre de la conférence épiscopale a été radicalement modifié par les évêques mis en place par Jean-Paul II. Ces derniers, contre l'usage en cours jusque-là, empêchèrent dès lors l'élection à la présidence de vice-présidents modérés. Au lieu de prendre en considération la totalité du spectre de la doctrine sociale catholique, on se concentre désormais avant tout sur deux questions morales : l'avortement et le mariage homosexuel. On renforce ainsi le front de l'obstruction des Républicains contre l'ensemble de la politique de l'administration Obama. Visiblement, au sein de la conférence épiscopale, on ne voit pas que des changements de fond sont nécessaires au sein même de l'Église, secouée par les crises, si elle doit être préservée durablement et sauvée de sa mise à l'écart. En tout cas, la maladie de l'Église ne guérira pas d'elle-même.

Un diagnostic et une thérapie sont nécessaires

Devant la maladie de l'Église, qu'il est devenu impossible d'ignorer, on pourrait s'attendre à ce qu'un grand débat de fond – au-delà, par exemple, des timides commentaires de la loi du célibat – sur les moyens de rétablir l'Église se soit instauré dans l'épiscopat catholique, auquel incombent, avec le pape, la direction et la « guérison » de l'Église (éventuellement aussi des opérations d'assainissement).

Mais pour le moment, on n'en est pas encore là. En effet, la déception qu'avait connue Karl Rahner en 1970, suite à sa lettre (confidentielle) aux évêques allemands, me toucha à mon tour en 2010 : je n'ai pas reçu fût-ce une seule réponse d'un évêque à ma lettre (ouverte) à tous les évêques. Cette lettre a certes été diffusée dans de nombreux médias à travers le monde entier et a trouvé beaucoup de lecteurs approbateurs. Mais pas un seul, sur près de 5 000 évêques, dont je connais quelques-uns personnellement, n'a osé répondre en public ou en privé. Aucune réaction, ni positive ni négative : le silence, c'est tout. Les raisons de ce silence devront être examinées.

On me demandera cependant : que pourrait bien faire un évêque isolé, ou un théologien isolé, face à une Église malade ? Je ne réponds que pour moi : je ne suis pas un prophète ni un guérisseur et n'ai jamais voulu devenir un agitateur politique. Que puis-je donc faire, moi qui me suis toujours considéré comme professeur de théologie, de philosophie et de science des religions ? Peut-être quand même quelque chose comme rendre le service d'un « médecin », pour ainsi dire d'un « médecin officiel », ou mieux, comme l'annonce la préface, d'un *thérapeute* qui peut aider cette patiente moribonde qu'est l'Église, non par de superficielles et décoratives déclarations ou excuses, mais par un diagnostic et une thérapie de fond, et ainsi contribuer, si possible, au moins un peu à son sauvetage :

1. *Diagnostic correct* (grec : *diágnosis*, « appréciation différenciée ») : il ne faut pas minimiser les symptômes de la maladie (« ce n'est pas très grave »), ni dramatiser de manière alarmiste (« c'est sans remède ! »). Faire plutôt une analyse historique et fondée des antécédents de la maladie, voire une véritable pathogenèse, qui pourrait expliquer pourquoi cette institution séculaire qu'est l'Église catholique a pu aboutir à un état si lamentable. En médecine, on nomme « étiologie » la recherche de l'*aitía*, de la cause.

2. *Thérapie efficace* (grec : *therapía*, « servir, soins, traitement d'une maladie ») : il ne faut pas se contenter d'une simple thérapie des symptômes, qui ne traite que certaines manifestations de la maladie ; des remèdes pour faire baisser la fièvre ne suffiront pas à remettre cette Église sur pied. Il faut une thérapie des causes qui parvienne, par-delà tous les oublis, refoulements et tabous, jusqu'aux raisons véritables de la maladie et qui combatte les facteurs ou les processus responsables. Et si nécessaire, il faudra procéder aussi à des opérations pour attaquer certains abcès à la racine.

À ce stade, certains ne manqueront pas d'objecter que cela demande trop d'investissement et n'en vaut pas la peine.

Euthanasie ou réanimation ?

En fait, de nombreux contemporains sont d'avis que l'Église catholique est irrémédiablement malade, moribonde même, et ne mérite pas d'être sauvée. Il serait impossible de la réanimer. L'érosion de la confiance parmi les forces vives de l'Église a aussi atteint récemment des *couches du catholicisme* traditionnel. On le voit de plus en plus clairement : depuis l'apogée de l'approbation publique à l'époque de Vatican II (1962-1965), le nombre de ceux qui tiennent une Église pour nécessaire ou simplement utile n'a cessé de baisser, pour atteindre un niveau très bas sous Benoît XVI. Qu'il ne s'agisse pas seulement d'une évolution dans les pays «récalcitrants» de langue allemande, d'autres sondages significatifs, réalisés dans différents pays de l'Ouest, toujours en 2010, le montrent.

En Italie, le pays des papes, seulement un peu plus de la moitié de la population se déclare catholique, 20 % de moins qu'en 2004. Parmi eux plus de 80 % trouvent la religion importante, seulement 8 % de moins qu'il y a six ans. Cependant, beaucoup ne veulent plus avoir affaire à l'institution ecclésiastique. Seulement 46 % font encore confiance au pape, au lieu de 60 % il y a six ans. Une évolution analogue peut être observée dans les bastions catholiques d'Espagne et d'Irlande, et même en partie en Pologne. Aux États-Unis, les trois quarts des catholiques pensent qu'on peut être un bon catholique sans faire allégeance au pape.

Du fait de la politique de restauration déjà décrite, cette évolution du «catholicisme de base» n'a rien d'étonnant. D'innombrables catholiques, dont des théologiens injustement réprimandés et marginalisés comme Eugen Drewermann et Gotthold Hasenhüttl, se sont lassés d'élever en vain des protestations contre l'orientation prise par la direction de l'Église et, ces dernières années, ils ont *quitté l'Église*, plus précisément: ils sont sortis non pas de la communauté de foi catholique, mais de l'Église catholique romaine comme collectivité de droit public, de la communauté assujettie à l'impôt ecclésiastique. Hartmut Zapp, professeur de droit canon à Fribourg, et Andreas Janker, ingénieur de Ratisbonne, ont fait de même. Cela peut faire école et c'est un signal d'alarme pour la hiérarchie... Bien entendu: celui qui a perdu confiance en l'Église ne veut plus payer l'impôt ecclésiastique.

Mais voici encore plus inquiétant: un nombre encore bien plus grand de catholiques s'est *en son for intérieur éloigné de l'Église*. On reste nominalement catholique, mais après avoir perdu tout intérêt pour l'institution Église. Je faisais mien l'avis de Thomas von Mitschke-Collandes: «Beaucoup de membres de l'Église s'informent sur un retrait de l'Église. La crise est unique en son genre et elle est sans précédent. Jusqu'à présent, il n'y a aucun apaisement en vue. Le nombre des retraits pourrait exploser en 2010. » Il a effectivement explosé.

À cette perte de confiance entre catholiques s'ajoute dans la *société séculière* une *hostilité* croissante *envers l'Église*. Depuis la récente révélation des cas d'abus sexuels, nombre de contemporains se trouvent confortés dans leur représentation d'une hiérarchie qui ne veut pas comprendre, qui est accrochée à son pouvoir – toute la communauté Église, et même la société en général, ayant à pâtir de son autoritarisme, de sa dictature doctrinale, de ses ferments de peur, de ses complexes sexuels et de son refus du dialogue.

Mais, objecteront certains catholiques, le Vatican n'a-t-il pas depuis peu « demandé pardon » pour ses défaillances et ses erreurs ? C'est exact, mais hélas sans que le pape reconnaisse personnellement ses fautes et en tire des conséquences pratiques pour le présent et l'avenir. Les abus sexuels et leur dissimulation confirment l'impression générale : l'administration et l'Inquisition de l'Église continuent de produire de la souffrance et de nouvelles victimes.

Il est impossible de le nier : dans nos pays démocratiques, il n'y a guère de grande institution qui traite avec autant de mépris les critiques et les penseurs novateurs de ses propres rangs, aucune ne discrimine autant les femmes – avec les interdits de la contraception, du mariage des prêtres et de l'ordination des femmes. Aucune ne divise autant la société et la politique mondiales par des positions rigoristes et tranchées sur des questions comme l'homosexualité, la recherche sur les cellules souches, l'avortement, l'euthanasie et choses semblables. Et si Rome n'ose plus proclamer en bonne et due forme un dogme infaillible, néanmoins on s'y ceint toujours volontiers de l'aura de l'infaillibilité pour toutes les déclarations doctrinales, comme si les paroles du pape étaient immédiatement l'expression de la volonté de Dieu ou la voix du Christ.

Face à quoi il n'est pas étonnant que l'indifférence, plus ou moins indulgente, dont bénéficie cette Église depuis un demi-siècle se soit souvent transformée en rejet, parfois même en haine ou en cynisme, voire en franche hostilité. On aimerait adoucir la mort de l'Église malade, lui proposer pour ainsi dire une « aide à mourir[1] ». Les médias ne cessent de diffuser des sujets à forte audience sur l'« histoire criminelle » de l'Église, à laquelle Karlheinz Deschner, un auteur d'origine catholique, a depuis des dizaines d'années consacré plusieurs volumes[2]. De telles présentations sont légitimes, même si l'on oublie facilement qu'en collectant ou en accumulant toutes les erreurs, des évolutions erronées et des forfaits de toutes sortes qu'on peut dénicher ici ou là, on pourrait tout aussi bien écrire une histoire des crimes de l'Allemagne, de la France, de l'Angleterre ou des États-Unis – sans parler des nombreux crimes monstrueux de l'athéisme moderne, perpétrés au nom de la déesse Raison ou de la nation, de la race, du parti.

Toujours est-il que le mot haineux de Voltaire contre l'Église catholique – « Écrasez l'infâme[3] » – ne donne plus lieu à des persécutions, même dans la France laïque, mais, dans ce pays et ailleurs, elle se transforme concrètement en marginalisation. Le Parlement européen a agité les esprits en l'an 2000 : sa majorité n'a pas voulu que le mot « Dieu » soit cité dans le préambule de la Constitution européenne (un choix compréhensible, compte tenu du grand nombre de non-croyants, ou d'autres croyants, présents en Europe), ni même que le christianisme soit mentionné comme racine culturelle de l'Europe à côté de l'Antiquité et des Lumières (un choix incompréhensible, compte tenu des réalisations culturelles et des institutions humanitaires de l'Église, qui sont incontestables et qui ont fait époque). Autre exemple : une campagne publicitaire sur les bus londoniens (comme réponse, il est vrai, aux chrétiens fondamentalistes menaçant de l'enfer les athées). *Maybe there is no God, therefore*

---

1. *Sterbehilfe*, littéralement « aide pour mourir », signifie « euthanasie ».
2. Non traduits en français. Jusqu'à présent, sur les dix volumes prévus, neuf ont paru.
3. En français dans le texte original.

enjoy life («Peut-être que Dieu n'existe pas, alors profitez de la vie»): de telles réactions ne font que refléter en miroir le message antiévangélique menaçant des Églises, et ce genre d'avertissement devrait les porter à la réflexion autocritique plutôt qu'au rejet indigné. D'où le point suivant.

L'histoire de l'Église comme anamnèse

La maladie de l'Église ne tire pas son origine seulement de notre époque. L'histoire de sa maladie est si ancienne et si complexe qu'elle exige une «anamnèse» (en grec «souvenir») approfondie. Il s'agit de s'enquérir des *antécédents de la maladie*. Ce que le médecin, le psychologue ou le conseiller cherche à savoir en interrogeant le patient, le théologien ou l'historien peut l'apprendre de l'histoire du corps souffrant de l'Église. Pour cette anamnèse, il a toutefois besoin de faire un diagnostic net, basé sur une vision non idéologique de l'histoire.

En tout cas, les *interprétations optimistes et harmonieuses* de l'histoire de l'Église élaborées par des théologiens du XIXe siècle – les instances hiérarchiques ont naturellement recours à elles pour s'immuniser contre toute critique dénonçant des développements pathologiques – sont inappropriées pour une thérapie et un diagnostic sérieux. On y affirme que durant les deux mille années de l'histoire de l'Église, doctrine, constitution, droit, liturgie et piété ont fait l'objet d'une croissance «organique». De la sorte, même des dogmes romains récents – qui ne se sont imposés que dans la seconde moitié du XIXe et la première moitié du XXe siècle, tels les deux dogmes sur le pape (primauté juridique et infaillibilité) et les deux dogmes qui concernent Marie (Immaculée Conception et Assomption) – peuvent être justifiés et en même temps des ministres dévoyés tolérés. L'Église serait en définitive un immense arbre sain, en développement, en épanouissement et en perfectionnement perpétuels, même s'il arrive qu'il rejette quelques fruits pourris et porte quelques branches mortes.

Une telle histoire idéologique peut parfaitement servir de *palliatif* pour rendre la maladie de l'Église psychiquement supportable, mais elle ne permet pas de voir la cause de la maladie. Souvent aussi elle n'est qu'un *placebo*, un semblant de médicament, censé exercer sur la communauté Église et les forces récalcitrantes un effet sédatif. Celui qui comprend unilatéralement l'histoire de l'Église catholique comme un processus de maturation et d'expansion ne peut ni ne veut voir les phénomènes totalement inorganiques, anormaux ou maladifs, même s'ils infectent le corps entier de l'Église. D'ailleurs, ce sont les représentants officiels de l'Église qui sont en général les premiers responsables de ces phénomènes, et ce sont justement eux qui ne peuvent ni ne veulent admettre qu'en même temps que les progrès grandioses réalisés au long des siècles il y a aussi eu d'effrayantes rechutes, dont les papes notamment sont tout sauf innocents. Des « Saints-Pères » de cette sorte préfèrent proclamer saints des Saints-Pères antérieurs qui ne sont pas spécialement saints (par exemple Pie IX, Pie X, peut-être aussi, à venir, Pie XII). On canonise donc des *simul justus et peccator*[1] ?

Cependant, si d'un côté je désapprouve la conception optimiste et harmonieuse de l'histoire de l'Église, de l'autre je désapprouve aussi l'*interprétation historique dénonciatrice et haineuse*, où il ne reste pas le moindre cheveu sain à l'Église. Je ne soutiens donc ni les admirateurs inconditionnels ni les détracteurs guidés par le ressentiment : chacun ne voit qu'un côté de l'Église. Je plaide pour la recherche d'un jugement nuancé. Car même l'histoire de l'Église – comme celle de toutes les autres grandes institutions – est ambivalente.

Une anamnèse approfondie part des causes historiques de la maladie et explique en même temps pourquoi les choses en sont arrivées à ce point. Des non-historiens aussi peuvent observer certaines choses, mais non les expliquer : derrière

---

1. Expression latine signifiant « à la fois juste et pécheur ».

l'organisation efficace se tient souvent un appareil financier ou de pouvoir, qui opère avec des moyens très profanes. Derrière les grandes manifestations qui en imposent et les liturgies de masse catholiques se cache trop souvent un christianisme traditionnel, pauvre en substance et sans aucune profondeur. Derrière le sens de la hiérarchie conformiste se manifeste de multiples façons le fonctionnaire religieux, qui lorgne toujours vers Rome : regard servile vers le « haut », autoritaire vers le « bas ». Le système d'enseignement, fermé et dogmatique, repose sur une théologie scolaire non biblique et depuis longtemps dépassée. Quant aux réalisations de la culture occidentale, tant louées, elles vont de pair avec une sécularisation et trop de distance par rapport aux véritables devoirs religieux.

Mais déjà j'entends les défenseurs de l'*establishment* ecclésiastique : *quo jure*, de quel droit voulez-vous faire le procès de l'institution Église ? Je le redis : je ne suis pas juge mais théologien, je ne veux pas faire un procès, mais, tel un médecin, un psychothérapeute ou un conseiller, je veux établir un diagnostic. Mes conseils, largement présentés et abondamment justifiés dans de nombreux livres, n'ont certes jamais été sollicités par les autorités compétentes. Ils les incommodaient, car beaucoup d'entre elles appartenaient eux-mêmes aux organes responsables de la maladie. Et elles ne voulaient rien entendre de la nécessité de pratiquer des opérations chirurgicales et des réparations dans le corps de l'Église.

Mais, répliquent ses défenseurs, avec cette institution n'est-on pas au-delà de l'histoire et du changement perpétuel ? Réponse : certes oui, il y va aussi du permanent, de la vérité, et même de la vérité éternelle. La question est celle-ci : que doit-il rester de l'Église, quel doit être le critère de la vérité ?

Le critère de la vérité : la tradition ou le progrès ?

On peut constater que non seulement sur le souci pour la santé physique, mais aussi sur le bien-être social, deux conceptions de la vérité s'opposent : pour les uns, c'est en principe l'« ancien », le permanent, le savoir ancien, bref la tradition, qui a priorité ; pour les autres, le nouveau, la science moderne, l'innovation, le progrès. Qui a raison ?

J'ai de l'estime pour la tradition mais ne suis pas un traditionaliste. Cependant, il y a dans l'Église des hommes, et pas seulement à Rome, qui ne jurent que par l'*ancien*. Certes, le « cher ancien » peut souvent être stimulant, mais il ne devrait jamais devenir le modèle dominant. Comme si Dieu n'avait été présent qu'à une certaine période du passé, par exemple à l'époque des « Pères » (ceux des temps patristiques grec et latin) ou au Moyen Âge (avec la scolastique, l'art roman et gothique), mais n'avait rien à faire avec les époques suivantes, en particulier la Réforme et les Lumières. Selon les traditionalistes, ces dernières seraient des périodes de « déclin », qu'on désigne souvent de nos jours de façon voilée par des mots comme « déshellénisation », « décléricalisation » ou « déchristianisation ». Mais on se livre ainsi au mythe sclérosant du « déclin », hostile à tout progrès.

Même le pape actuel pense que sa mission consiste surtout à préserver la *vérité* et, selon lui, celle-ci est justement la *tradition*. Mais pour ce faire il veut déterminer lui-même en tant que responsable suprême – tout en s'appuyant si possible sur ses prédécesseurs – ce qu'est la tradition et ce qui ne l'est pas. Par exemple, aux évêques opposés à sa définition de l'infaillibilité pontificale – qui ne peut qu'en apparence en appeler à l'Écriture sainte et à la Tradition ancienne –, son prédécesseur Pie IX, qui la défendait bec et ongles, objecta : *la tradizione sono io !* (« la tradition, c'est moi ! »). En fait, c'est une conception absolutiste de la vérité pontificale, comparable à la conception de l'État d'un Louis XIV : « L'État – c'est moi[1] ! »

Dans l'Église catholique du XIXe-XXe siècle, a pris ainsi forme un *traditionalisme* ou *fondamentalisme catholique romain* typique, qui pense nécessaire et possible de tout laisser dans l'état ancien. Que l'Église doive sans cesse se renouveler, dans le meilleur des cas on le rappelle de façon moralisatrice au fidèle individuel, par exemple dans le sens d'une observance plus stricte de la morale sexuelle selon le pape. Cependant, même lors des grandes rencontres de jeunes, ces derniers écoutent aimablement le pape proférer de telles vérités mais, bien entendu, ils utilisent pilules et préservatifs, même sur les terres romaines.

La croyance au passé conduit au manque de créativité, à l'impuissance spirituelle et à une scolastique exsangue. Non, le traditionalisme ne doit pas être la loi suprême dans l'Église. Au lieu de se fixer sans réserve sur un quelconque passé, l'Église a besoin de la liberté, qui se manifeste même dans une posture et une vision critiques de sa propre histoire.

Mais une telle liberté se manifeste aussi dans la limitation de l'autre extrême : le *modernisme exalté*. J'aime la nouveauté, mais je ne pense pas qu'à l'innovation. Dans la société moderne, il y a beaucoup d'hommes qui, par principe, ne jurent que par le *nouveau*. Le regard fixé sur une utopie, ils exigent une nécessaire orientation vers l'avant. Au XXe siècle, certains proclamèrent un royaume de mille ans (il s'effondra en 1945, après seulement douze années) ; d'autres, une société sans classe (elle périclita en 1989). Pourtant, même au XXIe siècle, certains s'exaltent encore pour une nouvelle humanité atteignant son apogée par l'évolution technologique ou écologique, ou même par une révolution politique et sociale. Pourtant ni les utopistes noirs, ni les bruns, ni les rouges, ni les verts n'ont façonné « l'homme nouveau » parfait.

Même dans l'Église catholique, il y a eu des personnes, des

---

1. En français dans le texte.

regroupements ou des mouvements si fascinés par les utopies modernes qu'ils réclamaient une modernisation adaptée à l'esprit du temps. En outre, il y a une étrange exaltation catholique pour une croyance en un futur teinté d'apocalypse. On en appelle à une révélation supérieure qui va au-delà de celle apportée par Jésus-Christ : prophétie exacte de la fin du monde, d'une grande guerre, de la conversion de la Russie, combinée avec une mystique des nombres et des calculs pour faire des prédictions. Même dans son livre le plus récent, le pape parle encore des secrets singuliers et mystiques de Fatima. Bref, un mélange de superstitions et d'obscurantisme pour satisfaire la manie des miracles et le sensationnalisme religieux des personnes religieuses autant que non religieuses – le tout répandu avec l'aide des médias modernes. Mais est-ce cela le vrai christianisme ? Certainement pas !

Les Églises chrétiennes devraient être plus chrétiennes

Bien entendu, le catholicisme issu d'une évolution historique ne peut pas être la mesure de sa propre évaluation, et le catholicisme réel existant de nos jours encore moins. Toutefois, certains, au Vatican, ou certains « partisans du Vatican » n'y résidant pas, veulent établir l'Église catholique sur un *statu quo* confortable et profitable pour eux. Ainsi refusent-ils – en se référant toujours à une autorité « supérieure », en réalité celle du pape – toute rectification de leur orientation, qui rend l'Église malade, et ils excluent toute réforme sérieuse de la doctrine et de la pratique : ce qui n'est pas romain ne serait pas non plus catholique.

Or de plus en plus de catholiques percent à jour ce genre de manœuvre qui, en donnant de plus en plus de pouvoir à Rome, fait le lit de la maladie de l'Église. Même celui qui n'a qu'une faible connaissance de l'histoire réelle de l'Église ne peut ignorer ou raboter tous les contrastes et toutes les contradictions – fissures, fêlures et ruptures – qu'elle comporte. Mais par ailleurs se pose la question : peut-on vraiment les réformer et les transcender ? Sur ce point, je suis devenu de plus en plus sceptique. Pas uniquement à cause de la situation actuelle, misérable, de l'Église catholique, mais aussi à cause des tournants historiques ou des changements de paradigme (que j'ai analysés durant deux décennies de laborieuses recherches) des trois religions abrahamiques, et en particulier du christianisme. On ne prend pas ces changements assez au sérieux dans leurs conséquences pour l'Église actuelle, ni dans les sphères de direction, ni chez les historiens de l'Église.

Je reviendrai sur ces *changements de paradigme*, ces modifications historiques de l'ensemble de la constellation, mais je souhaite dès à présent brièvement attirer l'attention sur la problématique. Celui qui connaît l'histoire s'interroge : peut-on sérieusement espérer qu'une Église qui reste profondément enracinée dans le paradigme médiéval (« P III » selon ma terminologie) trouvera un chemin vers l'avenir ? Une Église qui ignore en grande partie le paradigme judéo-chrétien originel de l'Église primitive (P I) ? Qui n'accepte que de manière sélective le paradigme de l'ancienne chrétienté hellénistique du premier millénaire (P II) ? Ensuite, une Église qui ne peut comprendre les paradigmes qui succèdent à celui du Moyen Âge (la Réforme protestante [P IV] et surtout celui de la modernité des Lumières [P V]) que comme une chute hors du véritable christianisme – donc une telle Église médiévale, orientée contre la Réforme et la modernité, peut-elle vraiment, au XXIe siècle, réussir le passage à un nouveau paradigme œcuménique, plus pacifique et plus juste (P VI) ? L'Église catholique n'a que partiellement intégré les paradigmes de la Réforme et de la modernité de Vatican II, et en même temps une restauration du paradigme préconciliaire la menace ; une telle Église est-elle vraiment encore capable de prendre le chemin de l'avenir, de sorte que la *chrétienté originelle* soit conservée et même amenée à une expression nouvelle ?

Nous arrivons ainsi au point décisif, qui toutefois n'est pas un défi seulement pour l'Église catholique; c'est un défi pour toutes les Églises qui se disent chrétiennes; même les Églises protestantes ne sont pas des «îlots de perfection». Est-ce que dans les Églises on est encore confronté au message chrétien originel, à l'Évangile, et de façon toute pratique, à *Jésus-Christ lui-même*, sur lequel en théorie se fonde toute Église? Ou ne rencontre-t-on en elles qu'un *système ecclésiastique* qui n'a de chrétien que l'étiquette, qu'il vienne de l'ancienne Église orthodoxe, de l'Église médiévale latine, de l'Église protestante de la Réforme ou de la modernité éclairée?

Sans les retours concrets au Jésus-Christ historique, à son message, son comportement et son destin (que j'ai décrits dans mon livre *Être chrétien*), une Église chrétienne – quelle qu'elle soit – n'a ni identité ni pertinence. Même et surtout les innombrables institutions catholiques romaines, les dogmes, les principes juridiques, les rites et les actes sont soumis à ce critère: sont-ils au sens strict «christiques», ou au moins non «antichristiques», bref, sont-ils conformes à l'Évangile?

C'est désormais aussi le souhait et le désir de nombreux fidèles dans l'Église, qui se disent que leur Église devrait de nouveau devenir plus chrétienne, de nouveau *s'orienter* plus *selon l'Évangile, selon Jésus-Christ lui-même*. Et pour que le théologien «laïc» ne pense pas qu'il s'agit là d'un programme de théologie irréaliste, je veux illustrer ce point décisif pour la survie de l'Église par une image – je le concède – radicale.

Un instantané inquiétant

Peu de scènes de l'histoire récente de l'Église m'ont autant préoccupé que celle qui se déroula place Saint-Pierre, le 8 avril 2005, lors de la grandiose mise en scène des funérailles du pape Jean-Paul II, avec *pomp and circumstance*, qui auraient bien convenu à un *Imperator* romain. Elle fut, comme d'habitude, retransmise à des millions de téléspectateurs du monde entier par une régie image, concertée et accordée à la perfection, entre le Vatican et la télévision italienne. Puis, Joseph Ratzinger, chef de la Congrégation pour la foi et en même temps doyen du Sacré Collège, descendit, revêtu d'une aube pourpre, les marches de Saint-Pierre vers le cercueil en bois d'une sobriété calculée. À côté, placé de façon tout aussi calculée, un grand crucifix de facture réaliste, la figure du Christ souffrant crucifié. Je ne pouvais pas me représenter un plus grand contraste :

– Ici le chef de la Congrégation pour la foi (ainsi nomme-t-on aujourd'hui l'ancien Saint-Office de l'Inquisition) ; dans l'Église, il est responsable de la souffrance d'un grand nombre de personnes, avec ses innombrables procédures inquisitoriales et secrètes, avec ses documents doctrinaux autoritaires ; maintenant il incarne la puissance concentrée du nouvel *Imperium Romanum* – ce que souligna lors de la cérémonie funèbre la présence de deux cents invités officiels issus du monde entier, dont, au premier rang, la famille d'un président belliqueux : George W. Bush.

– Là l'homme de douleur de Nazareth, prédicateur de la paix, de la non-violence et de l'amour, dernière instance d'appel pour tous ceux qui sont persécutés à tort, pour les humiliés, les martyrs et les personnes souffrant injustement…

Inévitablement, le Christ du célèbre récit de Fédor Dostoïevski nous vient à l'esprit. Le cardinal Grand Inquisiteur y apostrophe le Christ revenu sur terre, qu'il a emprisonné : « Pourquoi es-tu venu nous déranger[1] ? » Selon l'avis du Grand Inquisiteur, le Christ a apporté aux hommes une *liberté* qu'ils ne sont pas du tout capables d'assumer. C'est pourquoi, comme les autres hérétiques, ce Christ doit être brûlé vif. Mais le prisonnier ne répond pas un seul mot à toutes les accusations du nonagénaire,

---

1. Dostoïevski, *Les Frères Karamazov*, p. 349, Paris, Gallimard, « Folio », 1994, trad. fr. Henri Mongault. « Le Grand Inquisiteur » est le chapitre V du Livre V de la deuxième partie du roman (p. 345-368 de l'édition Folio).

et à la fin il baise en silence ses lèvres exsangues, de sorte que celui-ci ouvre la porte et lui dit : « Va-t'en et ne reviens plus... ne reviens plus jamais[1] ! »

Mais il ne cesse de revenir. Souvent je me suis dit qu'il ne serait pas difficile de transposer cette histoire de la sombre Séville du XVIᵉ siècle dans la plus avenante Rome vaticane du XXᵉ-XXIᵉ siècle. Le thème de la liberté de l'homme chrétien est aussi actuel que jadis. Et peut-être que le « trait fondamental du catholicisme romain » consiste vraiment – comme le suppose Dostoïevski – en ceci : « Tout a été transmis par toi au pape, tout dépend donc maintenant du pape ; ne viens pas nous déranger, avant le temps du moins[2]. »

Or c'est justement le chef de l'Inquisition pour la foi – procédant de nos jours avec de méthodes plus subtiles – qui, à l'étonnement ou à l'effarement de beaucoup, a été *élu pape*. Dans une offensive de charme initiale, il se présenta comme un berger accueillant. Mais de nouveau il montra son vrai visage d'impitoyable chef de l'Inquisition pour la foi. Après quelque temps, on vit même le pape Benoît XVI suivre la ligne du funeste George W. Bush. Nul hasard si en 2008, sur l'invitation de Bush, le pape fêta joyeusement son quatre-vingt-unième anniversaire dans la Maison Blanche du président belliqueux. En effet, durant toutes ces années, Bush et Ratzinger se montrèrent inflexibles, par exemple à propos de l'avortement. Aucun n'est disposé à faire des réformes sérieuses, ils aiment mieux faire de pompeuses apparitions. Chacun gouverne en monarque et sans transparence dans le cadre de ses fonctions. Chacun, dans son domaine, en appelle à la « sécurité » en vue de restreindre les droits et les libertés des hommes.

Cependant, aux États-Unis, le correctif démocratique des élections a fait qu'à George W. Bush succéda Barack Obama. Or dans l'autoritaire monarchie romaine du pape, tout correctif

1. *Ibid.*, p. 365.
2. *Ibid.*, p. 350.

démocratique fait défaut ; l'élection à la papauté d'un « Obama »,
rebus sic stantibus (« les choses demeurant en l'état »), n'est pas
pensable. Cela conduit beaucoup de catholiques, surtout parmi
les plus actifs, à un véritable dilemme moral : « L'Église de
Ratzinger n'est pas mon Église ! », me disait il y a peu un éminent
catholique. Moi aussi, on m'invite sans cesse à faire comme
les milliers de catholiques qui, ces dernières années, ont quitté
l'Église catholique. Les théologiens sont de toute façon consi-
dérés comme des « éléments perturbateurs », et à Rome, au
lieu d'une Église du peuple, on voudrait se limiter au « petit
troupeau » des inconditionnels du pape. Et là, des images tout
autres de l'Église catholique me reviennent à l'esprit.

L'autre Église

Ce sont des images qui ont peu à voir avec les démonstrations
de puissance sur la place Saint-Pierre, mais qu'on peut vivre
des milliers de fois dans le monde entier. J'ai trouvé partout
des hommes qui, dans des paroisses ou des hôpitaux, des écoles
et des services sociaux, s'engagent dans l'esprit de l'homme
de Nazareth et, dans un total dénuement, font une infinité de
bonnes choses. Et là je ne peux certes pas penser uniquement
aux abus sexuels et à leur dissimulation. Sur tous les fronts
du monde, j'ai rencontré des agents pastoraux qui s'épuisent
au service des hommes. D'innombrables hommes et femmes
s'investissent pour les jeunes et les vieux, les pauvres, les
malades, les laissés-pour-compte et les personnes en échec.
Ce n'est pas une construction idéaliste ni une projection
utopique, mais un constat empirique de beaucoup de gens ; à
cause de lui elles ne veulent pas renoncer à l'Église. Et à cette
Église je peux encore et toujours m'identifier : communauté
mondiale des croyants et des engagés, qui dépasse même les
frontières étroites des différentes confessions. Cette communauté
de foi est la véritable Église dont, bien entendu, je n'exclus pas

les papes, les cardinaux, les évêques, ni les prélats de tous bords, et naturellement pas non plus les ministres des autres Églises. N'ai-je cependant pas le droit de dire que, pour moi, ils sont tous secondaires, car selon le Nouveau Testament ils ne doivent être que des serviteurs et non des maîtres : «Non pas des maîtres de notre foi, mais des serviteurs de notre joie» (cf. Deuxième lettre aux Corinthiens 1,24)? Ce n'est pas sans raison si, dans sa Constitution sur l'Église, le deuxième concile du Vatican a en fin de compte fait précéder le chapitre III sur la hiérarchie (chapitre hélas manipulé par la Curie) par le chapitre II sur le peuple de Dieu, ce qui ne devrait pas être valable qu'en théorie, mais aussi en pratique : mais ce n'est pas souvent appliqué!

Ces derniers temps, il ne semble pas que nous verrons bientôt de nouveau un pape comme Jean XXIII qui s'autoriserait avec raison à se nommer «serviteur des serviteurs de Dieu» (comme le pape Grégoire le Grand) au lieu de «Saint-Père» ou «sa Sainteté». Et il y a en fait relativement peu d'évêques qui se révèlent vraiment être des serviteurs à part entière de leur diocèse, plutôt que de fidèles serviteurs de la Curie romaine. Mais je n'ai jamais été chrétien grâce à la hiérarchie, ni catholique grâce au pape de Rome – et beaucoup sont dans mon cas.

Non, je ne songe pas à participer au «jeu de cartes des évêques» vendu en 2010 à des fins de propagande par une organisation épiscopale. Il montre tous les visages plus ou moins sympathiques des évêques allemands, avec des armoiries féodales, des devises latines et de brèves biographies. Comme si, avec ces jeux puérils, l'on pouvait gagner le monde à Dieu et au Christ (ou au moins avoir plus de prêtres)! Même constat, avec ces chasubles «modernes» – créées récemment par des stylistes – comme en septembre 2007 lors de la messe pontificale de Mariazell en Autriche : elles ignorent les couleurs liturgiques classiques au profit du bleu marial (combiné avec un jaune criard)! Comme si ces coloris de perroquet pour des vêtements liturgiques pouvaient redonner vitalité et dynamisme à une Église si malmenée!

C'est à une autre instance, bien supérieure (et à beaucoup de personnes secourables), que je rends grâce du fait que ma foi soit restée inébranlable : certes pas la foi en l'Église en tant qu'institution, mais bien à un certain Jésus-Christ – à sa Personne et à sa Cause – qui reste le motif originel dans la bonne tradition de l'Église, dans la liturgie et la théologie ; il ne s'est jamais vraiment perdu malgré toutes les défections et toutes les corruptions. Le Nom de Jésus-Christ est en quelque sorte comme le « fil d'or » dans le tissu sans cesse rénové de l'histoire si souvent déchirée et salie de l'Église.

C'est pourquoi, à la fin de ce premier chapitre, je veux donner une précision sur mon titre : *Peut-on encore sauver l'Église ?* Dans tous les cas, on ne pourra sauver l'Église que si l'Esprit de Jésus-Christ remet en marche la communauté de foi et redonne aussi une crédibilité, une capacité d'être compris et acceptés à ses dirigeants. Mais d'un autre côté, cela dépend aussi des hommes qui forment cette communauté des croyants et qui sont ouverts à ce souffle de l'Esprit qui souffle où il veut. De nombreux aspects qui empêchent les hommes d'avoir cette ouverture seront décrit dans les prochains chapitres. J'y établirai que la communauté de l'Église souffre à cause du système de pouvoir romain. Celui-ci se met peu à peu en place au Ier siècle après Jésus-Christ et il fut proclamé théoriquement à Rome dès le milieu du premier millénaire. Cependant, plusieurs fois repoussé dans l'Église, il réussit à s'imposer au début du deuxième millénaire, uniquement en Occident – mais avec des conséquences fatales pour toute la chrétienté. Il s'agit maintenant d'analyser le système romain avec sobriété et précision, pour déterminer s'il ne faut pas, pour sauver l'Église catholique, abandonner ce système.

2

Diagnostic du système romain

Anamnèses et diagnostics

Il manque souvent aux critiques de l'Église, érudites autant que populaires, la profondeur de champ historique. Telle chose qui est un développement tardif est parfois déclarée «essentiellement catholique», et à l'inverse telle réalité qui est dès l'origine catholique de part en part est déclarée totalement «non catholique». C'est pourquoi il y a le besoin urgent d'une analyse fondée sur l'histoire pour parvenir à la clarté.

Tout diagnostic sérieux d'une maladie va non seulement prendre en compte les symptômes, mais aussi enquêter sur les causes. Pour cela, elle va devoir intégrer autant que possible tous les résultats de la recherche scientifique. En ce qui concerne l'Église, les historiens ont amassé des montagnes d'études et produit d'innombrables résultats incontestables. Cependant, pour la Curie romaine, ceux-ci étaient souvent gênants et furent pour cette raison tout simplement ignorés, non seulement dans la théorie, mais aussi – devant de nombreuses exigences de réforme historiquement fondées – en pratique. Une *anamnèse de l'histoire de l'Église*, une saisie de l'histoire de sa vie et de sa maladie, s'impose donc d'urgence. Sans elle, aucune guérison n'est envisageable.

Lors de mes années d'études à Rome, j'ai pu entendre une très sage histoire de l'Église catholique romaine : elle me laissa insatisfait. Depuis mes années de jeune professeur j'ai sans cesse réétudié cette histoire. Ce long processus d'anamnèse, de mémoire, s'est déversé dans beaucoup de mes livres. On y trouve une profusion de références et de figures concrètes auxquelles je peux recourir pour ce livre-ci : *Concile et retour à l'unité* (1960, trad. fr. en 1961), *Structures de l'Église* (1962, 1963), *L'Église* (1967, 1968), *Infaillible ? Une interpellation* (1970, 1971), *Fehlbar ? Ein Bilanz* (1973) («Faillible ? Un bilan», non traduit en fr.), *Katholische Kirche – wohin ? Wider den Verrat am Konzil* (en collaboration avec Norbert Greinacher, 1980) («Église catholique – vers où ? Contre la trahison du Concile», non traduit en fr.), *Garder espoir. Écrits sur la réforme de l'Église* (1990, 1991), *Le Christianisme. Ce qu'il est et ce qu'il est devenu dans l'histoire* (1994, 1999), *Die Frau im Christentum* (2001) («La femme dans le christianisme», non traduit en fr.), *Kleine Geschichte der katholische Kirche* (2001) («Petite Histoire de l'Église catholique», non traduit en fr.).

«Mais qu'en est-il des aspects positifs ?» demanderont des critiques conservateurs après la lecture de ce livre critique. Ils trouveront le positif largement exposé dans les livres évoqués, en particulier dans la synthèse globale intitulée *L'Église*, aujourd'hui encore utilisée dans l'enseignement en tant que classique non dépassé. Cependant, dans ce livre-ci, il n'est pas question de l'histoire générale de l'Église, mais de l'*histoire de la maladie* de cette Église et de ses causes. Comme je m'en suis justifié dans la préface, dans ce qui suit je concentrerai mon diagnostic sur les problèmes de la constitution de l'Église et du centre de la domination romaine : l'institution de la papauté. Il s'agit d'assumer ainsi une histoire longue et mouvementée. Commençons par le début.

Pierre fut-il le premier pape ?

Anamnèse : Rome, même la Rome des papes, ne s'est pas faite en un jour. Sans doute, dès le début, l'Église de la capitale de l'Empire – depuis toujours remarquable par sa bonne organisation et ses actions caritatives – a joué un rôle important.

Elle eut un poids décisif comme havre de l'orthodoxie face aux gnoses et aux hérésies, pour formuler la profession de foi du baptême, délimiter le canon des écrits néotestamentaires et finalement – comme ville du tombeau des deux plus grands apôtres, Pierre et Paul – pour former la tradition apostolique de la succession.

Mais qu'est-ce que l'histoire permet de vérifier de tout cela ? Que Pierre était à Rome, le Nouveau Testament n'en dit pas un traître mot. Il parle encore moins d'un successeur de Pierre (ni que cela se passa à Rome). D'après la tradition de Matthieu, c'est la foi de Pierre dans le Christ, et non un quelconque successeur, qui est à jamais devenu le « roc » ou le fondement permanent de l'Église (Matthieu 16,18).

D'un autre côté, déjà vers 96, la *Lettre de Clément* ainsi que les lettres d'Ignace d'Antioche attestent d'un séjour et du martyre de Pierre à Rome. Cette tradition est donc ancienne et surtout sans concurrence. Même à Antioche, où un séjour de Pierre est attesté, on n'élève aucune revendication de son tombeau. L'archéologie n'a pas permis de vérifier l'existence d'un tombeau de Pierre sous la Basilique vaticane actuelle. De plus, il n'y a aucune preuve fiable du fait que Pierre – un pêcheur juif inculte du nom de Simon ; en comparaison, Paul était un citoyen romain parlant le grec à la perfection – aurait été à la tête de l'Église de Rome comme chef ou comme *épiscopos*. Il était le porte-parole du cercle des disciples de Jésus, mais rien moins qu'un « prince des apôtres ». De toute façon, l'épiscopat monarchique ne fut introduit à Rome que relativement tard. Vers 160, on érigea des monuments commémoratifs pour Pierre et Paul, qui a probablement été tué lui aussi lors de la persécution des chrétiens par Néron. Les tombeaux des deux principaux apôtres sont donc la raison décisive d'une certaine primauté de l'Église de Rome.

Malgré cela, Rome n'est en aucune façon « la mère de toutes les Églises », bien que la pompeuse inscription de la plus ancienne basilique de l'évêque de Rome, Saint-Jean-de-Latran, le suggère encore aujourd'hui : *caput et mater omnium ecclesiarum urbis et orbis* («tête et mère de toutes les églises de la ville et du monde»). Non : il est certain que la tête et la communauté mère de la première chrétienté n'est pas Rome, mais Jérusalem. Et il y a diverses Églises d'Orient qui sont des fondations apostoliques totalement indépendantes de Rome : Antioche, Éphèse, Thessalonique, Corinthe... Ces Églises y attachent de l'importance encore aujourd'hui.

Durant les premiers siècles, il ne saurait être question d'une *primauté juridique* – encore moins d'une primauté fondée sur la Bible – de la *communauté romaine* ou de l'évêque de Rome. La promesse à Pierre dans l'Évangile de Matthieu, à laquelle recourent constamment les évêques de Rome actuels – «Tu es Pierre et sur cette pierre je bâtirai mon Église» (non attesté dans les autres Évangiles !) –, orne, avec d'énormes lettres noires sur fond doré, l'intérieur de la basilique de Saint-Pierre. Mais dans toute la littérature chrétienne des premiers siècles, elle n'est pas citée une seule fois en intégralité – excepté dans un texte de Tertullien, qui néanmoins ne cite pas ce passage en relation avec Rome mais avec Pierre. C'est seulement au milieu du IIIᵉ siècle qu'un évêque de Rome nommé Étienne se fonde sur cette promesse à Pierre lors d'une dispute avec d'autres Églises à propos de la meilleure Tradition – mais sans succès. Dès cette époque, l'on refusait strictement la domination d'une Église sur les autres Églises.

Il n'y a donc aucune primauté juridique, et c'est très compréhensible : en effet, la primauté juridique appartient exclusivement à l'Empereur qui, en tant que *pontifex maximus*, comme grand prêtre, possédait le monopole législatif aussi dans le domaine ecclésiastique (*jus in sacris*). Durant tous ces siècles, il fut la plus haute instance juridique. Administrateur suprême, il surveillait naturellement aussi la communauté chrétienne romaine et son évêque. Sans demander son avis à quelque évêque que ce soit, l'empereur Constantin, dit le Grand, convoque en 325 le premier concile œcuménique dans sa nouvelle résidence de Nicée, à l'est de Byzance, et promulgue des canons sur la foi et la discipline ecclésiastique. Il entérine des décisions conciliaires en les confirmant comme lois de l'Empire, et en même temps il adapte l'organisation de l'Église à celle de l'État (les « diocèses » ayant un métropolite à leur tête dans l'une comme dans l'autre).

Cependant, en Occident on répandra plus tard la fable d'un transfert de pouvoir sur la ville de Rome et sur la partie occidentale de l'Empire à l'évêque de Rome : c'est la soi-disant « Donation de Constantin », la première des nombreuses falsifications réussies par lesquelles l'accession de la communauté de Rome et de son évêque à une suprématie monarchique en Occident a été justifiée. Pour l'Orient, où résidait l'Empereur, ce processus était d'emblée dénué de sens.

Premier diagnostic : dans le christianisme primitif, une position centrale de l'Église romaine et plus tard aussi de ses évêques est incontestable. Un centre opérant au service de l'unité et fondé sur la tradition des deux apôtres principaux, Pierre et Paul, pourrait aussi – s'il est exercé dans un esprit évangélique – être utile pour la chrétienté du XXIe siècle. Mais une primauté de juridiction ou de domination de l'apôtre Pierre, de la communauté de Rome ou même de son évêque ne peut être établie ni à partir du Nouveau Testament ni à partir de l'histoire de l'Église primitive. De plus, comme nous le verrons par la suite, elle conduisit non pas à l'unité de l'Église, mais à sa division. Au XXIe siècle, elle réussit moins que jamais à s'imposer à la chrétienté. Nulle répétition ni célébration de cette idéologie dominatrice de Rome, construite sur du sable, n'est utile ici. Seule une méditation autocritique sur le rôle modeste de Pierre (souvent faillible) et sur le service sans prétention de l'Église romaine primitive sous « la présidence de l'amour » (Ignace d'Antioche) pourrait y aider. Donc on a un service de Pierre, et non une domination de Pierre.

La prétention romaine à la domination fut proclamée tôt

Anamnèse : il n'y eut pas de « Donation de Constantin », mais plutôt un transfert par l'empereur Constantin de la capitale de l'ancienne Rome à la nouvelle Rome près du Bosphore. Dans le même temps se poursuivait la migration des peuples germaniques, qui prirent en 410 la « Rome éternelle », jusque-là invaincue. Ces deux évènements créèrent une vacance du pouvoir en Occident. Les évêques romains des IVe et Ve siècles, avides de pouvoir, s'en servirent avec détermination pour étendre leurs attributions jusqu'à une primauté de domination universelle.

Évoquons-en quelques mots-clés, ce qui sans aucun fondement biblique ou théologique, est néanmoins entré *per viam facti* dans le droit canon toujours en cours aujourd'hui :

– Rome prétend être l'ultime instance d'appel (l'évêque Jules, au milieu du IVe siècle, avec un recours non fondé au concile de Nicée).

– La parole de Matthieu 16,18 sur le « roc », comprise de manière purement juridique, est désormais utilisée pour des prétentions au pouvoir, et la parole du « siège apostolique » (*sedes apostolica*) est accaparée exclusivement par Rome, comme s'il n'y avait pas d'autre siège apostolique (l'évêque Damase, au IVe siècle).

– L'évêque de Rome se nomme désormais « pape » : « papa », du grec *pappas*, est un nom affectueux et respectueux pour « père », qui était depuis longtemps usité en Orient pour l'ensemble des évêques ; mais désormais, en Occident, ce nom sera réservé à l'évêque de Rome. Sans autre forme de procès, le pape qualifie son propre statut d'« apostolique » (= remontant aux Apôtres). En même temps le style ministériel et administratif romain s'est mis en place : aux requêtes des évêques ne succèdent que de brefs *decreta* et *responsa* (l'évêque Sirice, fin du IVe siècle).

66

– Chaque affaire importante doit, après son traitement, être présentée à l'évêque de Rome lors d'un synode, afin qu'il en décide (l'évêque Innocent, au début du ve siècle).

– Toute autre procédure d'appel est exclue ; les décisions de l'évêque de Rome sont irrévocables (l'évêque Boniface, au ve siècle).

C'est ainsi que débuta le processus, encore actuel, de la *monopolisation* romaine *de titres et de droits* qui appartenaient initialement à beaucoup d'Églises et d'évêques. Que l'on considère ceci : tout cela *n'*était d'abord *que de prétentions*. À Constantinople en particulier, d'où l'on jetait un regard méprisant sur Rome comme ancienne capitale déchue et où seul l'empereur avait voix au chapitre, on ne prenait pas du tout de telles prétentions au sérieux. C'est aussi pourquoi toutes les tentatives des évêques de Rome, aux ive et ve siècles, pour faire dériver de la parole sur Pierre comme « pierre » une juridiction (*jurisdictio*) de Rome sur l'ensemble de l'Église voulue par Dieu et pour l'imposer en pratique, ont échoué.

Même le contemporain de génie de ces évêques, saint Augustin, à la tête du diocèse d'Hippone en Afrique du Nord, très bien disposé vis-à-vis de Rome, le plus important théologien d'Occident, de même que Cyprien, le grand métropolite de Carthage, ne disent mot d'une primauté juridique universelle de l'évêque de Rome. Dans la dernière grande œuvre de saint Augustin, *La Cité de Dieu*, le pape ne joue aucun rôle. De toute façon, pour Augustin, tous les évêques sont en principe égaux. Même si pour lui Rome est bien le centre de l'Empire et de l'Église, il n'ouvre pas la voie au papisme. Il ne pense pas du tout à une primauté de juridiction ou de domination de Rome. Car ce n'est pas Pierre en personne (et encore moins son successeur) qui est le fondement de l'Église, mais le Christ et la foi en lui – ce que même le jeune Joseph Ratzinger a mis en évidence de façon convaincante dans son doctorat sur Augustin. Pour Augustin, comme pour l'ensemble de l'Orient chrétien, ce n'est pas l'évêque de Rome qui est la plus haute autorité dans l'Église, mais le concile œcuménique. Et même à ce dernier il n'attribue pas une autorité infaillible.

Deuxième diagnostic : dans son propre domaine de souveraineté occidental, Rome défend de plus en plus une tradition spéciale : d'un point de vue juridique, l'Église est avant tout conçue comme une *Église unique* centralisatrice, absolutiste et monarchiste, qui se fonde surtout sur le droit canon romain et sur des décrets romains (en grande partie contrefaits), totalement inconnus en Orient. En revanche, dans les autres Églises, celles d'Orient autant que celles d'Afrique du Nord (Tertullien, Cyprien, Augustin), domine une conception de l'Église comme *koinonia*, *communio*, qui est fondée, elle, sur le Nouveau Testament : une « communauté » de croyants, d'Églises locales avec leurs évêques, une fédération collégiale et ordonnée d'Églises, qui se fonde sur des sacrements, des règles liturgiques et des symboles de la foi communs. Cette conception s'est conservée jusqu'à nos jours en dehors du domaine de souveraineté romain.

Le premier vrai pape et son idéologie centrée sur Rome

Anamnèse : dans la génération après Augustin, c'est au pape Léon Ier (440-461), excellent théologien et juriste, prédicateur et pasteur zélé, homme d'État compétent, surnommé « le Grand », que les historiens ont en premier accolé le titre de « pape » au sens propre.

Totalement convaincu d'être investi d'une mission pour Rome, Léon sut forger de toutes pièces la synthèse classique de l'idée de la primauté romaine : à rebours du texte biblique, il comprend les passages néotestamentaires sur Pierre de façon purement juridique – au sens d'une « plénitude du pouvoir » (*plenitudo potestatis*) offerte à Pierre, donc d'une primauté de souveraineté pour diriger l'ensemble de l'Église. Léon voit dans l'évêque de Rome un successeur de Pierre à la faveur d'une lettre (contrefaite) du pape Clément à Jacques, le frère du Seigneur, qui vivait à Jérusalem : par une ultime décision Pierre aurait fait de Clément son unique successeur légitime. Léon précise la position juridique du successeur de Pierre en se servant du droit de succession romain. Le successeur n'hérite certes pas des qualités personnelles ni des mérites de Pierre, mais des pleins pouvoirs et des fonctions ministériels transférés par Jésus. En conséquence, même un pape indigne serait un successeur de Pierre entièrement légitime et pourrait régner en tant que tel. Léon est le premier évêque de Rome à se parer du titre de *pontifex maximus*, qui était celui du grand prêtre païen, que l'empereur de Byzance venait tout juste d'abandonner. En 451, à Mantoue, il réussit avec une délégation romaine à éviter la prise de Rome par les Huns d'Attila. Néanmoins, quatre ans plus tard, il ne peut empêcher la prise et le pillage de Rome par les Vandales.

Autant Léon le Grand s'impose en Occident grâce à sa théologie et à sa politique romaines, autant il est récusé dans l'Église d'Orient, qui garde alors beaucoup plus de poids. On le vérifie de façon éclatante à son amère défaite au quatrième concile œcuménique de Chalcédoine (451) : la présidence revendiquée par ses trois légats est sèchement refusée. Malgré son opposition explicite, son message est d'abord examiné selon les normes de l'orthodoxie avant que sa christologie ne trouve une approbation formelle. On ne lui octroie aucune prérogative sur l'ensemble de l'Église ; de plus, le rang ecclésiastique d'une ville est rendu dépendant de son statut civil et en conséquence on reconnaît la même primauté au diocèse de la nouvelle Rome (Constantinople) qu'à celui de l'ancienne capitale de l'Empire. Lors de ce grand concile, avec six cents participants, la protestation des légats romains est passée inaperçue, et de même la protestation de Léon après le concile sera en fin de compte ignorée. En somme, l'évêque romain proclame certes une primauté juridique, mais elle n'est pas acceptée par l'ensemble de l'Église.

Léon est le premier évêque de Rome enterré dans la basilique Saint-Pierre. Ses successeurs agissent largement d'après sa ligne théologique et politique. À la fin du Ve siècle, le pontificat de

Gélase Ier est un apogée provisoire de la prétention de Rome au pouvoir. C'est seulement parce qu'il est entièrement placé sous la domination de Théodoric, roi des Goths, arien, qu'il peut se permettre de développer impunément contre Byzance (dans la ligne de la doctrine des deux cités d'Augustin) une prétention à un pouvoir ecclésiastique totalement indépendant par rapport au pouvoir de l'empereur : l'empereur et le pape auraient des fonctions distinctes dans une communauté unique ; l'empereur n'aurait qu'une autorité séculière, le pape seulement une autorité sacerdotale. Mais puisque *l'autorité spirituelle* est compétente pour les sacrements et aussi responsable devant Dieu des détenteurs du pouvoir séculier, elle *serait supérieure à l'autorité séculière de l'empereur*. Cette doctrine sépare totalement le spirituel de l'ordre et de la juridiction séculiers. C'est pourquoi on a nommé cette *doctrine de Léon-Gélase* la *Magna Carta de la papauté médiévale* (Walter Ullmann).

Troisième diagnostic : la conception de la primauté du pape Léon Ier expose la formation classique de la primauté de pouvoir de Rome, à partir de là constamment reprise, défendue, enregistrée dans des canons du droit ecclésiastique et finalement, mille cinq cents années plus tard, définie solennellement au concile du Vatican I de 1870. Pour autant, il reste vrai que l'interprétation massive d'une « plénitude de pouvoir » (*plenitudo potentiae*) de l'apôtre Pierre sur l'ensemble de l'Église n'a d'appui ni dans le texte néotestamentaire ni dans la grande tradition commune du premier millénaire – et une « plénitude de pouvoir » de l'évêque de Rome encore bien moins. La lettre d'un pape Clément à Jacques, le frère du Seigneur de Jérusalem, citée par Léon Ier, est une falsification du IIe siècle qui n'a été traduite en latin qu'au IVe-Ve siècle (au temps de Léon).

La doctrine symbolique des deux pouvoirs (« glaives »), formulée plus tard sur la base de la doctrine des papes Léon et Gélase, est restée, durant des siècles, l'expression d'une illusion romaine. Mais plus tard elle déploiera sa dynamique historique. Sur sa base se fonde en effet la revendication d'un « État catholique », qui fut la doctrine romaine dominante jusqu'au concile du Vatican II dans les années 60 du xxe siècle. Mais dans la vision romaine des choses, d'autres aspects sont restés dans l'ombre.

Papes dans l'erreur, falsifications absolutistes et procès de papes

Anamnèse : la phase d'expansion du pouvoir des papes lors des Grandes Invasions du IVe-Ve siècle est suivie, aux VIe-VIIe siècles, d'amers revers. Au VIe siècle règne l'empereur Justinien, qui restaure énergiquement l'*Imperium romanum* à partir de Byzance. Il édifie la basilique Sainte-Sophie pour en faire la plus grande église de la chrétienté et impose de nouveau en toutes choses une étatisation de l'Église. Il fait clairement sentir aux évêques de Rome la primauté de juridiction de l'empereur. La deuxième Rome n'est pas seulement mise à égalité avec l'ancienne, mais elle lui est manifestement supérieure. Les patriarches et les métropolites de l'Est considèrent certes le pape comme l'évêque de l'ancienne capitale de l'Empire et seul patriarche de l'Ouest, mais il est le premier parmi des pairs. Et ce non pas grâce à une promesse biblique ni à un plein pouvoir de juridiction lui revenant de droit, mais grâce aux tombeaux des deux apôtres principaux, Pierre et Paul.

Jadis, même dans l'ancienne Rome, personne n'aurait songé à une « infaillibilité » des évêques romains. Les erreurs des papes étaient trop manifestes. En 1870, lors du premier concile du Vatican, deux célèbres cas de *papes dans l'erreur* furent même âprement avancés, en particulier par Carl Joseph von Hefele, historien des conciles de Tübingen et futur évêque de Rottenburg, et discutés comme un argument contre l'infaillibilité. Mais en fin de compte, ils furent simplement ignorés par la trop puissante majorité de la Curie. Il s'agissait du pape Vigile, qui perdit toute crédibilité au cinquième concile œcuménique de

Constantinople (553), à cause de prises de positions théologiques contradictoires. Il ne fut même pas inhumé dans l'église Saint-Pierre et resta proscrit en Occident. Et surtout, le pape Honorius Ier fut condamné comme hérétique au sixième concile œcuménique de Constantinople (681), sentence confirmée par le septième et le huitième concile œcuménique, ainsi que par les papes romains suivants. Des papes dans l'erreur donc ! L'erreur est aussi pontificale !

Néanmoins, dans le même temps, les papes étendirent résolument leur pouvoir à travers trois grandes falsifications :

– La « *Donation de Constantin* », dont il a été question plus haut : une légende librement inventée aux Ve-VIe siècles par le pape Silvestre fournit les bases de cette très influente falsification du VIIIe siècle. À l'en croire, l'empereur Constantin aurait cédé au pape Silvestre Rome et la moitié occidentale de l'Empire ; il lui aurait permis les insignes et les vêtements impériaux (la pourpre) et la cour qui va avec. Il lui aurait même donné la primauté sur toutes les autres Églises, en particulier sur celles d'Antioche, d'Alexandrie, de Constantinople et de Jérusalem. Quelle est la vérité historique ? En fait, Constantin n'a cédé à l'évêque de Rome que le palais du Latran, ainsi que les basiliques de Latran et de Saint-Pierre qu'il avait bâties.

– Il y a des falsifications issues de l'entourage du pape Symmaque, deuxième successeur de Gélase aux Ve-VIe siècles. Entre autres, on y inventa cet adage lourd de conséquences : *Prima sedes a nemine judicatur*, le pape (« premier Siège ») ne peut être jugé par aucune instance, pas même par l'empereur. Qu'en est-il de la vérité historique ? En fait, les autorités séculières ne cessèrent de juger les papes. Par exemple, l'Ostrogoth Théodoric le Grand, un chrétien arien qui avait envoyé le pape Jean Ier à Constantinople pour une opération de médiation, le fit jeter au cachot – où il mourut – dès son retour et sans autre forme de procès, car il avait échoué. Durant son règne absolu de quarante ans, l'empereur Justinien fit autant de fois que nécessaire venir à sa cour les évêques de Rome, où leur orthodoxie était examinée.

Et depuis son décret de 555, il fallait demander le *fiat* (« ainsi soit-il ») de l'empereur pour chaque élection d'un évêque de Rome – chose encore observée à l'époque des Carolingiens. De plus, aux VIe-VIIe siècles, eut lieu toute une série de *procès de papes* – engagés par l'empereur ou par le clergé et le peuple romain qui, il est vrai, élisaient le pape. Ces procédures finissaient souvent par la destitution du pape. Elles existaient encore au XVe siècle.

– *Les Décrétales* du Pseudo-Isidore, attribuées à un certain Isidore Mercator, inconnu par ailleurs, ont été rédigées en France au IXe siècle, à l'époque du déclin du règne des Carolingiens, par un groupe de faussaires compétents, probablement issu du clergé. Dans la version courante, elles comptent plus de six cents pages imprimées serré : cent quinze documents d'évêques de Rome des premiers siècles tout à fait falsifiés, cent vingt-cinq documents authentiques, falsifiés par des interpolations et des modifications ultérieures. Il s'agissait pour ces faussaires d'affaiblir la trop grande autorité des archevêques sur les évêques, ce qui eut en fait comme conséquence un énorme renforcement de l'autorité supérieure du pape.

Toutefois, à l'époque de Charlemagne, même en Occident, on ne trouve encore aucune trace d'une primauté de juridiction du pape. De même que la primauté de juridiction appartenait autrefois à l'empereur byzantin, elle appartient désormais à l'empereur franc qui, d'une façon toute théocratique, se conçoit comme le chef de l'Église et agit en conséquence. Mais déjà un demi-siècle après Charlemagne apparaît un pape du nom de *Nicolas Ier* qui, dans la pleine conscience du ministère « de Pierre » et avec une audace extrême, tente de mettre fin à l'autonomie des Églises régionales, jusqu'alors courante, au profit d'une gestion romaine centralisée. C'est justement ce pape qui – probablement pas de mauvaise foi – s'est approprié la Donation de Constantin et aussi les fameuses Décrétales du Pseudo-Isidore.

Quatrième diagnostic : ces falsifications ont un effet pernicieux surtout parce qu'elles donnent fatalement l'impression que l'Église primitive était déjà régie dans les moindres détails de son existence par des décrets du pape. Avec d'innombrables règlements se construit et se cimente une augmentation inouïe du pouvoir du pape, désigné comme «chef de la Terre entière»! Concrètement, le droit jusqu'alors exercé par l'empereur d'organiser et de valider les synodes est attribué au seul pape. Des évêques accusés peuvent en appeler au pape. Du reste, pour toutes les «affaires de grande importance», la décision définitive lui revient. De plus, les lois de l'État qui sont en contradiction avec les canons et les décrets du pape n'ont aucune valeur. Ainsi sont fondés d'une part la domination absolue du pape au sein de l'Église et d'autre part le droit et la juridiction propres à l'Église face à ceux de l'État. Ces falsifications issues du IXe siècle donnent à toutes les revendications du pape, apparues seulement au milieu du Ve siècle, l'aura du très ancien et l'auréole de la volonté divine. Ce ne sont pas que des «curiosités de jadis», car elles offrent aux revendications de pouvoir la légitimation théologique et juridique qui leur manquait encore. L'image et le droit de l'Église sont désormais totalement centrés sur l'autorité romaine.

L'ouvrage de référence officiel du Pseudo-Isidore se diffusa sans tarder dans toute l'Europe occidentale. C'est seulement à l'époque de la Réforme que les *Centuries de Magdebourg* démontrent la fausseté des décrétales. Cependant, la chancellerie pontificale aurait été parfaitement capable de la détecter. Pourquoi ne le fait-elle, dans le meilleur des cas, que si c'est dans son intérêt? Parce qu'elle n'est pas intéressée par la vérité historique, mais par le pouvoir de Rome. Par la suite, la Curie romaine ne se soucia jamais d'examiner les grandes falsifications qui étaient à son avantage, pas même lorsque l'empereur Otton III, dès le tournant du premier au deuxième millénaire, déclara pour la première fois que la Donation de Constantin était un faux. Même le *Codex juris canonici* promulgué en 1983 par Jean-Paul II reste, d'un point de vue historique, une production fort douteuse. Une future révision du droit canon devrait ou supprimer ou signaler comme tels les canons falsifiés.

Des Pères non saints et des réformes imposées

Anamnèse : « Saint-Père » (ou « Sa Sainteté ») est aujourd'hui un titre honorifique et une formule pour s'adresser au pape. Car au Vatican, on se donne de la peine pour entourer tout ce qui est papal d'une aura de sainteté. On ne saurait trop désigner comme « saints » les instances officielles, les objets ou les personnes pour leur donner par là quelque éclat d'éternité. Toutefois, à qui prend tout cela au pied de la lettre, il faut rappeler que certains papes furent des hommes vraiment dénués de toute sainteté, et que la vie à la cour du pape ne donna pas toujours une impression de grande sainteté. C'est justement Nicolas Ier, assoiffé de pouvoir et si désireux d'asseoir la primauté romaine, qui eut des successeurs faibles, dont certains totalement corrompus.

En effet, dans l'histoire de l'Église, le Xe siècle passe pour le *saeculum obscurum* (le « siècle obscur ».) Toutes les histoires de la papauté font, sur des douzaines de pages, le récit des intrigues et des luttes, des meurtres et des actes de violence de cette époque. Des papes et des antipapes issus des diverses vieilles familles nobles de Rome y sont mêlés. Que l'on songe simplement à l'horrible exhumation du pape Formose neuf mois après sa mort, lors d'un procès posthume, où les doigts de sa main droite servant à bénir furent coupés et son cadavre finalement jeté dans le Tibre. Que l'on songe à l'effroyable règne de la *senatrix* Marozie : selon la tradition, elle fut la maîtresse d'un premier pape (Serge III), la meurtrière d'un deuxième (Jean X) et la mère d'un troisième (son fils naturel Jean XI). Elle retenait ce dernier prisonnier dans le château Saint-Ange avant d'être jetée en prison lors de son troisième mariage par son fils légitime Albéric, qui domina ensuite Rome pendant deux décennies comme *dux et senator romanorum* et dont les papes de ce temps furent les instruments dénués de volonté propre.

Ces papes du Xe siècle ne pouvaient manifestement pas se sortir du cloaque par eux-mêmes. Ce sont plutôt les rois du royaume des Francs orientaux qui, devenus puissants, s'en chargeront. Tout d'abord, le Saxon Otton le Grand qui, fasciné par son modèle Charlemagne, destitua le débauché Jean XII (élu pape à 16 ans) en 963 et fit élire à sa succession un laïc, Léon VIII, qui reçut tous les ordres sacrés en un seul jour : une procédure restée légitime jusqu'au nouveau *Codex juris canonici* (1983). Pourtant, même par la suite, destitutions et désignations de papes, antipapes, papes assassins ou assassinés ne furent pas choses rares.

La *réforme de la papauté*, finalement nécessaire de toute urgence, fut *initiée* et inspirée à la fin du premier millénaire *par le monachisme français*. L'abbaye bourguignonne de Cluny devint le berceau d'une réforme monastique menée selon les anciens idéaux bénédictins et tournée vers Rome. Dans ce contexte, d'un point de vue politique, la fin du contrôle des monastères par l'évêque local et leur dépendance directe du pape furent importantes. Cette « exemption », introduite en contradiction avec un décret du concile de Nicée, était fondée sur un soi-disant « privilège » pontifical, pour lequel l'abbaye devait tous les ans payer un « cens » à Rome. Cela procura d'importants revenus à la papauté et en même temps un réseau serré de soutiens, le plus souvent très fortunés, dans toute l'Europe.

Mais la réforme de la papauté fut *imposée par la royauté allemande* : c'est le roi Henri III qui, en 1046, destitua trois papes rivaux aux synodes de Sutri et de Rome. L'évêque Suitger von Bamberg, désigné par le roi, fut élu pape par le clergé et le peuple romain selon la tradition. Ainsi, aux papes de la noblesse romaine corrompus succédèrent toute une série de bons papes impériaux, le plus souvent allemands. Mais ce sont justement eux qui, sans le vouloir, mirent en place le plus grand ennemi de l'empereur.

Cinquième diagnostic : la papauté traversait d'épouvantables phases de décadence qui furent relayées par des phases de réforme. Les impulsions vinrent souvent de l'extérieur. Aux époques des papes indignes, on avait recours à la *distinction* théologique *entre charge* « objective » *et porteur* « subjectif ». Augustin avait introduit cette distinction pour contrer les donatistes, qui soutenaient que tous les baptêmes et les ordinations accomplis par des évêques ou des prêtres indignes – en particulier ceux ayant « apostasié » (*lapsi*) pendant la persécution – seraient nuls. Contre cette conception, Augustin défend la distinction entre la personne et la fonction : même des papes non saints peuvent accomplir de façon valide des rites saints. On en conclut que même des papes indignes peuvent maintenir en vie l'institution pontificale.

Cependant, en fin de compte seules des *réformes* purent sauver la papauté. Ainsi la décadence du Xe siècle fut suivie par la réforme grégorienne du XIe siècle ; et, plus tard encore, la décadence de la papauté à la Renaissance, au XVe siècle, par la Réforme du XVIe siècle, qui aboutit toutefois à la scission de l'Église à cause du refus de Rome de réformer. Il s'ensuivit la Contre-Réforme, qui accomplit certes de remarquables réalisations en politique, dans l'art baroque et dans la réforme du sacerdoce, mais confirma néanmoins le *statu quo* médiéval pour ce qui est de la papauté, de la liturgie, de la théologie et de la discipline ecclésiastique.

Du principe romain au système romain

Anamnèse : c'est sous le pape lorrain Léon IX (1049-1054), un parent de l'empereur Henri III, que la conduite du mouvement de réforme échut au pape lui-même. En cinq années agitées, Léon réforma le clergé citadin de Rome et fit des « cardinaux » (*cardines*, « gonds », représentants des églises de la ville de Rome) une sorte de sénat du pape. Il y nomma aussi des partisans de la réforme très intelligents et motivés, venus de l'autre côté des Alpes : avant tout le Lorrain Humbert, en tant que cardinal-évêque de Silva Candida, théoricien rusé et érudit d'un régime absolutiste pour le pape ; puis, en position d'abord secondaire, l'archidiacre Hildebrand qui, comme légat voyageur, représenta souvent le pape. Pour la première fois, des légats envoyés en Italie, en France et en Allemagne, obtenaient que le vivant successeur de Pierre fût présent en acte aux assemblées du clergé et aux synodes.

Humbert de Silva Candida était un homme fin, juriste et théologien habile, souvent ironique et sarcastique. Plus proche confident du pape, il proposa dans plusieurs écrits tout un programme de politique ecclésiastique et il le soutint en pratique dans d'innombrables textes et bulles pontificales. Humbert fut le plus sagace pionnier du *principe romain* : la papauté serait la source et la norme de tout droit, la plus haute instance, dirigeant tout sans être dirigée par personne. Le pape serait pour l'Église ce que le gond est pour la porte, les fondations pour la maison, la source pour le fleuve, la mère pour la famille. Et cette Église se comporterait envers l'État comme le Soleil envers la Lune, ou l'âme envers le corps, ou la tête envers les membres.

Le principe romain – à savoir la papauté comme source, norme de tout droit et plus haute instance – constitue la base idéologique du *système romain*. « Système » (en grec : « composition ») signifie un tout cohérent. Un système *social* désigne une interdépendance entre des institutions et des personnes, avec un ordre ou une structure interne et une nette démarcation par rapport à l'extérieur. Le système *romain* est un *système de domination ecclésiastique* où le pape romain exerce dans toute l'Église un monopole du pouvoir et de la vérité sur les personnes et les institutions – ce qui fut en effet préfiguré dans les grandes falsifications du Haut Moyen Âge et imposé au Moyen Âge classique[1].

---

1. *Hochmittelalter*, « Moyen Âge classique » (XIᵉ-XIIIᵉ siècle), à ne pas confondre avec le Haut Moyen Âge (*hoch* signifiant « haut »), qui correspond à la première partie du

La lutte pour le pouvoir absolu de la papauté fut menée avec la devise « liberté de l'Église ». Elle ne signifie pas « liberté du chrétien », mais *liberté de l'institution ecclésiastique* par rapport aux pouvoirs séculiers. Cette lutte pour la *libertas ecclesiae* menée par le pape se concentra sur deux points névralgiques, l'investiture par les laïcs et le mariage des prêtres :

– La traditionnelle *investiture* (*Investitur*) par les laïcs, en pratique par les empereurs et les princes, fut dénoncée comme « simonie » – nommée ainsi selon le nom du magicien Simon (cf. Actes des Apôtres 8,9-24), elle signifie un achat ou une vente de biens spirituels, de sinécures, de charges… moyennant finance. Cette lutte mène à un *cléricalisme* sans précédent, c'est-à-dire à une prédominance et une position d'hégémonie du clergé catholique dans l'Église, qui inclut aussi de nombreux droits et privilèges, directs ou indirects, dans la société.

– Le traditionnel *mariage des prêtres* est dénoncé et poursuivi comme « concubinage » (deux personnes de sexe différent qui vivent illégalement ensemble comme si elles étaient mariées). C'est l'expression d'un *panmonachisme*, par suite duquel le mode de vie monacal est imposé à l'ensemble du clergé ; mais plus profondément, c'est l'expression d'une forte institutionnalisation de l'hostilité envers la sexualité et la femme.

Monopole du pouvoir et de la vérité, juridisme et cléricalisme, institutionnalisation de l'hostilité envers la sexualité et la femme – le tout si besoin mis en place par la force (Inquisition, bûchers, guerres, croisades) : ce nouveau système fut imposé de façon radicale et brutale par le pape Grégoire VII (1073-1085). Lorsqu'il était le moine Hildebrand, il avait déjà joué, comme archidiacre et légat du pape, un rôle clé dans les coulisses lors des synodes des années précédentes. Animé par une conviction religieuse passionnée et d'une dureté de diamant,

---

Moyen Âge (Ve-Xe siècle), la dernière partie étant le Bas Moyen Âge (XIVe-XVe siècle). On parle parfois de Moyen Âge classique pour désigner une sorte d'apogée du Moyen Âge qui se situerait entre ces deux périodes.

il ne recula, en tant que pape, devant aucune opposition pour transposer par tous les moyens dans la pratique politique le paradigme catholique romain (PIII), développé sous la forme du système romain. Aujourd'hui encore, le nom de Grégoire est associé à la « réforme grégorienne » – bien qu'elle fût engagée avant lui –, mais aussi à l'histoire universelle de la « querelle des investitures » entre la papauté et l'Empire, ainsi qu'à la pénitence du roi Henri IV à Canossa.

Sixième diagnostic : la réforme grégorienne est en fait une révolution grégorienne, et une *révolution par le haut*. La *monarchie absolue de la papauté* n'a rien à voir ni avec la conception néotestamentaire du service de l'Église, ni avec l'organisation fédérale de l'Église du premier millénaire. Une politique, une idéologie et une propagande romaines la firent passer pour l'ancienne organisation de l'Église, mais elle reposait sur des décrétales pontificales falsifiées et fut, si nécessaire, imposée par une infâme violence – spirituelle et non spirituelle.

Mais il fallut environ six cents ans pour que, après d'innombrables revers et périodes de décadence, la papauté parvienne à transformer le paradigme catholique latin de base, celui d'Augustin et des évêques de Rome du Ve siècle, en système romain au sens strict, et pour qu'elle réalise ainsi le programme déjà élaboré par Léon Ier et Gélase Ier : une domination exclusive du pape sur l'Église et le monde – domination soi-disant fondée par l'apôtre Pierre, voire par Jésus-Christ.

Au XIe siècle, l'Église devient totalement romaine. L'« Église romaine », à laquelle l'obéissance est due, doit alors être considérée comme « mère » (*mater*) et « chef » (*caput*) de toutes les Églises. Une des *mystiques de l'obéissance romaine*, qui perdure en partie jusqu'à nos jours dans l'Église catholique, prend ici sa source : l'obéissance envers Dieu doit être obéissance envers l'Église, et l'obéissance envers l'Église obéissance envers le pape – et inversement. Mais les conséquences en sont graves.

Le système romain divise la chrétienté

Tout d'abord trois précisions doivent être apportées pour éviter certains malentendus.

– Bien entendu, le système romain a des aspects ou des résultats positifs. La réforme grégorienne a rendu l'Église visible et audible en tant qu'institution ayant son propre droit, sa propre constitution et ses propres objectifs.

– Les grandes divisions de l'Église ne peuvent jamais s'expliquer par une seule cause, car elles ont souvent aussi un arrière-plan politique, social, psychologique et culturel.

– L'accent mis sur le rôle de la papauté résulte de sa position centrale dans le tissu ecclésiastique. Donc, pour la première grande division de l'Église du début du deuxième millénaire, ce n'est pas le responsable exclusif, mais bien le *responsable principal* qu'il faut chercher.

Anamnèse : au fil des siècles, la division entre l'Église d'Orient et l'Église d'Occident s'est accentuée du fait d'un *éloignement réciproque croissant*. Celui-ci fut accéléré par la continuelle progression de l'autorité pontificale qui, pour la chrétienté orientale, est en totale contradiction avec sa propre tradition, celle de l'Église primitive. Naturellement, des facteurs psychologiques, sociologiques, culturels et religieux ont joué un rôle important dans ce processus d'éloignement : différences de langues (grec / latin), de culture (les Grecs passaient pour hautains, ergoteurs et sournois, les Latins pour incultes et barbares) et de rituel (différences entre les rituels liturgiques, mais aussi l'ensemble des formes de vie et de croyance de la théologie, de la piété, du droit canon et de l'organisation).

Néanmoins, ces différences culturelles et religieuses n'auraient jamais dû aboutir à la division. Ce sont plutôt des facteurs de politique ecclésiastique qui en sont responsables en dernier ressort, en premier lieu la menace *d'un pouvoir* encore accru du pape. Aujourd'hui encore, pour l'Église des « sept conciles » (de Nicée I, 325 à Nicée II, 787), la prétention à la primauté pontificale est l'unique obstacle sérieux au rétablissement de l'unité de l'Église.

Septième diagnostic: une telle Église unitaire, centrée sur le pape, est aujourd'hui encore une innovation inacceptable pour l'ensemble de l'Orient. On n'y a jamais demandé les *decreta* et les *responsa* du pape. Ni cherché l'attribution d'une « exemption » pontificale pour les monastères. Pas plus qu'on ne s'est laissé imposer des évêques nommés par le pape. Et on a encore bien moins reconnu une autorité absolue et directe de l'évêque de Rome sur l'ensemble des évêques et des croyants... Mais Rome mit en œuvre inlassablement tous les moyens de son droit canonique, de sa politique et de sa théologie pour déjouer l'ancienne constitution de l'Église, établir la primauté de juridiction de Rome sur toutes les Églises, Orient compris, et imposer une constitution de l'Église centralisée, taillée sur mesure pour Rome et le pape.

Aux VIIᵉ-VIIIᵉ siècles eut lieu une aggravation politique du conflit. Le pape Étienne II fit en 753-754 un voyage chez le roi des Francs pour qu'il l'aide à obtenir une garantie sur un État pontifical au détriment de domaines alors byzantins. Ensuite, le pape Léon III attribua de son propre chef le titre de « césar », jusque-là réservé à l'empereur de Byzance, à Charlemagne, le roi des Francs et, par la grâce du pape, fut ainsi couronné en l'an 800, parallèlement au seul empereur légitime, un nouvel « empereur germanique » d'Occident. Finalement, au IXᵉ siècle, l'arrogant pape Nicolas Iᵉʳ excommunia sans motif le patriarche byzantin Photios, un théologien estimé et un évêque d'orientation pastorale, qui est depuis ce moment vénéré comme un saint en Orient. Il avait défendu l'autonomie traditionnelle du patriarche de Byzance et s'était aussi opposé à l'introduction novatrice d'un « filioque » dans le credo traditionnel issu des conciles. Cependant, si le schisme du IXᵉ siècle a encore pu se résorber, ce n'est pas le cas de celui du XIᵉ siècle.

Comment guérir les plaies ouvertes ?

En effet, le 16 juillet 1054, jour où le cardinal Humbert de Silva Candida, légat du pape, posa la bulle d'excommunication, remplie d'affirmations fausses et incorrectes, sur l'autel de Sainte-Sophie afin d'excommunier le patriarche œcuménique de Constantinople et son Église, une plaie qui jusqu'aujourd'hui n'a pu se refermer fut infligée au corps de l'Église. La chrétienté d'aujourd'hui doit au pape Jean XXIII et au concile Vatican II, puis au pape Paul VI et au patriarche Athénagoras de Constantinople, que cette douloureuse histoire d'éloignement, étendue sur des siècles, et cette séparation de neuf cents ans soient au moins en partie revues et qu'un certain accord et un *modus vivendi* aient été atteints : l'excommunication réciproque devrait « être effacée de la mémoire de l'Église ».

Néanmoins, il eût été logique de faire suivre la levée des sentences d'excommunication par l'instauration de la *communio*, l'entière communauté de la sainte Cène. Le Concile en a jeté les bases :

– Selon Vatican II, la diversité des Églises ne fragilise pas leur unité mais la renforce. Les Églises orientales sont en principe aussi légitimes que les occidentales. Elles ont le droit et le devoir de cultiver leur propre liturgie, leur ordre juridique et leur spiritualité. Cela pourrait constituer un principe de base pour une nouvelle communauté ecclésiale entre l'Occident et l'Orient.

– Selon Vatican II, il faut rétablir les anciens droits et privilèges des patriarches des Églises orientales. En particulier, il leur revient de nommer les évêques. Il y aurait ici matière à enfin discuter ouvertement du problème de la primauté de Rome qui divise l'Occident et l'Orient, et à parvenir à une solution œcuménique, basée sur les sept conciles œcuméniques acceptés des deux côtés et sur le consensus des anciens Pères.

Dans toutes ces dissensions, il ne faut pas oublier un consensus de base: même les Églises d'Orient ont toujours reconnu à l'Église romaine et à son évêque une primauté fondée sur les deux principaux apôtres, Pierre et Paul. Il existe donc de tout temps la possibilité d'une *primauté pastorale* de l'évêque romain, à condition qu'il essaie sérieusement de servir la communauté ecclésiale catholique comme un roc de la foi (Matthieu 16,18), d'affermir ses frères (et sœurs) (Luc 22,32), de garder vraiment, comme pasteur, les brebis du Seigneur (Jean 21,15). Donc un ministère de Pierre pastoral auprès de toute l'Église – sans le système de domination romain!

Ainsi se clôt la première étape de mon diagnostic du système romain. Les sept anamnèses et diagnostics ont fait voir clairement où se situent, derrière les symptômes et les développements critiques actuels, les véritables causes de la crise de l'Église. Néanmoins, les foyers de la maladie exigent une recherche spécifique – ce qui n'est pas une tâche réjouissante.

3

Les germes d'une maladie chronique

Résultats des analyses et thérapies

Les admirateurs du catholicisme médiéval, avec ses cathédrales, ses universités et ses sommes théologiques, son art roman et gothique, seront peut-être affectés par le constat suivant: quand on approfondit le diagnostic du système romain, s'impose l'évidence que ce sont justement les caractéristiques spécifiques de la réforme grégorienne du XIᵉ siècle qui s'avèrent être les germes qui, aux siècles suivants et jusqu'à la Réforme, vont rendre l'Église malade. Cela ne date donc pas que de l'époque la plus récente, mais déjà du *Moyen Âge*, dont je n'ai pas à présenter ici les aspects positifs ou attrayants.

On le voit avec une clarté particulière lors du tournant du XIIᵉ au XIIIᵉ siècle, chez Innocent III (1198-1216), le pape le plus prestigieux de toute l'histoire de l'Église: élu à 37 ans, il se montre fin juriste, administrateur compétent et diplomate raffiné, mais aussi homme de lettres comme théologien, habile orateur et souverain-né. Sans conteste, il représente l'apogée de la papauté médiévale, mais aussi le tournant.

Sous Innocent III, la *romanisation* de l'Église catholique atteint son sommet. Sept processus interdépendants, desquels la communauté de l'Église catholique n'a cessé de pâtir, se sont jusqu'à nos jours développés comme des signes distinctifs pérennes du système romain. En médecine, on parlerait de multimorbidité. Dès Innocent III, les symptômes de la maladie rendirent sensibles plusieurs foyers, bientôt ressentis dans la chrétienté occidentale comme des plaies ouvertes qui demandaient à être guéries mais ne furent jamais traitées : c'est pourquoi elles s'aggravèrent constamment et se transformèrent en structures pathogènes. Ces sept germes de la maladie seront décrits dans ce qui suit. Ce faisant, je ne repeins l'Église ni en rose ni en noir. Mais jamais je ne croirai, même si cela m'est demandé dans la treizième règle des « sentiments envers l'Église » d'Ignace de Loyola, jamais je ne croirai « que ce qui [me] paraît blanc est noir, si l'Église hiérarchique le décide ainsi ». Et inversement aussi, je ne verrai jamais blanc ce qui est noir.

Le monopole romain sur le pouvoir et la vérité

Résultat d'analyse : le pape comme monarque absolu, l'Église pontificale en tant que mère. Contrairement à l'Église d'Orient, l'Église catholique d'Occident, depuis Grégoire VII et Innocent III, se présente comme une Église qui – au niveau de la foi, du droit, de l'organisation et de la discipline – est totalement orientée autour du pape : c'est une fixation sur un monarque absolu qui, comme unique souverain, détient la suprématie dans l'Église. Cela n'a plus rien à voir avec le modèle ecclésial du Nouveau Testament et de l'Église primitive.

Innocent III préférait le titre – en usage jusqu'au XIIe siècle pour tous les évêques et les prêtres – de « *vicaire du Christ* » (*vicarius Christi*) à celui de « vicaire de Pierre » et, comme pape, il se voyait placé en médiateur entre Dieu et l'humanité. Selon lui, l'apôtre Pierre (le pape) est le père, et l'*Église romaine* la mère (*mater*). « Mère » est désormais, suivant les besoins, aussi bien employée pour qualifier l'ensemble de l'Église de mère de tous les croyants que pour qualifier l'Église romaine de mère, de « chef » (*caput*) et d'« enseignante » (*magistra*) de toutes les autres Églises. L'encyclique sociale de Jean XXIII du 15 mai 1961 mentionne encore *mater et magistra*, qui sont ses deux premiers mots. À vrai dire, l'Église romaine est tout simplement identifiée avec l'Église universelle.

J'ai déjà raconté comment Jérusalem a été supplantée par Rome et comment la basilique pontificale Saint-Jean-de-Latran, en dépit de l'évidence historique, est aujourd'hui encore désignée par une inscription en grandes lettres de « mère (*mater*) et chef (*caput*) de toutes les églises de la ville (*urbis*) et du monde (*orbis*) ». Mais je n'ai pas encore raconté que par ailleurs cette Église mère ne voulait rien avoir à faire avec les enfants vivants d'*Israël*. Tout comme chez Grégoire VII, chez Innocent III le *papisme* va *main dans la main avec l'antijudaïsme*. Le concile œcuménique de 1215, convoqué par Innocent III – en fait un simple synode pontifical qui, avec environ 2 000 participants, démontre autant le pouvoir de la papauté que l'insignifiance pratique des épiscopats –, ce synode médiéval, à juste titre resté le plus prestigieux, prit contre les juifs des dispositions qui anticipaient beaucoup de mesures antisémites ultérieures : vêtement distinctif, interdiction des fonctions publiques, de sortir pendant la Semaine sainte, et enfin impôt obligatoire dû au clergé chrétien local. Le pape suivant, Innocent IV, un juriste, se désigna même comme *vicarius Dei* (« vicaire de Dieu ») ; c'est lui qui introduisit la torture dans les procès des hérétiques.

Thérapie : au lieu d'une primauté absolue de domination, retrouver une primauté de service pastoral ! Une primauté de Pierre est-elle justifiable ? La primauté de Pierre doit-elle perdurer ? L'évêque romain est-il l'héritier de la primauté pétrinienne ? La recherche historique et exégétique a montré qu'aucune de ces trois questions ne peut recevoir une réponse positive. Même des historiens et des exégètes catholiques admettent aujourd'hui que les bases de la définition de la primauté de Vatican I sont obsolètes. Mais en même temps, les théologiens orthodoxes et protestants vont admettre que la primauté d'un seul dans l'Église n'est pas contraire aux Écritures. Quoi qu'il en soit pour sa justification, il n'y a rien dans les Écritures qui *exclue* une telle *primauté de service*. En effet, les chrétiens, orthodoxes et protestants, pourraient probablement accepter une primauté dans une Église œcuménique si elle était justifiée et appliquée selon les Écritures.

C'est ce que pensaient déjà la plupart des réformateurs, du jeune Luther à Calvin en passant par Melanchthon. Cela peut aussi ouvrir des perspectives à la question de la thérapie.

Ce qui est décisif, ce n'est pas seulement l'aspect historique d'une série attestée de successions, aussi précieuse qu'elle puisse être. Ce qui est décisif, c'est la *succession spirituelle* pour l'envoi et la mission de Pierre, dans le témoignage et le service tels qu'ils sont préfigurés dans le Nouveau Testament. Donc, s'il y avait un pape qui, contre toute attente, pouvait malgré les objections justifier que son prédécesseur, et le prédécesseur de son prédécesseur et ainsi de suite, fut finalement le successeur du Pierre historique, et même s'il pouvait prouver que le prédécesseur de son prédécesseur fut « institué » en bonne et due forme par ce même Pierre comme son successeur, mais que lui-même n'est pas à la hauteur de cet envoi pétrinien s'il ne peut remplir la mission confiée, s'il ne rend pas témoignage et ne remplit pas son service – alors à quoi bon, pour lui et pour l'Église, toute cette « succession apostolique » ?

Inversement : s'il y avait un pape dont on ne pourrait, du moins à l'époque primitive, que difficilement vérifier la chaîne de succession, mais s'il revivait l'envoi de Pierre décrit dans les Écritures, s'il remplissait son contrat et sa mission et rendait ainsi service à l'Église, la question de savoir si l'« arbre généalogique » historique de ce véritable serviteur de l'Église est en ordre serait certes importante, mais en fin de compte secondaire. Il n'aurait peut-être pas la nomination par l'imposition des mains, mais il aurait le don, le don de *kubernésis*[1], de « direction ». Cela devrait en principe suffire, puisque le ministère pontifical n'est de toute façon pas lié à une ordination particulière, mais initié par une « installation » (plus tard, une « intronisation ») basée sur une élection.

---

1. Cf. Première lettre aux Corinthiens, 12,28, où Paul énumère divers dons des membres de l'Église, dont celui de « direction » ou, suivant les traductions, de « gouvernement ».

Juridisme et cléricalisme

Résultat d'analyse : l'Église est une institution légaliste et cléricale! Dans le paradigme de l'Église primitive byzantine, l'Église est dès le début et reste toujours dans le cadre juridique de l'État impérial. En revanche, dès le Moyen Âge, l'Église impériale catholique d'Occident développe un droit canon propre, avec sa propre science du droit qui égale en complexité et en différenciation le droit public. Cependant il est totalement centré sur le pape, souverain, législateur et juge absolu de la chrétienté. Selon l'idéologie romaine, même l'empereur doit lui être subordonné.

Au temps de la réforme grégorienne, des *recueils juridiques* professionnels d'esprit romain se constituèrent à Rome. Les papes du XIIe siècle promulguèrent plus de décisions juridiques ecclésiastiques que tous leurs prédécesseurs réunis. Eu égard à la confusion, à l'incertitude et aux discordances qu'il fallait surmonter, on saluait jadis unanimement le traité récapitulatif (*Decretum Gratiani*) qui, selon la légende, provient de Gratien, moine camaldule enseignant à l'université de Bologne, mais il a peut-être plusieurs auteurs. Hélas, trois cent vingt-quatre passages attribués à des papes des quatre premiers siècles sont repris des *Pseudo-Isidoriana*, et parmi eux, trois cent treize sont de toute évidence des faux. Dans ces conditions, il n'est pas étonnant que les « canonistes », « juristes de bénitier », en fait « juristes pontificaux », qui présupposaient sans façon la validité de ces décrétales « pontificales », fussent devenus d'inestimables soutiens de l'idéologie du système romain – à Rome, tout comme dans d'innombrables chancelleries et tribunaux d'Europe.

Avec le temps, se constituèrent sur la base du *Decretum Gratiani* trois importants recueils officiels de décrets qui, avec un autre non officiel, formèrent le *Corpus Juris Canonici*. Sur ce dernier se fondent le *Codex Juris Canonici* de 1917-1918, puis l'édition de 1983. C'est uniquement par la jurisprudence que la monarchie pontificale, qui ne possédait pas de grande armée, disposait du personnel et des instruments juridiques nécessaires pour ancrer les exigences romaines dans la réalité quotidienne de l'ensemble des Églises. Bien entendu, dans ce système juridique, il n'y avait aucune trace de la séparation des pouvoirs. Le pape était bien à la fois le guide supérieur, le législateur absolu et le juge suprême de l'Église, à qui on pouvait en appeler en toutes choses. Toutefois, déjà sous Innocent III, ces appels furent la cause de très graves dysfonctionnements: privilèges juridiques ou économiques, arbitraire, partialité et cupidité. Or cette « tradition » romaine s'est elle aussi largement maintenue dans l'Église catholique jusqu'à nos jours.

Plus que tout le reste, c'est la loi du célibat – dont on reparlera plus en détail par la suite – qui a contribué au fait que le « clergé », la « hiérarchie », la « spiritualité », le « sacerdoce » ont été coupés du « peuple » et des « laïcs » et entièrement élevés au-dessus d'eux. La cléricalisation a même pris une telle ampleur que *« Église » et « clergé » se sont pour ainsi dire identifiés*. Pour les relations de pouvoir, cela signifia que les laïcs étaient en fait exclus de l'Église. Le clergé, en tant qu'administrateur du remède de la grâce, forme à lui tout seul « l'Église ». Une Église cléricale organisée sur un mode hiérarchique et monarchique, dont le sommet est le pape. Sous Innocent III, le clergé régulier – la deuxième branche du clergé – devint lui aussi de plus en plus important. Car ce pape apprivoisa avec intelligence les mouvements de pauvreté qui s'étendaient dans l'Église et il approuva tous les ordres nouveaux dont l'idée directrice était de suivre Jésus pauvre, à savoir les ordres mendiants (*mendicantes*) des Franciscains et des Dominicains. Soustraits à la surveillance des évêques et subordonnés uniquement au pape, ils renforcent partout dans le monde l'autorité et l'influence de ce dernier sur les masses.

Thérapie: au lieu de la hiérarchie, créer une communion dans la liberté, l'égalité et la fraternité / sororité! L'Église hiérarchique et monarchiste constitue une totale inversion de

90

l'ordre ecclésial du Nouveau Testament qui, pour l'amour d'une Église plus christique, doit à nouveau être rétabli. Selon le Nouveau Testament, l'«Église» est l'*ensemble* de la communauté de foi qui, par l'annonce de l'Évangile – plus souvent par les «petites gens» que par les hiérarques et les théologiens, plus par des actes que par des paroles –, éveille la foi en Jésus, provoque un engagement dans son esprit, rend l'Église présente dans le monde par un témoignage chrétien quotidien et transmet ainsi le relais de la cause de Jésus-Christ. Et dans toutes les formes diverses de communauté, non seulement quelques élus, mais bel et bien tous sont chargés d'annoncer le message chrétien. Une vie individuelle et sociale selon l'Évangile est requise de tous les chrétiens. Le baptême au nom de Jésus, le repas à la fois de commémoration, d'action de grâce et d'alliance, et le réconfort du pardon des péchés sont confiés à tous. Le service quotidien et la responsabilité envers le prochain, la communauté et le monde sont du ressort de chacun.

Hostilité envers les femmes et la sexualité

Résultat d'analyse : la *dévalorisation de la sexualité et du mariage!* Aux premiers siècles déjà, les femmes ont de plus en plus été écartées des postes de direction de l'Église. Mais au IVe-ve siècle, devenu évêque, Augustin – pour combattre les pélagiens et leur affirmation de la liberté de la volonté – durcit sa théologie du péché et de la grâce. Il tente alors d'expliquer le péché de chaque homme à partir du récit biblique de la chute d'Adam : c'est Adam, « *en lequel* (au lieu de, suivant le texte primitif grec : *selon son exemple*) tous les hommes pèchent » ; c'était une nette faute de traduction de la lettre aux Romains de Paul (en 5,12). De telle sorte qu'Augustin historicise, psychologise et même sexualise le péché originel d'Adam. Il devient pour lui, contrairement à Paul, un *péché héréditaire* sexuellement déterminé. Et ce péché originel, selon Augustin, est transmis à chaque nouvel être humain par l'acte sexuel et le désir «charnel», qui est un désir égocentrique (concupiscence, libido sexuelle). C'est pourquoi, selon cette théologie, chaque nourrisson est déjà sous le coup de la mort éternelle s'il n'est baptisé et ainsi libéré du péché originel.

Par une telle exégèse, Augustin, qui disposait, loin au-dessus des autres auteurs antiques, d'une capacité d'analyse et d'auto-réflexion géniale, offrit à toute l'Église catholique de l'Occident la doctrine du péché originel – qui est aujourd'hui encore inconnue dans l'Église d'Orient. Elle a pour conséquence une *dévalorisation catastrophique de la sexualité*, de la libido sexuelle. Le plaisir sexuel voulu pour lui-même serait un péché et il faudrait le réprimer. Il ne serait autorisé que pour la procréation. Cela reste jusqu'à nos jours la doctrine de mauvais aloi du pape romain (voir l'encyclique *Humanae vitae* de Paul VI, en 1968, confirmée à de multiples reprises par les papes suivants).

La théologie du péché d'Augustin s'est surtout imposée dans la *morale pénitentielle* du Moyen Âge : le péché originel était transmis par le plaisir sexuel de la consommation du mariage. Un rigorisme en morale sexuelle s'impose alors sur un large front : du clergé on exige l'abstinence sexuelle ; les laïcs, à l'inverse, ne doivent pas toucher aux « saintes espèces » (les hosties et le vin de l'eucharistie). La semence masculine ainsi que le sang des menstruations et de l'accouchement de la femme souillent rituellement et excluent de la pratique sacramentelle. Les époux doivent s'abstenir de relations sexuelles tous les dimanches, les jours fériés importants en incluant leur veillée (*i.e.* la veille) et leur octave (les huit jours qui suivent), mais aussi certains jours de la semaine (le vendredi), tout comme le temps de l'Avent et du Carême. En somme, une rigoureuse restriction des rapports sexuels conjugaux – qui remonte en partie à des représentations magiques et archaïques largement répandues.

Une Église dirigée par des hommes célibataires imposa finalement au XIᵉ siècle l'*interdit du mariage* pour tous les prêtres de l'Église occidentale. Dans les Églises orientales – les évêques mis à part –, le clergé reste marié et est donc plus proche des gens et beaucoup mieux intégré dans le tissu social. En revanche, avant tout par son célibat, le clergé célibataire d'Occident semble totalement coupé du peuple chrétien : c'est un statut social particulier et dominant qui, en raison d'un « accomplissement » moral plus élevé, est fondamentalement supérieur à l'état laïc et subordonné en tout au seul pape.

Sous l'influence des moines Humbert et Hildebrand, Rome avait exigé jadis de l'ensemble du clergé une sorte de *panmonachisme* : une obéissance inconditionnelle, un renoncement au mariage et à la vie communautaire. De furieuses protestations de masse du clergé contre l'interdit du mariage, en particulier dans l'Italie du Nord et en Allemagne, en furent la conséquence. Hildebrand, devenu Grégoire VII, orchestra le boycott du clergé marié par les laïcs. On en vint à d'abjectes traques de femmes de prêtres dans les maisons du clergé. Depuis le deuxième concile du Latran de 1139, les mariages de prêtres sont d'emblée invalides, toutes les femmes de prêtres sont des concubines, et même les enfants des prêtres doivent être annexés aux biens de l'Église en tant qu'esclaves privés de liberté. À partir de là existe donc en Occident une loi générale obligeant au célibat – un célibat qui, même à Rome, n'est en fait respecté qu'en partie, et ce jusqu'à l'époque de la Réforme.

Thérapie : renoncer à la doctrine augustinienne du péché originel, abroger la loi du célibat et revaloriser les femmes ! La loi du célibat n'est pas une vérité de foi. En tant que loi ecclésiastique du XIᵉ siècle, elle aurait déjà dû être supprimée suite à l'opposition des réformateurs du XVIᵉ siècle. *A fortiori*, elle n'aurait pas dû resté tabou lors de Vatican II, mais proposée à la discussion. Elle aurait alors déjà été abrogée. De nos jours, l'écrasante majorité du clergé et du peuple catholiques demande une abrogation de la loi du célibat et un correctif à la mise à l'écart des femmes – fabriquée au Moyen Âge – des ministères ecclésiastiques. Les arguments traditionnels contre l'ordination et la prédication de femmes ne sont pas seulement surannés mais aussi théologiquement discutables, et difficiles à tenir.

Propension à la violence et esprit de croisade

Résultat d'analyse : la justification théologique du recours à la violence et de la guerre. Les Églises orthodoxes d'Orient furent elles aussi impliquées dans la plupart des conflits politico-militaires des puissances mondiales et elles ont souvent légitimé, parfois même inspiré, des guerres avec leur théologie. Mais seul le christianisme occidental soutient la théorie d'un recours légitime à la violence pour atteindre des objectifs spirituels, et finalement cette théorie autorisa aussi l'emploi de la violence pour l'expansion du christianisme.

Là encore, Augustin joua un rôle central. Au départ, il voulait laisser le Juge suprême séparer le bon grain de l'ivraie. Mais plus tard, confronté sans cesse à de nouveaux groupes hérétiques et impressionné par une intervention policière musclée, il pensa à la fin pouvoir justifier par la théologie la violence contre les hérétiques et les schismatiques. Il se référa à une parole de Jésus dans la parabole du banquet, dont le sens est aggravé dans la traduction latine : *coge intrare*, « ceux qui sont dehors, force-les (au lieu de « invite-les ») à entrer… » (Luc 14,23). Augustin, qui savait parler d'une façon si convaincante de l'amour de Dieu et des hommes, et même définissait Dieu comme l'« amour même », devint inexorablement au cours des siècles la principale source de justification théologique des conversions forcées, de l'Inquisition et de la guerre sainte contre les dissidents de toutes sortes – chose qui n'eut pas lieu sous cette forme dans l'Orient chrétien. Un exemple des plus frappants est la Reconquête (*Reconquista*) de l'Espagne sous le patronage de l'apôtre Jacques, le « Tueur-de-Maures » (*Matamoros*).

On en vint ainsi, à l'encontre de toute la tradition de l'Église primitive, aux guerres de conversion, aux guerres contre les païens, les hérétiques… et aussi aux *croisades*. Grégoire VII déjà s'occupa activement de planifier une grande campagne dirigée contre l'Orient et qu'il voulait conduire en personne, comme commandant en chef, pour imposer la primauté romaine à Byzance et mettre fin au schisme. Et en effet, dix ans après la mort de Grégoire eut lieu la première croisade après l'appel du pape Urbain II. Une guerre sainte contre les mécréants sous le signe de la croix victorieuse : un phénomène hélas typique dans le cadre du paradigme catholique romain ! Les croisades passèrent pour l'affaire de toute la chrétienté (occidentale). Et parce que le pape, comme porte-voix du Christ, y avait appelé en personne, elles étaient censées être approuvées par le Christ lui-même. Toutefois, puisqu'il fallait parcourir plus de mille lieues sans base de ravitaillement, le plus souvent en territoire ennemi et avec d'indescriptibles fatigues, elles n'auraient pas été possibles sans un véritable enthousiasme ou une passion religieuse, souvent proche de la psychose de masse.

Innocent III devint le pape de la *croisade aussi contre des frères chrétiens*. Il initia la quatrième croisade (1202-1204) qui conduisit à une terrible conquête : le pillage trois jours durant de Constantinople, avec l'instauration d'un Empire latin et une organisation ecclésiastique latine pour asservir l'Église byzantine. Le but du pape – étendre la primauté romaine à Constantinople – semblait enfin atteint. Mais c'est le contraire qui eut lieu : en fait, le schisme était ainsi scellé.

Cependant, au quatrième concile du Latran (1215), le pape annonce même une première grande *croisade contre des chrétiens en Occident* : en l'occurrence contre les Albigeois (des Cathares « néomanichéens ») du sud de la France. Durant vingt ans, l'épouvantable *guerre des Albigeois* assortie d'atrocités bestiales de chaque côté, mena à l'extermination de pans entiers de la population et représenta une insulte à la croix et une perversion sans pareil de la chrétienté. Il n'est pas étonnant que, dès l'époque d'Innocent, se développe dans des groupes protestataires d'inspiration évangélique l'idée que le pape serait l'Antéchrist…

Thérapie : au lieu de la violence et des croisades – porter sa croix au quotidien ! Naguère déjà, plus d'un s'est demandé si le Jésus du Sermon sur la montagne, prédicateur de la non-violence et de l'amour de l'ennemi, aurait approuvé pareille entreprise guerrière. La croix du Nazaréen n'est-elle pas inversée en son contraire si, au lieu d'inspirer la réelle et quotidienne charge de la croix des chrétiens, elle légitime les guerres sanglantes de croisés qui portent la croix sur leur uniforme ?

Pourtant, déjà du temps d'Innocent se manifesta une *claire alternative au système romain* dans la rencontre historique entre le pape et François d'Assise, en 1209, six années avant le quatrième concile du Latran. Par tout son mode de vie, le *poverello*, le «petit pauvre», montrait au souverain pontife absolu, de quoi il s'agissait vraiment dans le christianisme et dans le modèle christique :

– *Pauvreté* : Innocent III représente une Église de la richesse et de l'apparat, de la rapacité et du scandale financier. Une Église avec une politique de transparence financière, faite de générosité et de réserve, ne serait-elle pas une autre possibilité ? Peut-elle donner l'exemple de la liberté intérieure face aux possessions, de la générosité chrétienne qui ne réprime pas la vie évangélique et la liberté apostolique, mais les encourage ?

– *Humilité* : Innocent III représente une Église du pouvoir et de la domination, de la bureaucratie et de la discrimination, de la répression et de l'Inquisition. Mais une Église de la modestie, de la philanthropie, du dialogue, de la fraternité / sororité et de l'hospitalité, même pour les non-conformistes, est-elle impensable ? Une Église du service sans prétention de son chef et d'une communauté de la solidarité sociale, qui n'exclut ni les idées ni les forces religieuses nouvelles, mais les rend fécondes ?

– *Simplicité* : Innocent III représente une Église de l'hyper-complexité dogmatique, de la casuistique moralisante et de la protection juridique, de l'omniprésence de règles canoniques, de la scolastique omnisciente et de la peur du «magistère» face à l'innovation. Mais une Église de la bonne nouvelle et de la joie ne serait-elle pas une autre possibilité ? Une théologie plus orientée vers l'Évangile, qui écoute les hommes au lieu de sans cesse endoctriner d'en haut ? Une Église qui n'est pas qu'une Église « administrant » un enseignement, mais aussi une Église populaire qui ne cesse d'apprendre ? Mais les papes n'ont rien appris de François d'Assise, et à l'autoélévation succéda l'abaissement.

Quand le pouvoir mondial du pape devient impuissance

Résultat d'analyse : le déclin de la puissance politique et la fiscalisation du système ! Au début du XIIIᵉ siècle, au temps de la domination mondiale d'Innocent III, personne n'aurait pu s'imaginer l'impuissance du pape à la fin de ce même siècle. Toutefois, la fin de Grégoire VII ainsi que celle d'Innocent III furent de mauvais augure : le premier mourut isolé et en exil ; le second mourut inopinément : on le trouva dans la cathédrale de Pérouse, abandonné de tous, totalement nu, dévalisé par ses propres serviteurs. Le renversement, dramatique, est dû à Boniface VIII (1294-1303) : il déclara dans sa première bulle importante, *Clericis laicos infestos* (« Les laïcs sont hostiles au clergé »), que seul le pape a le droit de lever des impôts sur le clergé ; il menaça ensuite d'excommunication la France et l'Angleterre, puis mit pompeusement en scène, en l'an 1300, la première « Année sainte » avec une indulgence jubilaire et d'abondantes rentrées d'argent pour une Curie de plus en plus dépensière.

L'année suivante il provoqua un conflit avec le roi de France Philippe IV le Bel et proclama ensuite dans la bulle *Unam Sanctam* la plus abrupte formulation de la doctrine romaine de la supériorité du pouvoir spirituel, définissant l'obéissance envers le pape comme étant « pour toute créature humaine une absolue nécessité du salut ». Ce juriste subtil, homme de pouvoir sans scrupule, était affecté d'une sorte de délire césarien, tout comme Grégoire VII ; il projeta pour le 8 septembre 1303 l'excommunication du roi de France et le déliement de l'allégeance de ses sujets. Mais les temps avaient changé : Boniface fut purement et simplement arrêté et enfermé dans son château d'Anagni par des mandataires du roi de France et de la famille Colonna ! Bien que vite libéré par le peuple d'Anagni, il resta un homme brisé et mourut un mois plus tard à Rome. Son second successeur déjà, auparavant archevêque de Bordeaux, ne fut plus intronisé à Rome mais à Lyon et siégea finalement à Avignon.

La *« captivité babylonienne » des papes à Avignon* dura environ soixante-dix ans. Tout compte fait, ce fut un transfert au sommet du poids politique : la papauté hiérocratique avait perdu sa crédibilité morale en raison de sa politique d'hégémonie mégalomane, et elle s'avérait être le *« système descendant »* (Walter Ullmann) en face des États-nations en formation, qui apparaissent, eux, comme le « système » de pouvoir et de droit « ascendant ».

Pourtant les papes ne tirèrent aucune leçon de l'histoire : à Avignon, un palais gigantesque, un appareil administratif, une gestion financière et un cérémonial propres furent aménagés à grands frais, et le népotisme resta florissant. À cause de la hausse des besoins financiers, la *vis des impôts du pape* se serra toujours plus dans toute l'Europe : c'était l'exploitation de toute l'Église à des fins romaines. De la sorte, au Moyen Âge tardif, la papauté romaine ne cessa de perdre son hégémonie religieuse et morale ; toutefois, en compensation, elle devint la première puissance financière d'Europe. Les papes recouvrèrent leurs créances séculières par tous les moyens de leurs exécuteurs, par l'excommunication et par les interdits. Nonobstant les énormes dégâts pastoraux, l'Allemagne dut, comme sanction, vivre durant presque deux décennies avec interdiction d'exercer la moindre activité ecclésiale.

Dans ces conditions, rien d'étonnant si, au XIVe siècle, l'*opposition au pape* s'accrut fortement : dans les universités, les collèges et les écoles, dans la bourgeoisie montante des villes et chez d'influents gens de lettres et auteurs de libelles, de Dante Alighieri, qui dans *La Divine Comédie*, condamne Boniface VIII à l'Enfer, à l'influent pamphlet *Defensor pacis* (1324), où l'ancien recteur de l'université de Paris, Marsile de Padoue, formule une théorie de l'État prônant l'indépendance entre le pouvoir étatique et l'Église, entre les évêques et le pape, entre la communauté et la hiérarchie. Comme cause principale de la discorde, il désigne la «plénitude de pouvoir», *plenitudo potestatis* pontificale, qui est dépourvue de toute base théologique ou biblique.

Thérapie : la réforme de la tête et des membres. Dans cette situation déprimante, «la réforme de la tête et des membres de l'Église» devient, vers la fin du XIVe siècle, le grand mot d'ordre dans toute l'Europe. Seul un concile commun pourrait aider à rétablir l'unité de l'Église et à faire aboutir les réformes. Toutefois, ce concile ne devait pas être compris comme les conciles du Moyen Âge, comme émanant de la «plénitude de pouvoir» du pape, mais en tant qu'une représentation de toute la chrétienté. Cette théorie conciliaire – plus tard souvent discréditée par la Curie comme du «conciliarisme» – n'a pas ses racines chez Marsile et Ockham, mais dans le canon officiel le plus orthodoxe des XIIe et XIIIe siècles (Brian Tierney), et même dans la tradition patristique du concile œcuménique comme représentation de l'Église.

Le refus de la réforme

Résultat d'analyse : toutes les tentatives de réforme échouent. Une situation chaotique, y compris en Italie, mena finalement à deux papes dans la chrétienté, qui s'excommunièrent réciproquement : c'est le *Grand Schisme d'Occident*. Lorsqu'en fin de compte fut élu un candidat de compromis, il y eut trois papes. Le *concile œcuménique de Constance* (1414-1418) était chargé de rétablir l'unité de l'Église et de prendre en main la réforme. En dehors de Rome, régnait pratiquement partout la conviction que ce n'était pas le pape, mais le concile qui était normalement la plus haute instance de l'Église. Dans le célèbre décret conciliaire *Haec sancta*, cette conception déjà présente dans l'Église primitive fut définie sous une forme solennelle : *le concile est supérieur au pape !* En tant qu'il représente l'ensemble de l'Église rassemblée légitimement dans l'Esprit saint, il tient son pouvoir directement du Christ. En conséquence tous, même le pape, devraient lui obéir, et ce dans les questions de foi, de cessation d'un schisme et de réforme de l'Église.

La ruine totale du système romain qui avait mené l'Église catholique d'Occident au bord du gouffre semblait scellée. Or dès le pape nouvellement élu par le concile – Martin V Colonna, un cardinal italien de la Curie –, eut lieu une restauration étonnamment rapide du pouvoir absolu du pape. La réforme nécessaire et urgente de l'Église et de sa constitution fut mise en échec par tous les moyens. Il y eut certes les conciles ultérieurs de Pavie-Sienne et de Bâle, mais les réformes furent contournées par la Curie romaine. Une fois encore, le gouvernement quotidien de l'Église était entre ses mains.

C'est ainsi que les papes, sans se soucier des décrets du concile, renouvelèrent leurs revendications médiévales. À la veille de la Réforme, au cinquième concile du Latran (1516), Léon X Médicis fit savoir sans détour que c'est « l'actuel pontife romain [qui] détient l'autorité sur tous les conciles... ». Le papisme extrême, hors de tout contrôle conciliaire, ouvrait grandes les portes aux abus de pouvoir des *papes de la Renaissance*. Par d'immenses constructions et une intense promotion de l'art, ils voulaient donner l'impression que la capitale de la chrétienté était aussi le centre de l'art et de la culture.

Mais ces projets fort onéreux furent payés d'un *refus des réformes ecclésiales,* qui auraient présupposé un changement de mentalité radical des papes et de leur cour, sécularisés de part en part. Si la « Renaissance » ne fut pas suivie d'une « renaissance » de l'*Église*, ce fut clairement la faute de ces papes, qui s'avéraient être d'ordinaires princes italiens de la Renaissance, vivant dans un luxe extrême, un hédonisme sans frein et une dépravation désinvolte :

– Le franciscain corrompu della Rovere, Sixte IV, promoteur de « l'immaculée conception » de Marie, entretenait toute une bande de neveux et de favoris aux frais de l'Église, et il éleva au cardinalat sept de ses parents, dont son cousin Pietro Riario, un des plus scandaleux débauchés de la Curie romaine, qui succomba de ses vices dès l'âge de 28 ans.

– Innocent VIII Cibo, qui s'installa au Vatican avec son fils et sa fille, encouragea fortement par une bulle la croyance aux sorcières, et reconnut publiquement ses enfants naturels, dont il fêta les noces avec faste au Vatican.

– Le rusé politicien Alexandre VI Borgia, modèle de Machiavel, qui avait acheté sa fonction grâce à une simonie de très grand style, engendra quatre enfants avec son amante (et comme cardinal, d'autres encore avec d'autres femmes) ; il excommunia le grand prédicateur Jérôme Savonarole et fut en partie responsable de sa mort sur le bûcher à Florence.

– Léon X Médicis, cardinal à 13 ans, aimait avant tout l'art, savourait la vie et se concentrait sur l'acquisition du duché de Spoleto pour son neveu Lorenzo. Il ne saisit pas vraiment que l'évènement de 1517 ferait époque en préparant, en Occident, la fin de la revendication d'universalité du pape. En effet, un moine augustin allemand jusqu'alors inconnu – qui, un peu avant, avait séjourné quelques mois à Rome et se considérait comme un fidèle catholique – publiait à Wittemberg, en tant que professeur du Nouveau Testament, 95 thèses critiques contre la pratique généralisée des indulgences pour financer la construction, d'un coût exorbitant, de la nouvelle basilique Saint-Pierre : c'était Martin Luther. « N'oubliez jamais cela lorsque vous voyez la somptueuse coupole » : cette mise en garde du « père spirituel » de mes années d'études à Rome résonne encore aujourd'hui à mes oreilles.

La Réforme : une réponse radicale
aux réticences à réformer

Des siècles durant, Rome avait bloqué toute réforme, et elle en recueillit en retour *la* Réforme, qui déploya vite une puissante dynamique sociale, politique et religieuse. Ce fut pour Rome, qui venait de perdre l'Orient, une deuxième catastrophe, qui lui coûtera plus ou moins la moitié nord de l'*Imperium romanum* d'alors : le système romain *divise aussi la chrétienté occidentale* ! Bientôt des catholiques aussi nommèrent leur Église « catholique romaine », sans remarquer qu'en principe la limitation « romaine » en contredit la « catholicité[1] » : c'est un « cercle carré » pour ainsi dire, une *contradictio in adiecto*, dirait-on en bon latin.

L'*impetus* réformateur personnel de Luther tout comme son énorme force explosive historique proviennent uniquement de ceci : il prônait le retour de l'Église à l'Évangile de Jésus-Christ, tel qu'il l'avait vivement expérimenté dans les Écritures saintes, en particulier chez Paul. Cela signifie concrètement que :

– Contre toutes les traditions, lois et autorités qui se sont greffées par la suite, Luther pose le *primat de l'Écriture* : « l'Écriture seule ».

– Contre les milliers de saints et d'innombrables médiateurs qui assurent le service entre Dieu et les hommes, Luther insiste sur le *primat du Christ* : « le Christ seul », qui est le centre de l'Écriture et le point de repère de toute interprétation de l'Écriture.

– Contre toutes les pieuses sommes à verser par avance et prescrites par l'Église et contre les efforts des hommes (leurs « œuvres ») pour obtenir leur salut, Luther se bat pour le *primat de la grâce et de la foi* : « la grâce seule » du Dieu miséricordieux – telle qu'elle s'est dévoilée lors de la crucifixion et de

1. « Catholique » vient du grec *katholikos*, « universel ».

la résurrection de Jésus-Christ – et «la foi seule», la confiance absolue de l'homme envers ce Dieu.

Thérapie : il s'agit de prendre au sérieux les exigences de réforme de Luther ! Si au Vatican on avait été capable de reconnaître les «signes des temps», on aurait vraisemblablement pu éviter encore au dernier moment la scission. Après tout, Luther et les réformateurs en général voulaient rester catholiques, ils ne voulaient pas quitter l'Église catholique. Il est probable que la rapide satisfaction de trois exigences de réforme, populaires, aurait pu déjà amener un tournant :

– la liturgie en langue vernaculaire (adoptée à Vatican II) ;

– la communion au calice même pour les laïcs (rendue possible en principe par Vatican II) ;

– le mariage des prêtres (à Vatican II encore, la Curie a empêché toute discussion sur ce point).

Martin Luther n'était pas du tout le rebelle d'emblée anticatholique que les polémiques romaines et l'histoire ecclésiastique ont représenté des siècles durant. La conception de la justification du pécheur selon Luther aurait très bien pu être entendue aussi dans le contexte de la théologie catholique, comme je l'ai exposé en 1957 dans ma thèse sur *La Justification. La doctrine de Karl Barth, une réflexion catholique*, que des théologiens des deux confessions ont largement approuvée – ce qui est finalement confirmé par une déclaration commune proclamée solennellement en 1999 à Augsbourg par le Secrétariat romain pour la promotion de l'unité et par la Fédération luthérienne mondiale.

L'expérience de Luther – la justification par la foi confiante – constitue la base de son appel public à la réforme dans l'Église catholique. Une réforme dans l'esprit de l'Évangile, visant moins la nouvelle formulation d'une doctrine qu'un renouvellement de la vie chrétienne dans tous les domaines. Dans son écrit réformateur intitulé *À la Noblesse chrétienne de la nation allemande – sur l'amendement de l'État chrétien*, Luther attaque avec pertinence trois prétentions du système romain

(les trois « murs de la romanité ») qui empêchent une réforme de l'Église :
– le pouvoir spirituel est supérieur au pouvoir temporel ;
– seul le pape est le véritable interprète de l'Écriture ;
– seul le pape peut convoquer un concile.

Selon le *Codex Juris Canonici* en vigueur jusqu'à Vatican II, ce dernier principe juridique – seul le pape pourrait convoquer un concile œcuménique (et au cas où il ne le voudrait pas, on ne pourrait rien faire contre) – s'appuie, il faut le souligner, sur six références issues d'anciennes sources juridiques, dont trois proviennent des falsifications du Pseudo-Isidore, les trois autres en étant déduites.

D'où le désastre : à la revendication des réformateurs de « retourner *à l'Évangile de Jésus-Christ* », qui aurait certes eu comme conséquence un changement de système (de paradigme), Rome ne répondit pas par un examen de sa propre position dominante à l'aune de l'Évangile. À Rome, où l'on n'était guère disposé aux réformes, on préféra réagir en exigeant une soumission sans condition de Luther et des réformateurs au pape et au droit canon en vigueur, et bientôt par l'excommunication et l'exclusion de l'Église.

Mais celui qui a étudié toute cette histoire ne peut avoir aucun doute à ce sujet : ce n'est pas le réformateur Luther, qui a certes aussi fait des erreurs, mais la *Rome hostile aux réformes* et ses sbires allemands qui *portent la principale responsabilité*, après la scission entre Église d'Occident et Église d'Orient, d'une scission entre (en gros) une moitié nord et une moitié sud de l'Empire – scission qui sera répercutée avec l'expansion coloniale des puissances européennes en Amérique du Nord et du Sud.

C'est donc une deuxième grande et grave blessure, cette fois-ci dans la chrétienté occidentale. La deuxième étape de mon diagnostic du système romain est désormais achevée. La recherche précise des germes de la maladie en a découvert les foyers spécifiques, toujours virulents jusque dans l'Église actuelle. Naturellement, on se demandera si une telle blessure peut guérir un jour : une Église malade à ce point peut-elle vraiment faire l'expérience d'un rétablissement ? En tout cas, de grands obstacles s'y opposent.

4

Réhabilitation et rechutes

Forces motrices et antagonistes sur le chemin de la modernité

L'Église catholique est une patiente qui a besoin d'une cure radicale : après la Réforme de Luther, c'était une conviction largement répandue même en Italie et en Espagne, des pays restés catholiques romains. De toute façon, depuis la Réforme, la papauté était, du point de vue de l'histoire mondiale, sur la défensive, se condamnant elle-même à la réaction. Le poids de l'histoire s'était déplacé de la Méditerranée vers l'Europe centrale. La culture romaine de la Renaissance fut ruinée suite à un sac de Rome, durant plusieurs jours, dû à des pillards des troupes impériales (*sacco di Roma* en 1527). Mais l'Église romaine resta dans un premier temps non réformée, en apparence incurable – ou résistante aux thérapies. Même si, à Rome, de plus en plus de gens étaient convaincus de la nécessité d'un changement.

La réhabilitation exigée

D'un point de vue médical, la réhabilitation (lat. : «rétablissement») constitue une partie de la prévention. On désigne ainsi les mesures prises pour éviter les rechutes, récupérer des fonctions corporelles lésées, dépister précocement et prévenir de nouvelles maladies. Mais avec la montée d'une nouvelle époque, l'Église catholique, encore affectée par les deux anciennes blessures qui l'avaient affaiblie, fut exposée à des forces et des énergies totalement nouvelles, qui pouvaient facilement avoir des effets dévastateurs : c'est pourquoi, au lieu d'une guérison, d'autres infections se produisirent.

Pourtant, une *réhabilitation, au sens large du mot*, eût été nécessaire : il fallait rétablir la capacité d'affronter la vie à la hauteur des réalités en jeu, incluant aussi la réintégration dans la vie sociale. Du point de vue politique, la réhabilitation signifie la restauration de l'estime politique et historique d'un groupe de personnes qui a souffert sous un précédent régime et qui, avec un changement de paradigme, devrait voir aboutir ses requêtes légitimes.

À ce sujet, la moindre des choses eût été une suppression des sanctions ecclésiastiques et sociales contre les personnes et les groupes tombés en disgrâce et, autant que possible, la réparation des injustices passées. Toutefois, ce n'est souvent possible que par un changement de la *nomenklatura* (mot russe : « liste des postes de direction et des dirigeants »), ce qui a pour conséquence un déplacement des rapports de force. Mais c'est justement un tel changement de régime qui n'a pas eu lieu dans la Rome pontificale, et dans cette mesure, pour la lente réhabilitation amorcée, il ne s'agissait pas d'un rétablissement véritable et approfondi de la santé de l'Église mais seulement d'un rétablissement superficiel, fût-il embelli et orné par un art et une culture baroques grandioses.

Paul III seulement (1534-1549), qui était pour sa part encore en tout un homme de la Renaissance, avec enfants et neveux pour cardinaux, amorça un certain tournant : d'abord il nomma au collège cardinalice des dirigeants capables et profondément religieux, qui étaient partisans de la réforme ; puis il approuva l'ordre religieux élitiste des Jésuites (*Compañia de Jesús*) d'Ignace de Loyola, un ordre avec un rapport au monde d'un genre nouveau ; finalement (presque trois décennies après le déclenchement de la Réforme et seulement deux années avant la mort de Luther !), il ouvrit le concile de Trente.

Un semblant de réhabilitation :
le concile de la Contre-Réforme

Les sérieux efforts de réforme de ce concile, avant tout
l'arrêt des pires abus et une nouvelle formation des prêtres dans
des séminaires, ne manqueront pas de faire effet au cours des
décennies suivantes ; nous n'avons pas ici à en faire état. Mais
cela ne suffisait pas pour une vraie guérison de l'Église.

De la si urgente réforme de la papauté, le concile de Trente
(1545-1563) – échaudé par les décrets de Constance à propos
de la suprématie du concile sur le pape – ne dit mot. Ce
concile *n'*impulse *pas une réhabilitation, mais une réaction* :
aux requêtes théologiques de la Réforme, il réagit par des
douzaines de condamnations (des «anathèmes») et de demandes
d'excommunications. Nulle trace d'une levée des sanctions
contre les réformateurs ni d'une réconciliation.

Dès le concile de Trente, il s'agissait de Contre-Réforme : *un*
esprit médiéval dans un habit contre-réformateur ! Cela devint
évident avec le réveil de la théologie scolastique et plus encore
la restauration de la messe du Moyen Âge. Celle-ci fut certes
libérée de ses plus graves excroissances, mais réglée jusqu'aux
derniers mots et aux positions des doigts du prêtre. Tout est
cependant d'une solennité baroque croissante, en particulier la
messe pontificale – un théâtre sacré de grand style. L'architecture
grandiose, la sculpture, la peinture et la musique du baroque
sont en cela l'expression du nouveau renforcement des prétentions à la domination d'une *ecclesia militans et triumphans*,
une Église militante et triomphante, et en même temps le dernier
style unifié de la vieille Europe. À Rome, l'impressionnante
place Saint-Pierre, agencée par le Bernin et nantie de quatre
colonnades, en est le symbole.

Ce concile particulier, confessionnel, était tenu exclusivement
pour servir à la recatholisation de l'Europe. Et celle-ci fut
imposée autant que faire se peut par la politique, et si nécessaire

aussi par les armes. Pressions diplomatiques et interventions militaires: cette stratégie confessionnelle mena durant la seconde moitié du xvie siècle en Europe à un véritable déferlement d'actes de violence, de «combats pour la foi» et de *guerres de religions*.

Que d'abus de la foi et de la religion! En Italie et en Espagne: oppression des petits groupes protestants. En France: huit guerres civiles contre les Huguenots, la nuit parisienne de la Saint-Barthélemy en 1572, avec 3 000 protestants massacrés, et pour finir environ 10 000 tués en province, ce que Grégoire XIII, le pape du «calendrier grégorien» amélioré, fit fêter par un *Te Deum* et des monnaies commémoratives. Aux Pays-Bas: combats de libération des Néerlandais contre le régime de terreur espagnol et une terrible guerre hispano-néerlandaise, qui dura plus de quatre-vingts ans. Finalement se déroula en Allemagne l'affreuse *guerre de Trente Ans* (1618-1648), qui fit de l'Allemagne un champ de batailles et de ruines non seulement pour les catholiques et les protestants allemands, mais aussi pour les Danois, les Suédois et les Français.

La *paix de Westphalie* de 1648 régla le rapport entre les deux confessions (catholique et luthérienne) en Allemagne en suivant le principe de la parité et de la reconnaissance des Réformés. Les délimitations acquises des confessions restèrent pour l'essentiel valables jusqu'au xxe siècle, tout comme l'indépendance nationale, reconnue par le droit international, de la Suisse et des Pays-Bas par rapport à l'Empire allemand.

Toute une époque caractérisée par la Réforme avait ainsi pris fin. Les forces religieuses, mobilisées à leur maximum, étaient partout épuisées. Ce n'est pas la papauté qui fit sortir de l'enfer de la guerre. Le différend religieux sur l'exclusivité de la vérité, sans cesse attisé par la papauté, était un facteur essentiel de la guerre de Trente ans. Ce n'est qu'en faisant abstraction de la foi que la paix put être conclue. La papauté s'était montrée inapte à la paix. D'où cette conséquence fatale: le christianisme en général avait de manière décisive perdu en crédibilité, de sorte que dorénavant il constituait de moins en moins le liant religieux, culturel, politique et social de l'Europe. Dans cette mesure, le christianisme a lui-même contribué à la montée du processus – décisif pour la nouvelle époque de la modernité – de la séparation d'avec la religion, de la sécularisation et de la déchristianisation.

L'opposition du monde catholique romain à la modernité

Vers le milieu du XVIIe siècle apparut une nouvelle configuration du monde politique.

– L'hégémonie catholique romaine de l'*Espagne* – enrichie par ses conquêtes, mais épuisée par trop de guerres – fut éliminée du concert des grandes puissances européennes vers la fin du XVIIe siècle.

– L'*Allemagne* (suite à la guerre de Trente Ans) et l'*Italie* (zone d'influence des grandes puissances à cause des luttes entre villes-États) devinrent des grandeurs insignifiantes de la politique mondiale.

– La *papauté* cessa d'être une instance régulatrice du droit des peuples suite à la paix de Westphalie, mais elle ne fut pas remplacée par une nouvelle institution supranationale ; cependant, la force offensive du *protestantisme* semblait brisée.

– L'époque confessionnelle fut remplacée par l'époque des *monarchies absolues* : la nouvelle hégémonie fut celle de la France du cardinal Richelieu et de Louis XIV. Cette époque prit fin avec la Révolution française de 1789.

Alors se profila une nouvelle configuration culturelle et politique : la plupart des innovations paradigmatiques et des « effets de la modernité » qui firent époque dans la société, l'Église et la théologie ne se produisirent pas dans les territoires où la domination romaine était incontestée. Le paradigme catholique romain, d'abord très novateur au Moyen Âge, se rigidifia de plus en plus dans son corset médiéval, même si

111

dans les pays catholiques le système romain ne cessa de faire office d'instrument effectif de domination. Le «catholicisme» contre-réformateur, avec tout son attirail baroque, était de toute évidence une religion conservatrice et restauratrice qui, tout compte fait, resta la religion des nations romanes stagnantes sur les plans économico-politique et culturel (excepté en France). Une fois pour toutes, dans le catholicisme, le pape se situe au-dessus des interprétations de la Bible et ne tolère aucune innovation. À l'inverse, la «liberté de l'homme chrétien» de la Réforme contribue de manière décisive à l'affirmation moderne de la responsabilité, de la majorité et de l'autonomie.

Les forces motrices de la modernité, prodigieusement dynamiques, sont la science, le progrès technologique, la démocratie et l'industrialisation. Face à ce processus de modernisation, l'Église catholique se tint dans une attitude défensive de principe. Son paradigme médiéval, opposé à la Réforme, fut aménagé comme une forteresse antimoderne. Dirigé depuis Rome, il utilisait tous les moyens religieux ou non religieux mis à sa disposition pour lancer des contre-attaques contre la culture moderne en formation et infecter en masse les hommes avec certains «virus» (en latin: la plus petite particule pathogène): ceux de l'hostilité à la science, au progrès, à la démocratie, ceux de la rage restauratrice. Les «infections virales» remontent loin, elles étaient là dès le début de la modernité européenne; cependant les maladies se sont vite propagées. Sur le plan de la science et de la culture, fondamental pour l'homme moderne, ce catholicisme antimoderne avait peu à proposer pour élever de façon conséquente le niveau culturel des masses catholiques. Des récidives et des *rechutes* de ces maladies peuvent s'observer jusqu'aux temps actuels.

Premier virus: l'hostilité de l'Église à la science

La révolution de la modernité est d'abord une révolution de l'esprit. La *science* est *la première grande puissance* de la

112

nouvelle époque montante. Galilée, Descartes et Pascal, suivis par Spinoza, Leibniz et Locke, puis par Newton, Huygens et Boyle : tous furent à l'origine du nouveau *sentiment de supériorité de la raison*, qui promettait une certitude quasi mathématique.

Le système du monde, nouveau et révolutionnaire, exposé de façon purement théorique et seulement comme une hypothèse par Nicolas Copernic, chanoine catholique, sembla menacer la conception biblique du monde seulement lorsque l'Italien Galileo Galilei (Galilée) sut l'étayer et le défendre avec des observations et des expérimentations. Il devint ainsi le fondateur des sciences de la nature modernes, qui mettent en évidence les lois de la nature et annoncent une exploration illimitée de la nature et de l'univers. En même temps que Galilée, le mathématicien et physicien René Descartes fonde la philosophie moderne.

C'est un changement d'époque : dans le paradigme catholique médiéval, la plus haute autorité était le pape ; dans celui de la Réforme, la parole de Dieu ; mais dans le paradigme de la modernité, c'est la *ratio*, la raison, la rationalité humaine. En tant que valeur de référence prioritaire de la modernité, elle devient de plus en plus l'arbitre de toutes les questions de vérité. Seul le raisonnable passe pour vrai, utile, contraignant. La philosophie a priorité sur la théologie ; la nature (sciences de la nature, philosophie de la nature, religion naturelle, droit naturel) sur la grâce ; l'*humanum*[1] sur le spécifiquement chrétien.

Comment réagit l'Église face à cette « révolution copernicienne » dans les sciences de la nature et la philosophie ? Par rapport à ces nouvelles sciences, elle n'eut pas une attitude positive. L'Église catholique se laissa contaminer par le virus de l'hostilité à la science. Luther et Mélanchthon avaient certes eux aussi rejeté l'œuvre de Copernic, mais sans donner de suites disciplinaires. Mais en 1616 – lorsque le cas Galilée devint aigu – à Rome, Copernic fut mis à l'index des livres interdits. L'Église catholique se transformait de plus en plus

---

1. Terme latin signifiant la « condition humaine ».

en une institution s'illustrant moins par ses efforts spirituels, ses réalisations empiriques ou ses compétences culturelles que par sa résistance à toute nouveauté. On en appelait vite à la censure, à l'Index, à l'Inquisition. Les cas les plus tristement célèbres sont connus de tout le monde : Giordano Bruno, qui alliait le modèle copernicien du monde à une piété typique de la Renaissance, néoplatonicienne et mystique, de tendance panthéiste, fut brûlé en 1600 à Rome. Il en alla de même en 1619 à Toulouse pour le philosophe de la nature Lucilio Vanini, qui aurait enseigné l'identité de Dieu et de la nature. Le philosophe antiaristotélicien Tommaso Campanella réussit à s'évader des geôles de l'Inquisition après deux décennies de captivité.

Galileo Galilei fut impliqué dans un procès de l'Inquisition déjà controversé à l'époque ; fidèle catholique, il abjura finalement ses « erreurs » en 1633 et vécut les huit dernières années de sa vie en résidence surveillée, continuant ses travaux malgré sa cécité. Le conflit avec Galilée est devenu un précédent symptomatique, qui a empoisonné à la racine les relations des jeunes sciences de la nature en plein essor avec l'Église et la religion. La condamnation de Galilée, que l'on a fait accepter dans les pays catholiques avec tous les moyens des « dé-non-ciatures » et des inquisiteurs, répandit une atmosphère de peur au point que René Descartes reporta à une époque indéterminée la publication de son étude intitulée *Traité du monde et de la lumière* ; elle fut publiée seulement quatorze ans après sa mort. Cela aboutit à un quasi-exode silencieux des scientifiques hors de l'Église. Dans les pays catholiques, durant tous ces siècles, il ne se développa guère de relève scientifique.

Mais l'Église catholique n'a-t-elle pas depuis ce temps pris ses distances avec son hostilité à la science ? Non, pas de façon assez conséquente. Jusqu'à nos jours, à Rome, on n'a tiré que des enseignements limités du cas Galilée. En 1979, trois cent cinquante ans après sa mort, le pape Jean-Paul II a enfin annoncé le réexamen du cas Galileo Galilei par une commission d'enquête. Cela conduisit certes à une réhabilitation, mais dans son discours du 31 octobre 1982, le pape évita d'admettre clairement la faute de ses prédécesseurs et de la *Sacra Congregatio Sanctissimae Inquisitionis* (aujourd'hui «Congrégation pour la doctrine de la foi»), mais la rejeta sans plus de précision sur une «majorité des théologiens» de jadis : autrement dit, c'est «une réhabilitation qui n'a pas eu lieu» (M. Segre).

Rechutes : Charles Darwin

Le *cas Darwin* devint un deuxième cas Galilée. En 1941 encore, près d'un siècle après la publication de *L'Origine des espèces* de Darwin, le pape Pie XII, dans une allocution aux membres de l'Académie pontificale des sciences, affirmait que l'origine de la vie humaine à partir d'ancêtres animaux restait entièrement à prouver et qu'il fallait attendre d'autres recherches. C'est seulement en 1950 que dans l'encyclique (de part en part réactionnaire) *Humani generis* contre les «erreurs du temps» Pie XII concéda de mauvaise grâce et avec de nombreuses mises en garde, que le problème, toujours non totalement élucidé, d'une évolution du corps humain pouvait continuer de faire l'objet d'une recherche de la part des sciences de la nature et de la théologie – sous certaines conditions, bien sûr. En effet, il faut maintenir que l'âme humaine est une création immédiate de Dieu et qu'un couple humain unique est à l'origine de l'ensemble du genre humain (= monogénisme). Pour le reste, il faut suivre dans tous les cas le jugement du magistère de l'Église. Par la suite, d'innombrables théologiens catholiques mirent leur esprit à la torture pour donner sens à ces énoncés, absurdes d'un point de vue scientifique.

À quel point Pie XII était incorrigiblement hors du réel, on le vit quelques semaines plus tard, le 1er novembre 1950 : lors d'une grande manifestation sur la place Saint-Pierre, le pape annonça le dogme «infaillible» de la montée corporelle de Marie au Ciel («assomption de Marie») ! – d'une part incompréhensible pour les scientifiques et par ailleurs attesté ni dans la Bible ni durant les premiers siècles de la chrétienté. Dans mes *Mémoires* j'ai décrit l'impitoyable épuration de théologiens effectuée par le même Pie XII, alors très admiré, à la même époque.

Deuxième virus : l'hostilité de l'Église au progrès

Les révolutions scientifique et philosophique amenèrent la *révolution culturelle des Lumières,* qui eut finalement aussi pour conséquence une révolution politique. Pour la première fois dans l'histoire du christianisme, les impulsions pour un nouveau paradigme du monde, de la société, de l'Église et de la théologie ne venaient pas du sein de la théologie et de l'Église, ni de la papauté ou du luthéranisme, mais de l'extérieur.

Au xviiie siècle, il résulta, d'un brusque changement d'époque, un net refroidissement religieux : les valeurs traditionnelles, l'ordre, l'autorité et la discipline, puis l'Église, la hiérarchie et le dogme furent largement rejetés et ridiculisés, en particulier dans la France catholique. Un processus de sécularisation et d'émancipation se mit en place, qui, sous une forme atténuée, finit par gagner aussi l'Allemagne et d'autres pays. Il en naquit une progressive séparation entre culture et religion, entre société et Église.

La croyance en la toute-puissance de la raison et en la possibilité de maîtriser la nature eut des répercussions en ce sens qu'elle forma les bases de la *conception* moderne *du progrès*. Au xviiie siècle, l'idée séculière de « progrès » s'étendit en effet à tous les domaines de la vie. L'ensemble du processus historique apparut comme une progression rationnelle et une raison en progression. La croyance au progrès devint ainsi la deuxième valeur de référence de la modernité – comme réalisation de la « béatitude » dès ce monde. Pour des hommes de plus en plus nombreux est née une religion de remplacement : l'autodétermination, alliée à la maîtrise de la nature.

Désormais, les guerres de Religion semblèrent de plus en plus aussi inhumaines et antichrétiennes que les bûchers des sorcières. La croyance au Diable, aux démons et à la magie, présente au Moyen Âge et encore au moment de la Réforme, ne convenait plus à l'époque progressiste de la raison. Les procès et bûchers des sorcières furent attaqués en premier par le médecin flamand Jean Wier et le jésuite Friedrich von Spee, puis par le juriste protestant Christian Thomasius. L'obligation du célibat et la liturgie en latin, tout comme les indulgences, les pèlerinages, les processions et les cloîtres, furent aussi soumis aux feux de la critique, y compris par de nombreux membres de l'Église. Les papes – mis à part l'éclairé Benoît XIV – étaient tombés dans l'insignifiance et ne réagissaient aux défis de l'époque qu'avec des stéréotypes, des protestations stériles et des condamnations indifférenciées. Les princes catholiques, par intérêt propre au *statu quo*, restèrent souvent les seuls soutiens de la papauté.

La théologie chrétienne, en particulier la scolastique, ne fut pas épargnée par la révolution culturelle qu'on nommait les Lumières. En la matière, un rôle clé échut à la *science biblique*, qui soumettait même les Écritures saintes à une analyse historico-critique. Cependant, en 1678, l'histoire critique de l'Ancien Testament, rédigée par l'oratorien Richard Simon, fut immédiatement confisquée à l'initiative de Bossuet, célèbre évêque et prédicateur de la cour. Ainsi l'esprit de la recherche critique sur la Bible fut-il éteint dans l'Église catholique avant même qu'il puisse s'épanouir. L'émigration de l'exégèse critique, ainsi que des intellectuels d'avant-garde de la théologie en général, hors de l'Église de Rome en fut la conséquence. C'est à l'énorme travail de générations d'exégètes, à l'origine tous protestants, que la Bible doit d'être devenue le livre le mieux étudié de la littérature mondiale.

La *tolérance religieuse*, dont même les réformateurs n'avaient pas idée, devint pour ainsi dire un mot-clé de la modernité. Des récits de plus en plus précis d'explorateurs, de missionnaires et de marchands européens revenus des continents lointains renforcèrent cette perspective : la religion chrétienne n'est peut-être

pas un phénomène aussi unique qu'on l'avait cru jusqu'alors
En effet, plus la communication internationale s'intensifiait par
les découvertes de terres, de cultures et de religions nouvelles,
plus se dévoilait en fait la relativité de notre christianisme de
nature européenne.

La *mission* catholique *en Chine* aux XVIe-XVIIe siècles, initiée
par le jésuite italien Matteo Ricci, qui s'adapta parfaitement
par l'habit, la langue et le comportement au mode de vie chinois
et confucianiste, fut très prospère au début, mais après une
polémique sur les rites et le nom de Dieu attisée par l'Inquisition
ainsi que par les franciscains et les dominicains en concurrence
avec les jésuites, elle fut stoppée par une déplorable décision du
pape, qui eut une ampleur historique : à l'avenir, qui veut rester
ou devenir chrétien doit cesser d'être chinois ! On argumenta
de façon analogue en Inde et par rapport à d'autres cultures.

Malgré tout, la conception de la tolérance s'imposa contre
tous les confessionnalismes : dorénavant, au lieu de la position
de monopole d'une seule religion et de la domination de deux
confessions, prévalut la tolérance réciproque des différentes
confessions chrétiennes ainsi que des différentes religions. La
liberté de conscience et des pratiques religieuses trônait tout
en haut de la liste des droits de l'homme revendiqués de plus
en plus fortement et destinés à recevoir une concrétisation
politique. Une fois encore se pose la question : l'hostilité de
l'Église catholique romaine envers le progrès n'est-elle pas
définitivement surmontée ? Non, pas définitivement. Il y eut
là aussi de nombreuses rechutes.

Rechutes : la pilule

Les États pontificaux passèrent en Europe pour systématiquement hostiles au progrès. L'économie des *monsignori*
en fit l'État d'Europe le plus en retard socialement. Les papes
sachant tout mieux que les autres, au XIXe siècle ils refusaient

toujours des réalisations techniques aussi dangereuses que les chemins de fer, l'éclairage au gaz, les ponts suspendus et beaucoup d'autres choses encore : on pouvait très bien se passer de toutes ces inventions.

Mais au xxᵉ siècle, la question de la sexualité et de la reproduction surtout devint un révélateur de leur degré de sérieux. La *pilule contraceptive* fait sans doute partie des inventions les plus importantes du xxᵉ siècle. Partout dans le monde et en quelques années, elle changea de façon durable les comportements sexuels et le vivre-ensemble social de l'homme et de la femme. Dès les années 1920, des chercheurs se sont occupés de la question du lien entre les hormones et la grossesse, et les femmes ne furent pas les dernières à soutenir financièrement les recherches pour l'invention d'une pilule qui empêche la conception. Mais de la part de l'Église il n'y avait que désintérêt, puis, lorsque les recherches devinrent fructueuses, ce fut un rejet total.

Il y a cinquante ans, le 9 mai 1960, le premier traitement contraceptif fut autorisé par la Food and Drug Administration américaine. Cela rendit possible une révolution sexuelle qui ne se mit en place qu'avec la révolution culturelle de 1968. Cette dernière était dirigée contre les structures de domination établies et appelait aussi les femmes à l'autonomie dans leur vie sexuelle. La même année 1968, le pape Paul VI publia l'encyclique *Humanae vitae* qui, suivant la ligne d'Augustin, docteur de l'Église, refusait de considérer la sexualité comme moralement justifiée en dehors de la reproduction. Or, justement, la pilule rendait possible pour les femmes la séparation entre sexualité et reproduction. Le sexe pour jouir de la volupté, qui était interdit par Augustin, devenait possible sans la peur des conséquences et donnait aux femmes la liberté de décider elles-mêmes si et quand elles voulaient un enfant.

Comme je l'ai exposé ailleurs, il s'agissait moins pour Paul VI de la question de la sexualité humaine que de l'autorité et de l'infaillibilité des papes. Le pape Pie XI ne pouvait quand même pas être dans l'erreur lorsque, dans les années 1930, à travers l'encyclique *Casti connubii* conçue pour s'opposer à la doctrine de la conférence anglicane de Lambeth[1], il rejeta comme immoraux tous les modes de contraception (par un moyen mécanique ou par le *coitus interruptus*). En 1968, Paul VI étendit l'interdit à la pilule et, dans sa propre Église, il se heurta ainsi à une résistance durable d'une très grande majorité de catholiques. Pourtant, bien qu'en aucune façon cette doctrine ne puisse s'imposer définitivement, ses successeurs Jean-Paul II et Benoît XVI l'ont confirmée à plusieurs reprises. Et, bien que de nos jours jusqu'à 120 millions de femmes (dont des catholiques) dans le monde utilisent une contraception de type hormonal, celle-ci est encore totalement rejetée par l'Église catholique cinquante ans après la découverte de la pilule (pour le récent conflit autour du préservatif, cf. chap. 1, «Poussée de fièvre» p. 27).

Après les cas Galilée et Darwin, une troisième erreur fit date et elle aussi pousse désormais beaucoup de femmes hors de l'Église catholique. Grâce au planning familial, plus de femmes que jamais auparavant peuvent opter pour des études à l'université – où elles représentent souvent plus de la moitié des étudiants – puisqu'elles peuvent se décider à avoir ou non un enfant. Mais il y a toujours des femmes stériles. Rejeter d'une part toute forme d'avortement mais d'autre part aussi la pilule, pour ensuite et de façon contradictoire se prononcer de plus contre la fécondation artificielle et contre la recherche sur les cellules souches: telles furent d'autres mauvaises décisions du magistère romain. L'attribution du prix Nobel de médecine 2010 au fondateur de l'insémination artificielle Robert Edward, qui a rendu possible la naissance de 4 millions d'enfants, provoqua sans tarder des récriminations dans les sphères vaticanes – des récriminations toutefois sans conséquence de nos jours, puisque

---

1. La conférence de Lambeth est une réunion de l'ensemble des évêques anglicans qui a lieu tous les dix ans, pour délibérer notamment sur des questions sociales.

seule une infime minorité de gens se préoccupe encore de l'opinion du pape dans les questions de bioéthique. Les infaillibles font aussi des erreurs infaillibles – que nul n'est capable de corriger ! Mais ce point touche la prochaine infection romaine.

Troisième virus : l'hostilité de l'Église à la démocratie

La révolution culturelle des Lumières fut suivie par la révolution de la politique, de l'État et de la société. Et la révolution par excellence fut la *Révolution française*. Dépassée la théocratie médiévale incarnée par le pape, dépassée aussi l'autorité d'un prince ou d'un conseil municipal protestants, dépassé finalement l'absolutisme éclairé, prémoderne, d'un Frédéric II (Prusse) ou d'un Joseph II (Autriche). Désormais sonne l'heure de la *démocratie* : désormais, le peuple lui-même (*démos*), incarné par l'Assemblée nationale, est le souverain. Et la nation est devenue la troisième valeur de référence de la modernité.

Après la prise de la Bastille du 14 juillet 1789, la voie était ouverte en France pour la *Déclaration des droits de l'homme et du citoyen* du 26 août 1789 – d'après le modèle américain (1776). Elle est la grande charte de la démocratie moderne, l'un des grands documents de l'histoire de l'humanité en général. Il y eut aussi des membres progressistes du clergé catholique pour participer de façon décisive à la proclamation des droits de l'homme et du citoyen. Cependant, au parlement révolutionnaire, non seulement eux, mais presque la moitié des députés exigèrent qu'avec la déclaration des « droits » soit aussi adoptée une déclaration des « *devoirs* » de l'homme – un souhait qui reste toujours en suspens.

Et Rome ? Pie VI, lui-même un aristocrate, déclara la « Constitution civile du clergé » française de 1791 non valable, et, au nom de la Révélation divine, il rejeta « l'abominable philosophie des droits de l'homme », en particulier la liberté religieuse, de conscience et de la presse, ainsi que l'égalité de tous les hommes. Une décision fatale pour l'Église catholique, bien que sans cesse confirmée par Rome au xixe siècle – et même encore au xxe. L'Église de France paya un lourd tribut pour son refus sans concession de la Révolution. Elle en devint la principale perdante.

Le nouveau calendrier introduit par la Révolution française (1792 = An I), avec une semaine de dix jours et le remplacement du culte chrétien par le culte de la « Raison » (comme déesse), ne put s'imposer sur la durée. La Terreur et la guillotine sous Robespierre suscitèrent l'effroi dans toute l'Europe. Mais certains changements fondamentaux se sont maintenus et, jusqu'à nos jours, ils façonnent la mentalité de beaucoup d'hommes, au moins en France. Le programme de « laïcité », de « sécularisation » de l'État et de la société, est toujours l'idéologie dominante :

– Au lieu de la profession de foi chrétienne, on a la table des droits de l'homme. Au droit canon s'est substituée la Constitution de l'État.

– Au lieu de la croix, on a le drapeau tricolore. Au lieu du baptême, du mariage et de l'enterrement à l'Église, il y a le registre d'état civil de l'État. Au clergé s'est substitué le corps enseignant.

– Au lieu de l'autel et du sacrifice de la messe, on a l'autel de la mère patrie sur lequel le patriote se doit de sacrifier sa vie. Au lieu des noms de lieux et de rues à connotations religieuses, on trouve les noms patriotiques.

– Au lieu du culte des saints, il y a le culte des martyrs héroïques de la Révolution. Au lieu du *Te deum*, on chante *La Marseillaise*.

– Au lieu de l'éthique chrétienne, il y a l'éthique éclairée de la vertu bourgeoise et de l'harmonie sociale.

En France, le résultat fut la *séparation entre les laïcs et le clergé*, et même la formation de deux cultures ennemies. D'un côté, on eut la nouvelle culture militante de référence, républicaine et laïque, de la bourgeoisie libérale au pouvoir.

122

De l'autre côté, la contre-culture ou la sous-culture catholique conservatrice de l'Église, bien implantée, d'abord cléricale et royaliste, puis papiste. La marche de l'Église catholique officielle vers un ghetto culturel avait commencé.

Y avait-il une *alternative*? Dès le début, l'abbé Henri-Baptiste Grégoire avait agi en tant qu'évêque et guide moral de l'Église constitutionnelle (c'est-à-dire favorable à la Révolution) pour la réconciliation entre l'Église et la démocratie, dans l'esprit d'un idéal de la chrétienté primitive. Mais cette alternative n'avait aucune chance de s'imposer face à la résistance de la Curie. Ce n'est qu'au deuxième concile du Vatican que nombre de requêtes de Grégoire finirent par aboutir. Depuis, l'on peut aussi affirmer ouvertement que «liberté, égalité, fraternité» – longtemps diabolisées par Rome – possèdent un fondement dans le christianisme primitif, même si dans l'Église, comme nous l'avons vu, celui-ci fut très tôt surchargé de structures de pouvoir hiérarchiques. La question resta de savoir si à l'avenir l'Église devait être le bastion de la réaction antidémocratique ou, dans le sens de son fondateur, une communauté d'affranchis, foncièrement égaux, une communauté de frères et de sœurs (cf. la lettre aux Galates 3,26-28).

Toutefois, le principe moderne de l'État-nation transmit aussi à l'Europe la très funeste idéologie du nationalisme et plus tard celle de l'impérialisme des guerres de conquête de Napoléon Bonaparte, qui coûtèrent la vie à des centaines de milliers d'hommes. En tout cas, au XIXe siècle, la France ne reste pas la puissance politique déterminante. Pour tout le XIXe siècle, c'est bien davantage la Grande-Bretagne qui fut la première puissance mondiale.

Cette hégémonie est cependant liée à une autre révolution, qui annonce un système d'économie mondiale plus moderne, et même une nouvelle civilisation mondiale. Mais ici encore se pose la question: cela n'a-t-il pas produit la fin méritée de l'hostilité catholique romaine envers la démocratie? *Pensiamo in secoli* («nous pensons en siècles»): cet adage souvent cité au Vatican trahit autant sa conscience de soi orgueilleuse que sa propension récurrente à arriver en retard.

Rechutes : une préférence pour les régimes autoritaires

Chaque fois que dans l'Église l'appel aux réformes devint insistant, une réaction de défense appréciée des opposants à la réforme fut l'affirmation que l'Église n'est pas une démocratie. En fait, les papes du XIXe étaient tout autre chose que de « purs démocrates », ils s'en montraient plutôt des ennemis déclarés ou sournois. Vers la fin de la Seconde Guerre mondiale, face à la victoire des démocraties occidentales, Pie XII dut se résoudre à parler positivement d'une « saine démocratie », qui ne se fonderait pas cependant sur la souveraineté du peuple, mais « sur les principes intangibles du droit naturel et de la vérité révélée » (naturellement compris dans le sens de la Curie, cf. l'allocution de Noël 1944). C'est avec les dictatures d'Italie, d'Espagne, de Portugal et d'Amérique du Sud, qui protégeaient « les droits de l'Église », que le pape travaillait le mieux. Pour l'Italie, même après la Seconde Guerre mondiale, il souhaitait la participation de la monarchie compromise, mais il fut désavoué par référendum. Le fils de la cité romaine qu'était Pacelli fit, en tant que *pontifex maximus*, de ses neveux des *principi*, pratiquant ainsi le népotisme d'ancien style. Il était en principe pour un « État catholique » et ne reconnut la validité de la tolérance que pour des raisons pragmatiques, car il craignait, dans le cas contraire, des effets négatifs pour les catholiques dans les États protestants.

C'est seulement Jean XXIII et avec lui le deuxième concile du Vatican qui se déclarèrent nettement pour la démocratie et les droits de l'homme, ainsi que le pape Paul VI qui, par sa tradition familiale, était un démocrate convaincu. Cependant, le pape polonais ainsi que le pape allemand de la restauration ont volontiers exprimé leurs critiques de la démocratie occidentale (« consumérisme », « dictature du relativisme », récemment « tolérance négative »), sans remarquer que de leur côté ils pratiquaient une dictature absolutiste souvent dénuée de toute tolérance. Cela s'est manifesté par exemple pour la question de l'avortement, où les papes n'acceptent pas la volonté du peuple. Comme cardinal, Joseph Ratzinger tenta de mettre le parlement fédéral allemand sur la question des centres de planning familial[1], et il contraria ce faisant même la CSU, les chrétiens sociaux du parti catholique bavarois. En Pologne, où de toute façon régnait déjà une législation très restrictive par rapport à la pilule, le pape, en usant de la menace dans un discours public, tenta d'empêcher le Parlement d'adopter une loi libérale sur l'avortement. Les deux tentatives échouèrent. C'était un signe que la direction de l'Église romaine se trouvait sur une voie sans avenir. Et c'était en lien avec une autre infection.

Quatrième virus :
l'enthousiasme catholique romain pour la restauration

Au congrès de Vienne de 1814-1815 fut organisé sous la suprématie de la « Sainte-Alliance » des États conservateurs d'Autriche (chancelier Metternich), de Russie et de Prusse le nouvel ordre politique européen après les guerres napoléoniennes. Il sembla alors naturel à la Curie romaine de récupérer ses États pontificaux médiévaux, supprimés par Napoléon. On réintroduisit immédiatement l'économie traditionnelle des *monsignori* en abolissant le système juridique séculier (du Code napoléon) pour réintroduire la législation pontificale

1. En Allemagne, toute femme qui envisage d'avorter doit consulter un centre de planning familial reconnu par l'État (en allemand, *Schwangerschaftskonfliktberatung*, littéralement « conseil pour conflit de grossesse »). Ces centres explorent toutes les possibilités d'éviter l'avortement et délivrent un certificat sans lequel il est illégal. Après le retrait de l'épiscopat allemand de ce système de conseil légal, *Donum Vitae*, une association de chrétiens laïcs, fut créée en septembre 1999 pour maintenir une présence catholique dans ces structures d'aide aux femmes enceintes en difficulté.

prémoderne: sept cents cas d'«hérésie» furent examinés par le Saint-Office (*Sanctum Officium*).

Des théoriciens de la société favorables à la *Restauration*, comme l'Anglais Edmund Burke et le Français Joseph de Maistre, qui écrivit *Du pape*, un livre très lu, soutenaient ce processus. De toute façon, partout en Europe régnait le temps du romantisme, d'abord progressiste puis de plus en plus réactionnaire: il glorifiait les structures sociales médiévales et rejetait les Lumières. Déjà avant la vague révolutionnaire de 1848, où la réaction gagnera encore une fois, la Restauration et le romantisme s'avérèrent être des intermèdes contre-révolutionnaires. Ils ne durèrent que dans l'Église catholique. Ce fut l'apogée du néogothique, du néoromantisme, de la néoscolastique, du néogrégorien.

Or la démocratie poursuivait sa marche triomphale. Un changement fit date: celui des conditions de vie économiques et sociales, que l'on nomme *révolution industrielle*, commençait son expansion; c'était un bouleversement dans le domaine de la technique, des modes de production, de l'énergie, des moyens de transport, de l'agriculture, des marchés, mais aussi dans le domaine des structures sociales et des mentalités; il était lié aussi à l'explosion démographique, à la révolution agraire et à l'urbanisation galopante.

Au cours du xixᵉ siècle, l'*industrie*, rendue possible par la science et la technologie, se développa avec la démocratie – à partir de l'Angleterre. Elle devint la quatrième valeur de référence de la modernité. On parlait alors d'«industriels» et de «société industrielle» bourgeoise et capitaliste, pour laquelle la vertu de l'*industria* («activité») est caractéristique et remplace la société agraire d'une noblesse qui vit dans l'indolence. Toutefois, de ce processus de production industrielle et capitaliste résultait une nouvelle et dure opposition de classes. Les réactions du prolétariat réduit à la misère ne manquèrent pas. Dans la seconde moitié du xixᵉ siècle se développèrent, contre la domination sans frein du capitalisme privé, le *socialisme* et un mouvement ouvrier socialiste – cependant hétérogène (le *Manifeste du parti communiste* date de 1848).

La rupture de tradition provoquée par la démocratisation et l'industrialisation représente un choc pour les Églises de confession catholique, protestante ou anglicane, mais c'est aussi le défi de reconquérir la classe ouvrière perdue grâce à de nouvelles formes d'action ecclésiales. Au XIXe siècle il y eut sans conteste un nouveau sursaut des forces religieuses dans le clergé et parmi les laïcs, dans les ordres religieux, dans les mouvements missionnaires, dans les organismes de charité, dans l'éducation et en particulier dans la piété populaire. En Allemagne notamment, les associations ecclésiales, avec une abondance d'initiatives religieuses, sociales et, indirectement, politiques, en particulier celles de l'Association populaire catholique, en fait la plus grande association catholique du monde, furent typiques de ce siècle. Ainsi se développa dans le catholicisme allemand un important mouvement social ; Mgr Wilhelm Emmanuel von Ketteler (Mayence) surtout fit de l'Église l'avocat des classes inférieures pauvres et dans la détresse. Mais même ces activités sociales internes de l'Église perdirent finalement en crédibilité avec le conflit sur la définition de l'infaillibilité pontificale au concile du Vatican I en 1870-1871, qui mit à l'épreuve surtout des gens instruits, prêtres ou laïcs.

Rechutes : un Index pour abêtir le peuple

Selon la représentation romaine, de quoi un catholique a-t-il besoin pour sa formation religieuse ? Certainement pas de la Bible, que de toute façon le lecteur individuel comprend facilement de travers. Plutôt, et en première ligne, du *catéchisme romain*, qui contient l'essentiel de la doctrine catholique concernant la foi et la morale. De même, le très traditionnel *Catéchisme de l'Église catholique*, rédigé par Ratzinger et Schönborn et promulgué en 1997 par Jean-Paul II, n'ayant jusqu'à présent manifestement pas eu assez de succès, doit désormais être diffusé plus largement par le « Conseil pontifical pour la nouvelle évangélisation », fondé en 2010 par Benoît XVI.

À quoi contribuera aussi une forte vénération de Marie et du pape : la mariolatrie (une vénération émotionnelle de Marie développée dès le Moyen Âge) et le papisme (une vénération émotionnelle du pape inconnue au Moyen Âge et au moment de la Réforme) constituèrent les deux principaux instruments pour maintenir le peuple dans la foi catholique. Au XIXe siècle, ce ne sont pas seulement les pèlerinages chez le « Saint-Père », « au-delà » des monts (l'« ultramontanisme »), qui s'accrurent, mais aussi les apparitions de Marie avec leurs messages de pénitence et, naturellement, leurs nombreuses histoires de miracles en masse. Certes, même les catholiques critiques ont en règle générale peu d'objections contre une vénération de la mère de Jésus maintenue dans le cadre biblique. Mais tout comme Vatican II lors de la discussion du chapitre sur Marie de la Constitution de l'Église, ils s'opposent aux excès intégristes et folkloriques de la vénération mariale.

Mais venons-en à l'Index. Les catholiques fidèles au magistère romain, quels livres n'ont-ils pas le droit de lire ? Aisés à séduire, ils doivent être si possible maintenus dans l'ignorance et rester un « peuple stupide ». D'où des interdictions de livres succédant aux interdictions de livres. La liste officielle des livres interdits aux catholiques, l'*Index librorum prohibitorum*, introduite par la Contre-Réforme, s'est fortement allongée au cours des siècles. Elle contient en fait une grande partie des esprits représentatifs de la modernité européenne, avec l'interdiction d'un ou de plusieurs de leurs livres, voire de tous (*opera omnia*). Aux côtés d'innombrables théologiens, de critiques de l'Église et des fondateurs des sciences de la nature modernes (Copernic et Galilée), il y a les pères de la philosophie moderne : Descartes et Pascal, Bayle, Malebranche et Spinoza, ainsi que des empiristes britanniques comme Hobbes, Locke et Hume ; mais aussi la *Critique de la raison pure* de Kant, bien entendu Rousseau et Voltaire, plus tard

Cousin, John Stuart Mill, Comte, mais aussi les grands historiens Gibbon, Condorcet, Ranke, Taine et Gregorovius. S'y ajoutent Diderot et d'Alembert avec leur *Encyclopédie*, le dictionnaire Larousse, les juristes du droit de l'État et des peuples Grotius, Pufendorf et Montesquieu, enfin le meilleur de la littérature moderne : Heine et Lenau, Hugo, Lamartine, Dumas père et fils, Balzac, Flaubert, Zola, Leopardi et d'Annunzio – de nos jours Sartre et Simone de Beauvoir, Malaparte, Gide et Kazant-zakis… Ce « magistère » et le « bon catholique » ne sauraient se laisser entraîner dans une confrontation critique et constructive avec l'athéisme moderne et la laïcité ; pour se défendre, ils se servirent de clichés apologétiques, de déformations et de condamnations.

Le Saint-Office – le bureau central de la sécurité de la foi catholique, qui est de mieux en mieux organisé – a certes été ramené par la réforme de la Curie du pape Paul VI, en 1965, à une congrégation normale (« Congrégation pour la doctrine de la foi »). Elle ne devait plus (comme indiqué dans le canon 247 § 4 CIC 1917) « interdire » (*prohibere*) des livres, mais seulement les « désapprouver » (*reprobare*). C'est ainsi qu'en passant, et d'abord de façon discrète, l'Index des livres interdits a en fait été supprimé, ce que le redoutable chef de la Congrégation pour la foi d'alors, le cardinal Alfredo Ottaviani, n'a reconnu que quatre mois plus tard dans une interview : l'Index ne serait plus qu'un « document historique ». Mais la suppression de l'Index n'incluait en aucune façon celle de l'Inquisition.

L'attaque frontale de la modernité par le système romain

Le projet d'une définition de l'infaillibilité pontificale fut aussi fortement qu'en vain combattu par l'évêque Ketteler, comme par une grande partie des épiscopats allemands et français et beaucoup de théologiens. Cette discussion montra que la *démocratie moderne*, qui avait supprimé le système absolutiste, et le *système romain* né au xiᵉ siècle, qui enrobait l'absolutisme de religion, se comportaient l'un envers l'autre comme l'eau et le feu.

En effet, considérons ceci : dans une démocratie, les ordres hiérarchiques n'existent plus ; dans le système romain, l'ordre clérical conserve son rang supérieur. Là, il y a le combat pour les droits de l'homme et du citoyen, ici la condamnation des droits de l'homme et des droits des chrétiens dans l'Église. Là, existe la souveraineté du peuple dans une démocratie représentative ; ici, le peuple et le clergé ne peuvent choisir ni les prêtres, ni les évêques, ni le pape. Là, il y a la séparation des pouvoirs (pouvoirs législatif, exécutif et judiciaire) ; ici tous les pouvoirs sont dans les mains des évêques et du pape (la primauté et l'infaillibilité). Là, règne l'égalité devant la loi ; ici, on a un système à deux classes, le clergé et les laïcs. Là, il y a l'élection libre des responsables à tous les niveaux ; ici, c'est la nomination par l'instance supérieure (évêques, pape). Là, règne l'égalité entre les juifs et les autres confessions ; ici, le catholicisme domine comme religion d'État partout où c'est possible.

La stratégie à courte vue de Rome proclame la consolidation à l'intérieur et l'isolation envers l'extérieur ! Inspirée par l'émotion de Pie IX, la forteresse catholique née de et avec la Contre-Réforme mobilise toutes ses forces contre la modernité. Dehors, dans le monde moderne, peuvent bien régner la froide indifférence religieuse, l'hostilité envers l'Église et l'absence de foi ; au-dedans, le papisme et la mariolatrie répandent une chaleur familière : le sentiment de sécurité dû à une piété populaire multiforme, allant des pèlerinages jusqu'aux dévotions mariales de mai en passant par les objets de piété pour les masses.

Le catholique de la seconde moitié du xixᵉ siècle et de la première moitié du xxᵉ siècle semble enveloppé dans une *forme sociale spécifiquement catholique* (Karl Gabriel) : c'est un milieu ou un groupe confessionnel fermé, avec sa propre conception du monde. Il ne remarque pratiquement pas à quel point la structure administrative de l'Église fonctionne de façon bureaucratique et centralisée. Pendant que les structures des organisations ecclésiales sont à la fois modernisées et sacralisées, le clergé – autant que possible séparé du « monde » – est plus discipliné que jamais. Tout cet ensemble forme un système catholique romain enfermé dans sa façon de voir, qui légitime d'une part la mise à distance du monde moderne et d'autre part le droit d'exercer un *monopole sur une interprétation du monde et une doctrine morale ultimes.*

Le développement non synchrone entre l'Église et la modernité est frappant : six ans avant le premier concile du Vatican, Pie IX avait déjà publié une encyclique (*Quanta cura*) de part en part conservatrice ; elle était accompagnée d'un *Syllabus errorum modernorum*, un *Recueil des erreurs modernes* – au nombre de quatre-vingts. Tout bien considéré, c'était une défense intransigeante des structures de pouvoir et d'enseignement du Moyen Âge et de la Contre-Réforme, et en même temps une déclaration de guerre totale contre la modernité. Elle culminait avec la condamnation de la proposition suivante, la dernière : le pontife romain peut et doit « se réconcilier et s'accorder avec le progrès, le libéralisme et la civilisation moderne ». Après la sortie des réformateurs, puis des scientifiques et des philosophes modernes, une émigration hors de l'Église catholique de nombre d'intellectuels et d'ouvriers était alors devenue largement inévitable.

Cependant, rien ne pouvait arrêter le cours de l'histoire. Impressionnées ni par le *Syllabus* ni par la définition du pouvoir absolu donné au pape et de son infaillibilité, deux mois plus tard, le 20 septembre 1870, les troupes italiennes envahirent Rome sans encombre. Puis, un référendum à Rome se prononça contre le pape avec une écrasante majorité. Le concile, interrompu par la guerre franco-allemande, resta sans suite. Cependant, dans l'épiscopat et dans les facultés de théologie, la résistance contre le dogme de l'infaillibilité s'essouffla vite. Carl Joseph Hefele, historien des conciles à Tübingen et évêque de Rottenburg, s'inclina en dernier. Il ne voulut pas se rallier à l'Église vieille-catholique, appelée aussi catholique-chrétienne[1], en train de se constituer.

L'Église catholique romaine a-t-elle pour autant définitivement opté contre la modernité ? Un fait n'a guère été pris en considération par Rome : c'est que l'histoire de l'Europe s'est de longue date déjà élargie à l'histoire du monde.

Rechutes : Rome et la Chine communiste

J'ai déjà parlé de la mission catholique en Chine aux XVIe-XVIIe siècles et de son pionnier, le jésuite Matteo Ricci, ainsi que de la mauvaise décision prise alors par le pape. Par rapport à la Chine du XXe siècle, une nouvelle erreur d'appréciation de la politique mondiale par le magistère romain a aujourd'hui encore de graves conséquences : je parle de la réaction envers la révolution chinoise. La *Proclamation de la République populaire de Chine*, le 21 septembre 1949, par Mao Zedong, était en grande partie une réaction contre le nationalisme, le colonialisme et l'impérialisme européens, et aussi contre les missions chrétiennes connexes. Ce fut une catastrophe pour l'Église catholique : expulsion de milliers de missionnaires étrangers, confiscation des biens d'Église, à l'exception des églises construites.

L'État communiste totalitaire de Chine voulait mettre un terme à toute influence étrangère (c'est-à-dire vaticane) sur les Églises. Les chrétiens chinois n'avaient donc comme possibilité que de se rallier au « Mouvement des trois autonomies » : *auto-entretien, autogestion, autoexpansion* des Églises – ou d'entrer

---

1. Il s'agit de l'Union catholique internationale d'Utrecht, formée en 1870. Elle regroupe des catholiques qui rejettent le dogme de l'infaillibilité pontificale et la primauté de juridiction romaine.

dans la clandestinité. Les Églises protestantes se rallièrent au mouvement et purent se développer avec une certaine aisance. Pie XII rejeta radicalement les « trois autonomies » – ce que par opportunisme il ne fit pas contre Hitler et compagnie ! – et excommunia tous les communistes chinois ainsi que tous les communistes italiens. La scission de l'Église catholique de Chine en une Église officielle « patriotique » et une Église fidèle à Rome mais « clandestine » en fut la conséquence. Pie XII excommunia aussi environ cinquante évêques légalement choisis par l'Église patriotique et se tourna résolument vers Taiwan. Les relations entre la Chine et le Vatican étaient bloquées.

Depuis la mort de Mao en 1976, le gouvernement et le parti de la République populaire soutiennent une politique religieuse plus pragmatique. Beaucoup de catholiques chinois aimeraient ne pas avoir à choisir entre Pékin et Rome. Ils souhaitent être en relation avec le pape et l'ensemble de l'Église, mais ils sont en même temps enracinés dans leur Église chinoise locale. Ils trouvent que, des deux côtés, les polémiques sont inutiles ; le Vatican serait bien trop fixé sur l'Église clandestine et ne verrait pas à quel point la société chinoise est devenue pluraliste. Depuis 2004, selon les données officielles, chaque année environ 100 000 Chinois ont rejoint l'Église catholique et 300 nouvelles églises ont été construites, leur nombre total atteignant ainsi 6 300. Vingt-cinq évêques ont été ordonnés. Et il y a officiellement 6 millions de catholiques dans la République populaire ; beaucoup plus, bien sûr, si l'on inclut aussi les membres de l'Église clandestine.

Mais une normalisation définitive entre la République populaire et Rome ne serait possible que si le Vatican reconnaissait comme légitimes les évêques consacrés légalement par l'Église officielle. Le modèle suisse de désignation des évêques, présenté dans ce livre, pourrait aussi, comme le ministre chinois des Religions me le confirmait tout récemment à Pékin, suggérer une solution pour la Chine : désignation de l'évêque dans son propre pays, approbation par Rome.

Autant la situation de l'Église en Chine est différente de

celle d'Europe, autant elle est différente en Amérique latine, en Inde, en Indonésie ou en Afrique. Cela soulève la question fondamentale : nos analyses développées ci-dessus ne seraient-elles en réalité valables que pour le christianisme européen et américain, mais non pour d'autres pays et d'autres cultures ?

L'analyse de l'histoire de la maladie vaut-elle uniquement pour le monde occidental ?

Il est vrai que l'histoire du Moyen Âge et de la Réforme n'a pas, pour les pays non européens, la même pertinence que pour les Européens et les Nord-Américains. L'Amérique latine, l'Asie, l'Afrique et l'Océanie ne furent d'abord que l'objet d'une colonisation et d'une évangélisation parties de l'Europe, et non les sujets d'une spiritualité, d'une théologie et d'une pratique chrétiennes dès l'origine.

Durant les temps modernes européens, l'expansion religieuse et économique, soutenue par des intérêts militaires, a, au nom de Jésus-Christ, détruit d'une façon délibérée et planifiée d'autres religions et d'autres cultures, surtout en Amérique latine. De nos jours, de nombreux chrétiens le déplorent, mais la hiérarchie catholique a rarement reconnu cela comme une faute de l'Église. Au lieu d'un aveu clair de l'histoire des fautes monstrueuses de l'Église et de sa part de responsabilité dans les conditions sociales misérables des pays concernés, Jean-Paul II a baisé la terre de chacun de ces pays. Mais pour le reste, il n'a admis aucune remise en question. Et même, lors de son premier voyage en Amérique du Sud, Benoît XVI est allé jusqu'à prétendre, contre toute vérité et presque avec cynisme, qu'au XVIᵉ siècle la population indienne d'Amérique latine désirait ardemment l'évangélisation par le conquérant espagnol et portugais. La théologie de la libération latino-américaine a pourtant attiré l'attention sur beaucoup de dysfonctionnements sociaux et culturels, mais elle fut pour cela punie par le cardinal Ratzinger, alors préfet de la Congrégation pour la foi. Ses sympathisants parmi les évêques furent remplacés par des membres de l'Opus Dei et par d'autres personnalités réactionnaires.

Cependant, de nos jours, les Européens et les Américains ouverts de toutes confessions ne tolèrent plus que les Églises chrétiennes des autres continents, récentes ou implantées depuis longtemps, soient tenues en laisse. Ils rejettent un impérialisme romain qui veut astreindre toutes les Églises à un système de droit et de piété médiéval dépassé. Au XXe siècle, surtout après la Seconde Guerre mondiale, les nations de l'hémisphère Sud sont devenues des acteurs autonomes de la politique mondiale, qui concurrencent sans vergogne les puissances occidentales en politique et en économie. Bref : le paradigme eurocentrique a été remplacé par un paradigme polycentrique.

Il est d'autant plus important que dans ses réflexions la théologie occidentale montre que la constitution de l'Église primitive et celle de la grande tradition catholique du premier millénaire correspondent mieux à la conception démocratique de l'époque actuelle. C'est seulement ainsi qu'il deviendra possible d'apprendre des autres religions et de mettre en valeur les autres cultures dans une Église vraiment universelle. Dans le respect de l'histoire des autres religions, les richesses, souvent évincées, des autres cultures peuvent être accueillies pour approfondir notre propre pratique. L'Église peut alors, sans amalgame ni syncrétisme, intégrer d'autres traditions d'esthétique, de méditation et de liturgie : c'est l'inculturation du christianisme dans des contextes divers.

Rome devrait donc admettre de laisser une *autonomie convenable* aux diverses *Églises nationales, régionales ou locales*. Les Églises doivent pouvoir façonner dans d'autres cultures leurs styles de vie et d'organisation, sous leur propre responsabilité. C'est une condition préalable pour leur contribution à la solution des problèmes sociaux immenses qui se posent dans ces continents, par exemple celui de la surpopulation.

En 2011, la population mondiale a dépassé la barre des

7 milliards. Ce qui représente près de 80 millions d'individus de plus que l'année précédente. L'accroissement vient surtout des pays en développement, où vivent 82 % de la population mondiale. L'expansion démographique est la plus forte en Afrique. Quelle aide pour combattre l'immense pauvreté à ses racines ce serait si le pape et les évêques, face aux 75 millions de femmes des pays en développement enceintes sans l'avoir voulu, favorisaient l'accès à l'éducation sexuelle et à la contraception, et annonçaient aussi que le préservatif est permis pour combattre l'épidémie du sida ! Que par conséquent, personne ne dise que, pour les questions de morale sexuelle ou encore de célibat (et face au manque de prêtres dans les pays en développement) ou de divorce (face aux nombreuses traditions polygames, etc.), il s'agit uniquement de problèmes du monde occidental.

Pendant trop longtemps, à Rome, on n'a pas voulu prendre en compte les grands problèmes sociaux. On faisait une fixation sur la conservation et l'expansion du pouvoir romain. Depuis le concile Vatican I, l'affrontement autour de l'orientation future de l'Église catholique s'était aggravé. Le concile, soudainement interrompu de 1870, appelait formellement une reprise – ou un deuxième concile. Pourtant, près de quatre-vingt-dix années devaient s'écouler avant que, dans un contexte mondial totalement différent, un pape ouvert aux problèmes du monde moderne et à l'œcuménisme le convoque.

5

Une vaste opération de sauvetage

La Réforme et la modernité
rattrapées seulement à moitié

Comment sauver l'Église ?
Entre modernisme et antimodernisme

L'histoire du christianisme est infiniment plus riche que l'histoire de l'Église catholique, et celle-ci infiniment plus riche que l'histoire de la papauté. Or aux XIXᵉ-XXᵉ siècles justement l'histoire de l'Église catholique est pour une part essentielle l'histoire de la papauté. Pour commencer, des décennies durant les papes jouèrent le rôle de « prisonnier au Vatican », bien que leur propre dogme : *non possumus*, « nous ne pouvons pas » abandonner le Vatican, ni accepter la nouvelle situation de l'État et de l'Église en Italie les gênât considérablement. Malgré leurs réalisations positives, leur position restait ambivalente, même pour les réformes internes à l'Église.

Léon XIII (1878-1903), successeur de Pie IX, plus ouvert que le pape de l'infaillibilité, ne fit pas valoir cette dernière. Il mit fin au *Kulturkampf*[1] avec l'Empire allemand et d'autres pays, et corrigea l'attitude négative de Rome envers la modernité, la démocratie et les libertés politiques. N'étant plus responsable d'États pontificaux arriérés, il publia tardivement – plus d'un

---

1. Littéralement « combat pour la civilisation » : conflit entre la papauté et Bismarck, provoqué par les mesures de ce dernier contre le *Zentrum* (parti catholique du centre), qui semblait être une menace pour l'unité de l'Empire (un conflit similaire existait avec la Suisse et l'Autriche).

137

demi-siècle après le *Manifeste du parti communiste* – l'encyclique sociale *Rerum novarum* (1891), la base de la doctrine sociale catholique, qui se développa à partir de ce moment-là. Mais vers la fin de son pontificat, des tendances rétrogrades se manifestèrent, surtout à travers des mesures contre l'exégèse moderne.

Pie X (1903-1914), de tempérament pastoral, se préoccupa d'améliorer la formation dans les séminaires et de faire en sorte que les croyants communient plus régulièrement. Mais, en même temps, il réprima toute réconciliation de la doctrine catholique avec les sciences modernes et mit en route une opération de purification antimoderne de grand style, une véritable chasse aux sorcières qui visa tous les théologiens réformistes, en particulier des exégètes et des historiens affublés de l'étiquette infamante de «moderniste». Un nouveau *syllabus* des erreurs modernes ainsi qu'une encyclique antimoderne (1907), et même un «serment antimoderniste» (1910), long de plusieurs pages, imposé à l'ensemble du clergé catholique, étaient censés éliminer une fois pour toutes les «modernistes». Une organisation secrète de la Curie (la Sapinière ou *Sodalitium Pianum*), semblable à l'actuel *Opus Dei*, l'aida pour espionner et dénoncer des évêques, des théologiens et des hommes politiques. Il est typique que précisément ce «père pas très saint» à bien des égards ait été canonisé en 1954 par Pie XII.

Benoît XV (1914-1922), un homme modéré, liquida cette organisation antimoderne et secrète de la Curie, qui empoisonnait tout. Durant la Première Guerre mondiale, il fit d'intenses mais infructueux efforts de médiation. Mais il approuva aussi – sans avoir l'assentiment de l'ensemble de l'épiscopat mondial – le nouveau *Codex Juris Canonici* (1917) préparé sous son prédécesseur. Le système romain centraliste sembla ainsi être juridiquement sanctifié et sanctuarisé.

Pie XI (1922-1939), érudit et réaliste, résolut la «question romaine», en suspens depuis 1870 : il passa avec le *duce* fasciste Benito Mussolini les accords du Latran (1929), selon lesquels le pape renonce aux grands États pontificaux et se contente du mini-État du Vatican. À cette occasion, tous les anciens droits furent acquittés pour une énorme somme d'argent, base de la fortune actuelle du Vatican. Pie XI encouragea d'une part le clergé local dans les missions, d'autre part l'«Action catholique» des laïcs, qui devait cependant se contenter d'être le bras droit de la hiérarchie. En même temps il publia une encyclique anti-œcuménique (*Mortalium animos*, 1928) qui justifiait l'interdiction faite aux catholiques de prendre part à la grande conférence œcuménique de Lausanne. Plus funeste fut l'encyclique opposée au contrôle des naissances (*Casti connubii*, 1930) – publiée en réaction contre la prise de position de la conférence anglicane de Lambeth ; elle deviendra plus tard un argument essentiel pour justifier l'«infaillible» consensus du pape et des évêques quant à cette doctrine. Le «concordat d'Empire» avec l'Allemagne de Hitler, immédiatement après l'accession du Führer au pouvoir en 1933, conféra à ce dernier une aura sans précédent sur la scène internationale. Mais l'encyclique, en allemand, *Mit brennender Sorge* («Avec une brûlante inquiétude», 1937), condamna l'idéologie national-socialiste ainsi que sa politique et les violations du concordat qu'elle comportait. Les deux évènements relevaient déjà en partie de la responsabilité de celui qui était alors nonce en Allemagne : le futur cardinal secrétaire d'État, Eugenio Pacelli. En 1939, à la veille de la Seconde Guerre mondiale, il entrait en fonction comme pape Pie XII.

Pie XII fut-il un pape saint ?

Pie XII (1939-1958) fut le dernier représentant incontesté du paradigme médiéval, de celui de la contre-Réforme et de celui des temps modernes. Sur la ligne de Pie IX, il procéda avec beaucoup d'assurance, malgré de nombreuses objections, à la définition d'un second dogme marial «infaillible», totalement

139

inutile (la réception corporelle de Marie au Ciel, 1950). En même temps il interdit les prêtres-ouvriers français et l'enseignement des plus remarquables théologiens – notamment français – de son temps, dont Teilhard de Chardin, Yves Congar et Henri de Lubac. Mais dès le début il évita une condamnation publique du national-socialisme et de l'antisémitisme et une excommunication des criminels nazis catholiques.

Cet authentique germanophile était un diplomate ecclésiastique d'orientation surtout juridique et diplomatique, et non théologienne ou évangélique, et il lui manquait l'expérience pastorale. Il n'agissait pas de façon pastorale et humaine, mais restait toujours axé sur la Curie et l'institution. Depuis son expérience choc comme nonce à Munich (avec la «République des conseils» en 1918), il craignait tout contact physique avec le communisme et il en avait peur ; profondément autoritaire et antidémocrate (un «catholicisme dictatorial»), il était pour ainsi dire prédisposé à une alliance pragmatique et anticommuniste avec le totalitarisme nazi, mais aussi avec les régimes fascistes d'Italie, d'Espagne et du Portugal. Pour ce diplomate de métier, indéniablement bien intentionné, il s'agissait toujours de la liberté et du pouvoir de l'institution Église (Curie, hiérarchie, corporations, écoles, associations catholiques, liberté de pratique religieuse). À l'inverse, tout au long de sa vie, les droits de l'homme et la démocratie lui restèrent complètement étrangers.

Pour Pacelli le Romain, Rome, encore et toujours Rome, était la nouvelle Sion, le centre de l'Église et du monde. Jamais il ne manifesta une quelconque sympathie personnelle pour les juifs, voyant plutôt en eux le peuple déicide. Comme représentant triomphaliste d'une idéologie proromaine, il considérait le Christ comme un Romain et voyait Jérusalem remplacée par Rome. C'est pourquoi, avec l'ensemble de la Curie romaine, il fut dès le début contre la fondation d'un État juif en Palestine.

Pacelli était conscient des affinités entre sa propre conception autoritaire (antiprotestante, antilibérale, antisocialiste et antimoderne) de l'Église et une conception autoritaire, c'est-à-dire fasciste ou nazie, de l'État : il voulait « unité », « ordre », « discipline » et *Führerprinzip*[1], tant sur le plan surnaturel et ecclésial que sur le plan naturel et étatique ! Pie XII qui, en tant que pape, était aussi son propre secrétaire d'État, surestimait outre mesure la diplomatie et les concordats. Au fond, il ne connaissait que deux objectifs politiques : le combat contre le communisme et le combat pour le maintien de l'institution Église. La pénible question juive était pour lui quantité négligeable[2]. Certes, par des démarches diplomatiques et des aides caritatives, il était intervenu, en particulier vers la fin de la guerre, pour sauver des individus juifs ou des groupes de juifs, surtout en Italie et à Rome. Dans deux allocutions de 1942-1943, de façon brève, générale et abstraite, il avait déploré le sort des « malheureux » persécutés à cause de leur race. Mais ce pape ne prononça jamais publiquement le mot « juif ». Et de même que Pacelli ne protesta ni contre les lois raciales de Nuremberg (1935), ni contre le pogrom du Reich que fut la « Nuit de cristal » (1938), il ne protesta pas contre l'attaque italienne de l'Éthiopie (1936) et de l'Albanie (le Vendredi saint de 1939), et finalement il ne protesta pas contre le déclenchement de la Seconde Guerre mondiale, avec l'attaque de la Pologne le 1er septembre 1939 par les criminels nazis.

Qu'une protestation n'eût pas été inutile a été clairement affirmé par Konrad Adenauer, le futur chancelier fédéral, et c'est aussi ce qu'avaient d'ailleurs montré la protestation publique de l'évêque de Münster, Clemens August von Galen, contre le monstrueux « programme d'euthanasie » (1941), tout comme l'intervention pour les juifs des évêques luthériens du Danemark. Mais Pie XII évita toute protestation publique contre l'antisémitisme. Même très bien informé, il *garda le silence* sur les notoires criminels de guerre allemands partout en Europe,

---

1. Principe nazi énoncé par Hitler, selon lequel tout le peuple doit s'en remettre à son chef ou guide (*Führer*) suprême.
2. L'expression « quantité négligeable » est en français dans le texte

finalement aussi *sur la Shoah*, le plus grand massacre collectif de tous les temps. Il n'a pas publié l'encyclique contre le racisme et l'antisémitisme déjà élaborée sous son prédécesseur.

Qu'importe le jugement à porter sur la responsabilité personnelle de Pie XII et sur ses autres actions : peut-on, comme le préconisèrent le pape Jean-Paul II et maintenant le pape Benoît XVI, déclarer ce pape saint? Sa canonisation serait, comme celle de Pie IX – l'ennemi des juifs, des protestants, des droits de l'homme, de la liberté religieuse, de la démocratie et de la culture moderne ! – une farce vaticane et un désaveu des plus récents repentirs du pape. « Non, ce n'est pas un saint », nous disait au *Collegium Germanicum* même son fidèle secrétaire privé, le père jésuite Robert Leiber, et ce du vivant même du pape, « non, ce n'est pas un saint, mais un grand homme d'Église ». Pie XII voulut prolonger sa vie avec de douteuses pratiques médicales... alors que les dernières années avant sa mort, en 1958, furent pour l'Église des années de léthargie, dans une atmosphère étouffante. Mais le pape suivant créera la surprise générale.

La revitalisation de l'Église : Jean XXIII

Jean XXIII, Angelo Giuseppe Roncalli, successeur de Pie XII, fut élu le 28 octobre 1958. Avec ses 77 ans, il passait pour un « pape de transition », mais, dans un sens tout différent, il devint le pape d'une transition entre deux époques (d'un « changement de paradigme »). Il fit sortir l'Église de sa torpeur intérieure et lui donna un second souffle. Il est (pas seulement pour moi) le pape le plus important du XXe siècle, et son pontificat d'à peine cinq années s'est avéré être un véritable « service de Pierre », au sens biblique du mot. Il voulait ouvrir les fenêtres de l'Église. À une Église prisonnière et malade du paradigme du Moyen Âge, de la Contre-Réforme et de l'antimodernisme, et contre une forte résistance de la Curie, il montra le chemin du *renouveau* (*aggiornamento*) pour une proclamation de l'Évangile adaptée à notre temps, une entente avec les autres Églises chrétiennes, une ouverture envers le judaïsme et les autres religions du monde. Mais aussi les contacts avec les pays de l'Est, une justice sociale internationale (encyclique *Mater et magistra*, 1961), l'ouverture au monde moderne en général et l'approbation des *droits de l'homme* (encyclique *Pacem in terris*, 1963). Par son attitude collégiale, il renforça le rôle des évêques. En tout cela, le pape Jean manifesta une *nouvelle compréhension pastorale du ministère du pape*.

C'est surtout la nouvelle position de Roncalli envers le *judaïsme* qui, opposée dans un fort contraste à celle de Pacelli, fut historiquement significative. En tant que délégué apostolique en Turquie, il avait sauvé la vie de milliers de juifs de Roumanie et de Bulgarie. Élu pape en 1958, il fit dès l'année suivante ce que ses prédécesseurs avaient toujours refusé : enlever des prières liturgiques du Vendredi saint l'invocation contre les « Juifs infidèles » (*oremus et pro perfidis Judaeis*) au profit de prières favorables aux juifs. Le premier il reçut un groupe de plus d'une centaine de juifs américains et les salua avec les mots du Joseph biblique en Égypte : « Je suis Joseph[1], votre frère ! » Un jour il fit spontanément arrêter sa voiture près de la synagogue de Rome pour bénir les juifs en train d'en sortir. Même le grand rabbin de Rome, avec de nombreux juifs croyants, alla, la nuit avant la mort de ce pape, prier pour lui avec les catholiques massés sur la place Saint-Pierre.

Mais l'action la plus riche de conséquences historiques de Jean XXIII fut l'annonce, le 25 janvier 1959, du *deuxième concile du Vatican* (1962-1965). Elle surprit le monde entier. Ce concile corrigea Pie XII sur presque tous les points décisifs : réforme de la liturgie, œcuménisme, anticommunisme, liberté religieuse, « monde moderne » et surtout position envers le judaïsme. Encouragés par le pape Jean, les évêques montraient

---

1. L'un des prénoms du pape est Giuseppe, l'équivalent italien de Joseph.

enfin de nouveau de l'assurance et s'éprouvaient comme un collège ayant une autorité apostolique autonome.

Finalement, contre la véhémente opposition de la Curie, antijuive par tradition, la déclaration *Nostra aetate* sur les *religions du monde* fut votée vers la fin du Concile. Pour la première fois, toute « faute collective » du peuple juif d'alors (ou même d'aujourd'hui !) en raison de la mort de Jésus est strictement désavouée par un concile. On prend position contre un rejet ou une malédiction de l'ancien peuple de Dieu. Et même, toutes « les haines, les persécutions et les manifestations d'antisémitisme qui, quels que soient leur époque et leurs auteurs, ont été dirigées contre les Juifs » sont déplorées, en même temps que « la connaissance et l'estime mutuelles » sont promises. Ainsi le Concile a-t-il finalement suivi les intentions de Jean XXIII et de toute façon atteint des sommets dans la réforme.

Deux fructueux changements de paradigme : Vatican II

Malgré les difficultés et les entraves immenses de la part du système romain, le Concile a tenté de concevoir deux changements de paradigme en même temps :

– *Intégration du paradigme réformateur* : la part de responsabilité catholique dans la scission de l'Église et la nécessité d'une réforme permanente sont reconnues. En même temps, une série de demandes protestantes centrales sont – au moins en principe – acceptées, mais souvent aussi pleinement mises en pratique : revalorisation de la Bible dans la messe, la théologie et la vie religieuse, comme d'ailleurs dans la vie des croyants individuels. Il y aura une vraie messe du peuple, en langue vernaculaire, et une célébration eucharistique renouvelée et tournée vers la communauté. Les laïcs seront réhabilités dans les conseils paroissiaux et diocésains, et il y aura de nouveaux profils professionnels pour des hommes et des femmes ayant

144

une formation complète en théologie (ce sont les «référents pastoraux»). L'Église doit s'adapter aux données nationales et locales en mettant l'accent sur les Églises locales et les conférences épiscopales nationales. Finalement, sera mise en œuvre une réforme de la piété populaire et beaucoup de formes de piété spécifiques issues du Moyen Âge, de l'âge baroque et du XIXe siècle n'auront plus cours.

– *Intégration du paradigme moderne* : beaucoup de demandes des Lumières sont acceptées. La liberté de conscience et la liberté religieuse sont nettement approuvées, de même que les droits de l'homme en général – trop longtemps condamnés, encore en 1953 par Pie XII. Il y a reconnaissance de principe d'une part de responsabilité pour l'antisémitisme et une volte-face positive en faveur du judaïsme, qui est la racine du christianisme. Mais on aura aussi une nouvelle position constructive envers l'islam et envers les autres religions du monde. Une possibilité de salut principielle est reconnue même en dehors du christianisme, même pour les athées et les agnostiques qui agissent en conformité avec leur conscience. Une nouvelle position de principe, positive, est adoptée envers le progrès moderne, longtemps proscrit, le monde séculier, la science et la démocratie.

Toutefois, dès le début, la machinerie de la Curie tenta tout pour garder le Concile sous contrôle. D'où de perpétuels accrochages entre le Concile et la Curie. Jean XXIII, hélas, mourut dès après la première session du Concile, à 82 ans – bien trop tôt. Roncalli fut relayé par le sérieux mais indécis («Hamlet») pape Paul VI Montini (1963-1978) qui, à cause de l'ensemble de sa carrière, fut néanmoins en fin de compte plutôt du côté de la Curie que du Concile.

Il est clair aujourd'hui que le *système romain*, qui s'était imposé au XIe siècle avec la réforme grégorienne et avait attribué au pape et à la Curie un pouvoir absolu dans l'Église, et qui avait été une première fois *ébranlé* au concile de Constance, et qui avait été de nouveau par le deuxième concile du Vatican, *ne fut pas écarté.* On s'est accommodé *tacitement* du fait que le système absolu de gouvernement romain était strictement refusé autant par les Églises orthodoxes d'Orient que par les Églises de la Réforme, ainsi que par beaucoup de catholiques réfléchis.

Les sujets occultés furent fatals pour la suite du Concile. Ainsi, il était exclu ne serait-ce que de discuter du mariage des prêtres. On parla tout aussi peu du divorce, d'une réorganisation de la nomination des évêques, d'une réforme de la Curie et moins encore de la papauté elle-même. En un seul et même jour, on eut trois interventions d'importants cardinaux en faveur d'une doctrine sur la régulation des naissances (contraception) plus compréhensive. Mais le pape mit immédiatement un terme à la discussion – cette affaire (tout comme la question des mariages interconfessionnels) étant renvoyée à une commission pontificale. Plus tard, cette dernière trancha contre la doctrine romaine traditionnelle, mais avec l'encyclique *Humanae vitae* de 1968, elle fut débordée par le pape lui-même. Sans beaucoup de succès: depuis l'introduction de la pilule il y a un demi-siècle, comme on le sait, plus de 200 millions de femmes dans le monde ont utilisé cette méthode contraceptive, rendue possible précisément par deux bons catholiques (John Rock et Pasquale DeFelice).

Au lieu du renouveau, la restauration: Paul VI

La revitalisation et la guérison de l'Église catholique ainsi que l'entente œcuménique avec les autres Églises chrétiennes voulues par Jean XXIII et le Concile ont – malgré les concessions sur les formes liturgiques – tourné court. En même temps s'installera la perte de crédibilité de la hiérarchie ecclésiastique, qui a atteint une ampleur dramatique en 2010. En 1967 déjà se profilait la contradiction romaine typique entre «politique extérieure» et «politique intérieure». On était progressiste au-dehors (où cela ne coûte rien à l'Église), ainsi dans l'encyclique *Populorum*

146

progressio. Mais on était réactionnaire au-dedans (où l'Église elle-même est concernée), comme le montre la même année l'*encyclique sur le célibat* (*Sacerdotalis coelibatus*) : la liberté totale de la vocation au célibat, conforme à l'Évangile, est de nouveau rejetée par le pape Paul VI et donc, en se référant à ce même Évangile, une loi opprimant la liberté est maintenue.

C'était la première fois après le Concile qu'un pape prenait de nouveau, de façon autoritaire et préconciliaire, une décision solitaire, avec un total mépris de la collégialité des évêques solennellement adoptée par le Concile, et justement sur une question dont il avait lui-même interdit la discussion au Concile – une question de la plus haute importance pour l'Église des continents, pauvres en prêtres, d'Amérique latine, d'Afrique et d'Asie. De nouveau, il n'y eut aucune tempête de protestation de la part de l'épiscopat, ouvertement brusqué pour la première fois depuis le Concile ; seuls quelques rares évêques, en Belgique et au Canada, élevèrent la voix en faveur de la collégialité.

Malgré l'impulsion du Concile, il est manifeste que durant la période postconciliaire la modification, dans l'esprit du message chrétien, de la structure institutionnelle et personnelle du pouvoir autoritaire exercé par la direction de l'Église n'avait pas réussi à s'imposer de manière décisive : avec des conséquences inéluctables, le pape, la Curie et la plupart des évêques se comportaient de façon autoritaire, quasi préconciliaire. Ils semblaient avoir peu appris du processus conciliaire. À Rome comme ailleurs dans l'Église, des personnalités plus intéressées par la possession du pouvoir et le *statu quo* confortable que par un sérieux renouveau dans l'esprit de l'Évangile et de la collégialité restaient aux leviers de commande du pouvoir spirituel.

Pour de nombreuses décisions, grandes ou petites, on ne cessait d'en appeler à l'Esprit-Saint et aux pleins pouvoirs apostoliques prétendument donnés par le Christ. Jusqu'à quel point ? Tout le monde le comprit lorsqu'en 1968 Paul VI, avec une autre encyclique catastrophique, précipita l'Église dans la crise de crédibilité qui perdure depuis : je parle de l'encyclique

Humanae vitae contre les moyens contraceptifs. Cette encyclique représente le premier cas dans l'histoire de l'Église du XXᵉ siècle où, sur une affaire importante, une large majorité du peuple et du clergé refuse d'obéir au pape. Pourtant, d'après la doctrine romaine, il s'agissait en fait d'un enseignement « infaillible » du magistère « ordinaire » (habituel) du pape et des évêques (selon l'art. 25 de la constitution sur l'Église du concile Vatican II). Il y eut plus tard un cas analogue avec le fatal rejet pour l'éternité par Jean-Paul II de l'ordination des femmes – rejet lui aussi explicitement déclaré « infaillible ».

Après Paul VI, tout à fait tolérant sur certains points, et après le pape de trente-trois jours, Jean-Paul I, décédé dans des circonstances inexpliquées, un tout autre pape vint au pouvoir le 16 octobre 1978 : un pape polonais, le premier pape non italien depuis Adrien VI (au XVIᵉ siècle).

Rechute dans la constellation préconciliaire : Jean-Paul II

Dès le début, Jean-Paul II se présenta à l'opinion mondiale comme un homme de caractère profondément enraciné dans la foi chrétienne, comme un impressionnant champion de la paix, des droits de l'homme, de la justice sociale et plus tard aussi du dialogue interreligieux – et en même temps aussi comme le champion d'une Église forte. Un homme sans nul doute doté d'un charisme, qui sut de manière remarquable, y compris dans l'aisance avec les médias, satisfaire l'aspiration des masses à un modèle moralement digne de confiance – c'est devenu si rare dans le monde actuel ! Il devint étonnamment vite une superstar des médias, et pour beaucoup dans l'Église catholique avant tout une sorte d'idole vivante.

Cependant, on ne doit pas se laisser abuser par des manifestations de masse bien organisées ni par des mises en scène médiatiques du sacré gérées par des spécialistes. En comparaison des sept « années grasses » de l'Église catholique – celles qui coïncident avec le pontificat de Jean XXIII et Vatican II (1958-1965) –, les quatre fois sept années du pontificat de Wojtyla ont en substance plutôt l'air maigres : malgré moult discours et «pèlerinages» onéreux (avec des dettes de plusieurs millions laissées à certaines Églises locales), il y eut peu de progrès sérieux dans l'Église catholique et dans l'œcuménisme.

Bien que n'étant pas italien, mais d'un pays où, à cause de la pression de grandes puissances étrangères (les Habsbourg, la Prusse et la Russie), ni la Réforme ni les Lumières ne purent s'imposer, Jean-Paul II était tout à fait du goût de la Curie. Comme cardinal, il se fit remarquer dans la pointilleuse Commission de la régulation des naissances par de constantes absences, mais il intriguait en coulisses avec des lettres. Comme pape, avec son charisme rayonnant et son talent d'acteur gardé intact depuis sa jeunesse, il offrait au Vatican ce que possédera bientôt la Maison-Blanche avec Ronald Reagan : le «grand communicateur» médiatique qui sait par son charme, son allure sportive et ses gestes symboliques rendre acceptable même la doctrine ou la pratique la plus conservatrice.

Car le changement de climat lié à ce pape se fit d'abord sentir aux prêtres demandant leur retour à l'état laïc (souvent en vain à partir de son arrivée), puis aux théologiens, mais très vite aussi aux évêques et finalement aux femmes. Quelles étaient dès le début, en dépit de toutes les assurances verbales, les véritables intentions de ce pape, cela devint alors de plus en plus évident, même pour ses admirateurs : le mouvement conciliaire devait être freiné, la réforme ecclésiastique interne stoppée, la franche entente avec les Églises d'Orient, les protestants et les anglicans remplacée par la vieille stratégie de repli, le dialogue avec le monde moderne se faire de nouveau plus par des enseignements et des décrets unilatéraux. Lors de son «pèlerinage» à Saint-Jacques-de-Compostelle, en 1982, il annonça une sorte de *reconquista* de l'Europe par le christianisme. Cependant, à y regarder de plus près, sa «réévangélisation» signifiait plus précisément une «recatholicisation», voire une «reromanisation», et son volubile «œcuménisme» sous-entendait en fait un «retour» dans l'Église catholique.

Avec raison, beaucoup parlèrent d'une *trahison du Concile*, qui éloignait de l'Église d'innombrables catholiques du monde entier. Au lieu des mots du programme conciliaire, on avait encore et toujours les paroles d'un magistère redevenu autoritaire et conservateur:

– au lieu de l'*aggiornamento* dans l'esprit de l'Évangile, c'était de nouveau l'intégralité de la «doctrine catholique» traditionnelle (encycliques morales rigoristes, «catholicisme mondial» traditionnel);

– au lieu de la «collégialité» du pape avec les évêques, c'était encore un strict centralisme romain qui, pour la nomination des évêques et l'attribution des chaires de théologie, ne tient pas compte des intérêts des Églises locales;

– au lieu de l'*apertura*[1] sur le monde moderne, la soi-disant «adaptation» est encore plus mise en cause, déplorée et diabolisée, alors que les formes traditionnelles de la piété (mariolatrie) sont encouragées;

– au lieu du «dialogue», on a une Inquisition encore renforcée et le refus de la liberté de conscience et d'enseignement dans l'Église;

– au lieu de l'«œcuménisme», on accentue de nouveau tout ce qui est étroitement «catholique romain»: il n'est plus question, comme au Concile, d'une distinction entre l'Église du Christ et l'Église catholique romaine, entre la substance de la doctrine de la foi et son habillement linguistique et historique, ni d'une «hiérarchie de vérités» qui n'ont pas toutes la même importance.

Même les plus modestes *desiderata* œcuméniques internes au catholicisme, tels ceux des synodes allemands, autrichiens et suisses – avec beaucoup d'idéalisme et à grand renfort de temps, de papier et de finances, ils avaient travaillé des années durant

1. Terme italien signifiant «ouverture».

après le Concile ! – furent rejetés ou totalement ignorés sans la moindre justification par une Curie autoritaire ; et on accepta ce rejet, de plus en plus résigné, même dans les pays germanophones. En outre, les propositions de réforme présentées avec 1,5 million de signatures à Rome par le Mouvement du peuple de l'Église restèrent sans la moindre réponse. Manifestement, pour le Vatican le peuple ne compte pas, et un prêtre guère plus, et même un évêque bien peu ; seul compte un cardinal, tant qu'il est *persona grata* auprès du pape.

Pour ce qui est de sa patrie polonaise, après l'effondrement du système communiste, le pape Wojtyla se retrouva dans une situation pour ainsi dire tragique : lui qui voulait proposer le modèle prétendument intact de l'Église catholique polonaise antimoderne au monde occidental prétendument décadent devait assister, impuissant, au phénomène inverse. Le paradigme de la modernité prit tout autant possession de la Pologne que de la très catholique Espagne ou de l'Irlande. Au lieu d'une campagne de recatholisation réussie (qui était propagée lors de ses voyages et par d'innombrables textes), en Pologne aussi se produisit en fait un processus de décatholisation. Un peu partout – pape ou pas – la sécularisation occidentale, l'individualisme et le pluralisme s'étendirent. Un processus qu'il importe de ne pas seulement évaluer négativement, ni même de déplorer à travers une critique socioculturelle.

« Santo subito » ? Maciel, un miracle, une inflation de saints

Jetons un coup d'œil rétrospectif sur le début de ce pontificat · il y a trente ans, en 1980, Jean-Paul II vint en Allemagne. Le 26 novembre, lors d'une grande manifestation à Munich, Barbara Engl, représentant l'Association de la jeunesse catholique allemande, adressa quelques questions au pape – à l'encontre du protocole prévu qui ne permettait pas de poser des questions :

151

« Saint-Père, dans vos prédications, vous avez déjà beaucoup parlé des choses qui nous préoccupent. Mais pour les jeunes, l'Église de la République fédérale d'Allemagne est souvent difficile à comprendre. Ils ont l'impression qu'elle s'accroche non sans crainte à la situation actuelle, qu'elle souligne de nouveau plus les différences entre les deux grandes confessions au lieu de mettre en évidence les points communs, qu'aux questions des jeunes sur l'amitié, la sexualité et la vie en couple, elle réagit trop par des interdits, que sa quête de compréhension et d'ouverture à la discussion trouve trop peu de réponses. Beaucoup sont incapables de comprendre pourquoi l'Église, malgré le manque de prêtres, tient si irrévocablement au célibat. Il nous manque une multitude de prêtres pour les jeunes, beaucoup s'interrogent sur la possibilité d'une plus forte participation des femmes à la liturgie » (information de la DPA[1] du 21 novembre 1980).

Cette jeune femme, qui eut ensuite beaucoup à souffrir dans l'Église à cause de sa courageuse intervention, exprimait ce que la jeunesse catholique allemande pense : « Nous avons discuté de ces problèmes à l'assemblée générale de l'association des jeunes catholiques allemands. Tout récemment, il y était question d'amitié, de sexe et de vie en couple. » Cependant, elle poursuivit : « Avec une partie du clergé, il est très difficile de vraiment s'entretenir de ces questions. Mais il y a des aumôniers qui sont proches de nos soucis. »

Et le pape ? Silence embarrassé. À cette époque-là comme plus tard, le pape n'avait pas de réponse à ces questions de fond de la spiritualité catholique, qui agitaient surtout la jeune génération. Cependant, à l'avenir, la régie officielle veillera encore plus à ce que le pape ne soit plus nulle part confronté à des questions gênantes. Pourtant, ni les voyages, ni les apparitions, ni les documents doctrinaux ne sont à même, sur ces questions

---

1. Deutche Presse-Agentur, « agence de presse allemande », comparable à l'AFP (Agence France-Presse).

controversées, de faire adhérer la majorité des catholiques à la doctrine romaine.

Le 6 avril 2005, alors que Joseph Ratzinger célébrait la messe d'enterrement du défunt pape polonais sur la place Saint-Pierre, des partisans du pape des *Movimenti* déployèrent d'énormes banderoles très bien préparées, avec un slogan repris en chœur : *santo subito !* (« *saint tout de suite !* »). En tant que pape nouvellement élu, Joseph Ratzinger soutint la campagne de canonisation organisée en déclarant à la foule sur la place Saint-Pierre ce qu'il n'aurait sans doute jamais osé dire comme théologien : qu'il voyait Jean-Paul II les regarder du haut de la fenêtre du Ciel. À peine deux mois plus tard, le pape Benoît engageait la procédure de béatification – à l'encontre du délai de cinq ans prescrit par le droit canon. Et dès décembre 2005, il attesta des « vertus héroïques » de son prédécesseur, attestation nécessaire pour la béatification. Selon l'agenda, il aurait dû être déclaré bienheureux le 16 octobre 2010, jour de la trente-deuxième année de son élection à la papauté.

Mais cinq années après sa mort, des *doutes* en lien avec la crise des abus sexuels ont malgré tout fait surface au Vatican : d'abord, trop de personnes se souviennent encore du fait que Hans Hermann Groër, pédophile viennois, successeur du grand cardinal König, fut longtemps couvert par le pape Wojtyla, alors que même la conférence épiscopale d'Autriche a considéré que la culpabilité de Groër était établie (cf. chap. 1, « Poussée de fièvre »). Le pape a aussi beaucoup trop longtemps épargné un autre ami autrichien, l'évêque de Sankt-Pölten, Kurt Krenn : il ne se retira que lorsqu'il fut soumis à une trop forte pression publique à cause d'informations sur des pratiques homosexuelles des séminaristes et des supérieurs du séminaire. Au mécontentement de beaucoup de catholiques américains, le pape nomma aussi le cardinal Bernard Law, qui avait dû démissionner de son archidiocèse de Boston (Massachusetts) à cause du scandale des abus sexuels, archiprêtre de la basilique Sainte-Marie-Majeure, une des quatre principales églises de Rome. Il semble que pour ce pape la fidélité de «vassal» excuse toutes les défaillances et tous les crimes.

Cette indulgence devint manifeste à un point effrayant à propos des scandales dus au fondateur de la Légion du Christ (fondée en 1941): le prêtre mexicain Marcial Maciel Degollado, un protégé spécial de Jean-Paul II. Ce catholique, ce grand croyant défenseur du célibat, menait une double vie bien camouflée. Il avait des relations intimes avec deux femmes fortunées, Blanca Gutierrez Lara et Norma Hilda Banos, qui donnèrent naissance à trois enfants. Mais, avec d'autres, le pape polonais pouvait compter sur leur aide pour ses voyages au Mexique. Ainsi s'explique pourquoi, début 1979, Karol Wojtyla choisit le Mexique pour son premier voyage à l'étranger, suivi plus tard de quatre autres, toujours accompagné par Maciel – dans un pays officiellement de laïcité stricte. Ces voyages furent habilement organisés comme des «pèlerinages jubilaires».

Cependant, cela faisait déjà trente ans que les premières accusations contre Maciel étaient arrivées jusqu'à Rome:

– 1976 : les premières plaintes parviennent au pape Paul VI.

– 1978 : Karol Wojtyla est élu pape et bien vite supprime la possibilité – mise en place par son prédécesseur – d'obtenir plus facilement la dispense du célibat.

– 1989 : les évêques américains envoient un canoniste à Rome pour obtenir l'autorisation de retour à l'état laïc des prêtres pédophiles, sans passer par une procédure propre à Rome ; Jean-Paul II refuse.

– 1990 : un proche du pape Jean-Paul II, son biographe George Weigel, membre du conservateur Institut de religion et de politique publique de Washington, passe totalement sous silence, dans le premier volume de sa biographie, le scandale sexuel qui s'était déjà ébruité. Et plus tard dans les années 1990, quand tout le monde en parle, Weigel s'exprime finalement lui aussi de manière critique sur les scandales d'abus sexuels, mais en les ramenant au *mysterium iniquitatis* (le «mystère du mal»).

– 2002 : Jean-Paul II est contraint, par les proportions de plus en plus grandes que prennent les scandales d'abus dans l'archidiocèse de Boston, de s'en occuper personnellement. Mais sa rencontre avec les cardinaux américains d'avril 2002 ne mène à aucune conclusion claire sur la responsabilité du pape et des évêques.

– Le 7 janvier 2011, Jason Berry, qui a entre-temps rédigé plusieurs articles sur le développement des scandales, écrit un long essai contre George Weigel sur *Whitewashing John Paul's culpability* («Comment la culpabilité de Jean-Paul II est blanchie»). Michael Walsh, l'auteur de l'*Oxford Dictionary of Popes*, conclut son article critique sur le projet de béatification (paru dans *The Tablet* du 22 janvier 2011) par cette remarque : «Les papes ont repris la tradition des anciens empereurs, qui prenaient soin de diviniser leur prédécesseur.»

Dans son livre-entretien de 2010, *Lumière du monde*, l'ancien chef de l'autorité pour la foi, maintenant pape Benoît XVI, reconnaît que les congrégations vaticanes compétentes auraient réagi «très lentement et tard» au scandale des abus sexuels. Ce n'est pas étonnant, d'autant moins que des photos montrent comment Jean-Paul II, déjà chenu, bénit publiquement Maciel sur le front. Et le 15 mars 2005, sur la place Saint-Pierre, alors qu'il était moribond, de sa fenêtre le pape saluait encore expressément les Légionnaires du Christ (appelés «millionnaires du Christ» au Vatican à cause de leur puissance financière). Le cardinal Ratzinger ouvrit une nouvelle enquête contre Maciel seulement durant les derniers jours du pape, et dès le 26 mai 2005, cinq semaines après son élection, il ordonna, en tant que pape, le retrait de Maciel de la vie publique avant de le démettre de la direction de la Congrégation. Pourtant, un an plus tard, la Congrégation pour la doctrine de la foi renonça explicitement – pour raisons de santé – à engager un procès canonique contre cette canaille. Maciel mourut deux ans plus tard. Mais une «visite apostolique» de la congrégation (qui compte près de 800 prêtres et 2 500 séminaristes dans 22 pays), menée par cinq évêques, confirma les reproches d'un «comportement objectivement immoral». Cependant, la communauté des Légionnaires du Christ ne sera pas être dissoute, mais simplement «réformée».

Pour les spécialistes, les interventions fort hésitantes contre les abus sexuels et en particulier la défaillance dans l'affaire Maciel passent pour être les véritables raisons de la mise en doute, au Vatican, du *santo subito*. Sous Jean-Paul II, «les rustiques et combatifs Légionnaires du Christ s'élevèrent, à côté de l'aristocratique Opus Dei, au rang d'une des plus puissantes coteries de l'appareil de la Curie. Les deux sont riches et aident volontiers le pape. Jean-Paul II ne se lassa jamais de les glorifier, eux et leurs semblables, comme le "printemps" et l'"espoir de l'Église" – bien qu'il connût la réalité des abus sexuels de Maciel sur les enfants. Wojtyla cachait et faisait écran» (Hanspeter Oschwald, *Der Freund und Kinderschänder* ["L'ami et le violeur d'enfants"]», *Publik-Forum*, n° 19, 2010).

Malgré tout Wojtyla est béatifié le 1er mai 2011, bien que la guérison miraculeuse – guérison dont l'authentification est nécessaire pour la béatification – suite à une intercession du pape polonais soit fort controversée. En effet, des médecins doutent du fait qu'une religieuse française, qui aurait été guérie d'une façon inexplicable de sa maladie de Parkinson juste après la mort de Jean-Paul II, ait bien souffert de cette maladie.

Le manque de miracle pour son propre processus de béatification contraste curieusement avec les nombreux processus de béatification que ce pape, qui croit manifestement beaucoup aux miracles, a lui-même menés : pas moins de 1 338 béatifications et 482 canonisations – plus du double que tous ses prédécesseurs réunis des quatre derniers siècles. Jean-Paul II délaissait volontiers l'étude des dossiers, mais appréciait au-delà de toute mesure les apparitions publiques. Il était convaincu qu'avec de telles cérémonies il renforçait la piété populaire, même s'il s'agissait très souvent de saints issus d'ordres isolés ou de communautés religieuses. Et il savait sûrement aussi que les processus de béatification et de canonisation représentent un commerce lucratif pour le Vatican, même s'il y a peu d'informations publiques à ce sujet : pas seulement à cause des groupes de pèlerins supplémentaires, mais aussi à cause des frais de procédure élevés, de sorte qu'une certaine communauté religieuse, comme m'en informa l'un de ses supérieurs, renonça à une béatification afin de pouvoir employer les nombreuses centaines de milliers d'euros qu'elle coûterait à d'autres missions.

Mais le pape Benoît XVI céda immédiatement l'ensemble des processus de béatification au préfet de la Congrégation pour la Cause des Saints. Il se réserva la canonisation, mais renonça à toute réforme de cette procédure fort problématique. Car on sait bien que par cet usage datant du Moyen Âge – en l'an 1200, Innocent III, avide de pouvoir, réserva au pape toutes les béatifications – se sont introduits d'importants abus. Est-ce vraiment ainsi que l'Église malade pourra être revigorée ? Ces cérémonies furent de plus en plus utilisées soit pour la promotion personnelle du pape, soit pour des objectifs de politique des congrégations, soit à des fins de politique ecclésiastique. Les béatifications du pape de l'infaillibilité Pie IX et du pape antimoderniste Pie X furent controversées ; la béatification de Padre Pio, suspecté de manipulations au sujet de ses soi-disant « stigmates du Christ », parut scandaleuse à certains, comme celle du fondateur de l'Opus Dei, Josémaria Escriva, dont la sainteté est controversée. Quel que soit l'avenir en ce domaine, jamais aucune parole d'avertissement ou de mise en garde de l'épiscopat ne s'est fait entendre.

Pourquoi les évêques se taisent

Heureusement, malgré la politique de restauration de Jean-Paul II et bien que d'en haut il soit constamment gêné et empêché, le mouvement conciliaire et œcuménique se poursuivit à la base dans beaucoup de paroisses du monde entier. Toutefois, un écart croissant entre « l'Église d'en bas » et « l'Église d'en haut », allant jusqu'à l'indifférence, en est la conséquence. Plus que jamais, c'est du seul prêtre ou des seuls leaders laïcs, hommes ou femmes, que dépend aujourd'hui le degré d'engagement social, de vie pastorale, d'activité liturgique et de sensibilité œcuménique d'une paroisse.

Mais entre Rome et les paroisses il y a les *évêques*, et ils prennent une grande importance dans cette crise. Depuis le Concile, les évêques – qui dans beaucoup de pays et de continents sont nettement plus ouverts aux détresses et aux espérances des hommes que beaucoup de membres de la Curie du quartier général romain – subissent une double pression : celle des attentes de la base et celle des directives publiques ou secrètes de Rome.

On se pose souvent cette question : pourquoi les évêques se taisent-ils justement dans les questions de réforme controversées ? Pourquoi ne restituent-ils, si jamais ils le font, que la voix de la centrale romaine et jamais celle de la majorité des croyants ? Pourquoi pas un seul n'ose-t-il, comme Paul face à Pierre, contredire publiquement le pape ? Pourquoi certains d'entre eux défendent-ils souvent l'opinion exactement opposée à celle qu'ils défendaient avant d'être évêques ? Pour le comprendre, il faut connaître le fonctionnement interne de la politique romaine de gestion du personnel.

Même à Rome, un évêque ne tombe pas du ciel : il est créé par le biais des bureaux romains. Chaque chapitre de cathédrale et diverses personnalités dévouées à Rome doivent, à intervalles réguliers, envoyer à Rome, ou plus exactement aux nonciatures, des listes de possibles candidats à un évêché. Cependant, si l'un de ces candidats défend, dans les questions controversées, une position qui contredit Rome, il est immédiatement disqualifié et rayé de la liste. Ou alors, si le choix est en attente, il est contraint de se distancier par écrit et publiquement de sa position non conforme. Ainsi, pour trois cardinaux actuels, il est manifeste qu'ils ont sans transition ou presque, avec un temps d'écart avant leur nomination, changé de position, ce qui fut pour moi un signe sûr qu'ils étaient destinés *ad majora* («à des fonctions plus hautes») : l'un fit une déclaration publique selon laquelle il n'aurait jamais pris ses distances par rapport à l'encyclique sur la pilule, *Humanae vitae* ; l'autre se déclara soudainement prêt à interdire solennellement aux théologiens laïcs de prêcher, bien qu'il régnât un fort manque de prêtres dans son diocèse ; le troisième loua soudainement l'Opus Dei, la réactionnaire société secrète qu'il avait auparavant en horreur.

Autrement dit, déjà bien avant son ordination, on fait marcher au pas le futur évêque et on lui inocule l'indispensable obéissance à Rome. En même temps, avant sa nomination, la nonciature concernée vérifie son orthodoxie romaine à l'aide d'un question-naire. Il ressort de ce questionnaire, dont j'ai pris connaissance, que dans tous les cas le candidat doit avoir un avis positif sur l'encyclique *Humanae vitae*, approuver l'obligation du célibat et rejeter l'ordination des femmes. Si à l'une de ces questions, il ne répond pas selon la ligne romaine, il n'est plus question de lui pour l'épiscopat.

Lors de l'ordination épiscopale solennelle, chaque évêque doit, en public, faire une promesse d'obéissance au pape, qui est formulée sans aucune restriction : «Es-tu prêt à faire preuve de fidèle obéissance envers le successeur de l'apôtre Pierre? – Je suis prêt.» La signification de cette promesse de fidélité s'éclaire totalement à partir du serment de fidélité que chaque évêque doit prononcer avant son entrée en fonction dans son diocèse : «Je promets que je resterai toujours fidèle à l'Église catholique et au pape, pasteur suprême et vicaire du Christ, successeur du saint apôtre Pierre, primat et chef du collège des évêques. Je vais obéir au libre exercice du pouvoir et de la primauté du pape dans l'ensemble de l'Église et soutenir et défendre avec soin ses droits et son autorité.» Rien d'étonnant si un tel serment de fidélité sans restriction est parfois comparé à l'ancien serment de fidélité des soldats allemands au *Führer*, auquel on devait «manifester une obéissance inconditionnelle». Naturellement, ce n'est pas le pape qui doit être comparé au

Führer, mais le caractère absolu de ce serment et ses effets psychologiques.

Ainsi un évêque catholique aura-t-il les plus grands scrupules à se parjurer par une opinion opposée. Ici on aimera citer cette parole du Sermon sur la montagne contre les serments: «Eh bien, moi je vous dis de ne pas jurer du tout [...]. Que votre langage soit: "Oui? oui", "Non? non"» (Matthieu 5,34-37). D'après Jésus, l'exigence du souci absolu de la vérité rend tout serment superflu. À ce sujet, les théoriciens de l'éthique donnent à penser que même le plus solennel des serments ne saurait obliger à enfreindre une loi morale. S'il contient l'approbation d'une injustice, il faut le refuser. En tout cas, personne ne devrait être obligé de prêter serment sur un individu, fût-il même dans la plus haute position de l'État ou de l'Église. En tout cas, suite aux expériences historiques passées, les soldats de l'armée fédérale allemande, au lieu de prêter serment à une personne, prêtent un serment professionnel (de soldats professionnels ou engagés) ou font une promesse solennelle (comme recrues) de «servir fidèlement la République fédérale et défendre avec bravoure le droit et la liberté du peuple allemand».

La mise au pas de l'épiscopat

Dans la prévision des changements à plus long terme, pour le Vatican comme pour d'autres systèmes politiques, la *politique de gestion du personnel* est depuis toujours d'une importance décisive. Or pour l'actuel tournant rétrograde romain, le privilège (de plus en plus usurpé par la Curie au cours de l'histoire) de la nomination des évêques fut sans doute le principal instrument. S'y ajoute la nomination des cardinaux – elle revient au seul pape; en effet, tant qu'ils n'ont pas atteint la limite d'âge, ils élisent le pape suivant, ainsi que les subventions pour les chaires et les commissions de théologiens conformes au système.

Le «système Wojtyla» consistait à nommer évêques des

prêtres (en particulier de tendance «mariolatre») soumis à Rome et aussi, souvent, personnellement dévoués au pape, sans se soucier des souhaits du clergé et sans consultation ou participation des fidèles concernés. Les nominations remarquables ont été plutôt exceptionnelles. Dans d'innombrables diocèses, des prêtres hautement qualifiés – souvent aussi de bons évêques auxiliaires nommés sous Paul VI – furent ignorés, car trop peu conformes au système. Celui qui se faisait remarquer pour une opinion divergente n'avait d'emblée aucune chance. Ne jurant que par la ligne romaine déjà avant leur ordination et le confirmant lors de leur consécration avec la promesse solennelle d'obéissance au pape, les évêques se sentent non pas responsables d'abord devant les fidèles, mais devant le pape ; ils doivent aussi, à intervalles réguliers, aller à Rome *ad limina apostolorum*[1] pour rendre compte. Le Vatican est ainsi informé au mieux sur les fonctionnements et dysfonctionnements dans les différents pays, mais jamais il ne s'est excusé pour ses défaillances.

Grâce aux nominations d'évêques conformes au système et à une large mise sous tutelle des Églises locales, l'épiscopat et le collège des cardinaux présentent depuis Jean-Paul II une *uniformité* quasi sans précédent qui, dans les questions controversées, écarte les voix discordantes et surtout ne les prend pas au sérieux. Les exigences des synodes nationaux ou diocésains et les demandes de la base de l'Église, avec des millions de signatures, tout comme les innombrables partisans de la suppression du célibat obligatoire, la valorisation des femmes, la permission de communions interconfessionnelles et la mise en pratique d'une «Église fraternelle» sont purement et simplement ignorés. Mais en sens inverse, l'influence de l'épiscopat sur l'opinion publique a diminué en conséquence.

Depuis quelques années, les Églises, en particulier celles d'Irlande, de Pologne, d'Autriche, d'Allemagne et des États-

---

1. «Au seuil [des basiliques] des apôtres». La visite *ad limina apostolorum* désigne le voyage au Saint-Siège que chaque évêque est tenu de faire tous les cinq ans.

Unis, sont, à cause des prêtres et des évêques, secouées par des scandales sexuels et politiques que le Vatican et la hiérarchie cherchèrent d'abord à occulter ; mais sous la pression de l'opinion publique, ils durent finalement les admettre – et ce n'est qu'un exemple des problèmes apportés par le système romain actuel de gouvernance ecclésiastique et de nomination des évêques. Affaires de services secrets, abus sexuel, pornographie infantile, corruption : taire et camoufler ces scandales, regarder ailleurs ou, si l'on ne peut faire autrement, faire des concessions du bout des lèvres et finalement prendre des contre-mesures, tout cela fait partie de ce système.

Comment on peut faire carrière modo romano

C'est ce qu'a montré de façon saisissante le théologien suisse Kurt Koch qui est, dans mon diocèse natal de Bâle et de mon vivant, le cinquième évêque élu démocratiquement par le chapitre de la cathédrale ; il a succédé au cardinal Walter Kasper et réussi à devenir président du secrétariat du Vatican pour l'unité des chrétiens en juillet 2010, avant d'être nommé cardinal en novembre 2010. Alors qu'il était jeune théologien, il avait pointé dans des publications scientifiques certaines réformes nécessaires, de sorte que l'agrément romain pour délivrer son habilitation à enseigner à la faculté de théologie de Lucerne fut retardé plus que d'habitude. Mgr Otto Wüst lui accorda finalement cette *missio canonica* en franc-tireur, sans l'agrément romain. Pour cette audace il fut naturellement réprimandé par Rome. À l'occasion de l'attribution du prix de la Culture de la Suisse centrale de 1991, Koch fit un impressionnant éloge de ma personne, qui culminait dans cette exigence : « [...] La réhabilitation catholique, de son vivant, du chrétien Hans Küng et de son œuvre théologique [...]. Car celui qui connaît vraiment Hans Küng et a étudié son œuvre ne saurait, malgré un esprit combatif que sa langue et sa plume n'évitent certes pas, douter de ses convictions fondamentalement catholiques, qu'il tente de vivre à bon droit dans l'Église catholique romaine en se basant sur l'Évangile. »

On put donc se réjouir quand cet homme fut élu évêque quatre ans plus tard, en 1995, par le chapitre de la cathédrale du diocèse de Bâle. Cette élection ne fut hélas pas annoncée de suite – à cause d'une imprudente concession à la Curie de la part de la Suisse – dans la transparence démocratique jusqu'alors usuelle. Six mois s'écoulèrent entre l'élection et la validation romaine. L'Opus Dei avait élevé une protestation, et ces six mois suffirent pour faire du théologien progressiste Kurt Koch (quelles qu'en aient été les méthodes) un évêque fidèle à la ligne romaine. Sa consécration épiscopale dans la basilique Saint-Pierre par Jean-Paul II lui-même – et non, au mécontentement du peuple et du clergé catholiques, par ses confrères évêques dans la cathédrale du pays, à Soleure – fut un signal. Dès lors ce fut un évêque qui défendait résolument les positions romaines et même, à l'encontre de ses déclarations publiques auparavant, louait l'Opus Dei ; bientôt il estima qu'il pouvait publiquement sermonner un exégète aussi estimé que le professeur Herbert Haag, ainsi que moi-même, comme des gens non crédibles.

La façon dont Koch s'aligna très tôt sur le cardinal Ratzinger fut particulièrement embarrassante, ainsi que la façon dont en 2009 il défendit même la réconciliation de Benoît XVI avec les évêques traditionalistes de la Fraternité Saint-Pie X, y compris le négationniste Williamson. En défendant la révision de la prière du Vendredi saint, une révision où Benoît autorise à nouveau la prière pour la conversion des juifs au Christ, Koch est sur la même ligne. Sa tentative alambiquée de justification théologique face à la Fédération suisse des communautés israélites, scandalisée à juste titre, n'avait naturellement aucune chance de convaincre. La même chose vaut du long écrit embrouillé envoyé au président de la Fédération des Églises protestantes de Suisse, le Dr Thomas Wipf, où Koch, pour défendre l'exclusivisme romain, fait endosser aux protestants la faute du refroidissement du climat œcuménique.

Le revirement de Koch dans son attitude envers l'homosexualité est lui aussi risqué. À peine six mois avant son ordination à la prêtrise (1982), il publia un petit texte intitulé *Lebensspiel der Freundschaft. Meditativer Brief an meinen Freund* («Les jeux de l'amitié. Lettre méditative à mon ami»). Il s'agit d'un hymne à la tendresse corporelle envers son ami, qu'il qualifie dans un langage bizarre de «deuxième matrice – sociale – de ma vie». Il est frappant que cet écrit ait disparu de la biographie officielle de Mgr Koch.

Mais dans son article «Der Nächstenlieber», documenté avec soin (magazine n° 43, 2010), Michael Meier, spécialiste des rubriques sur l'Église et la religion au *Tages-Anzeiger* de Zurich, a replacé ce livre dans le contexte vécu et relationnel de Koch. En fait, jeune professeur, Koch s'est toujours engagé de façon convaincante contre la discrimination des homosexuels dans l'Église. Mais dès sa consécration épiscopale, les choses changèrent du tout au tout. À partir de cet instant, il mit au ban du ministère religieux les prêtres et les théologiens laïcs dont l'homosexualité était reconnue et laissa tomber ses amis dès qu'on ne pouvait plus cacher leur homosexualité.

Malgré tous ces revirements évidents, Koch élève une vigoureuse protestation contre toute accusation qui fait de lui un «caméléon ecclésiastique». Il aurait sans doute préféré régir son diocèse comme un évêque allemand, auquel revient l'impôt reversé à l'Église, et donc beaucoup de pouvoir, et non selon le système suisse, où seuls les paroisses et les synodes cantonaux tiennent les cordons de la bourse. Il polémiqua avec une vigoureuse suffisance romaine contre le système bipolaire suisse, où les paroisses et leur prêtre jouissent d'une totale liberté mais où la gestion financière est prise en charge par une commission de laïcs élus. Le plan de développement pastoral de Koch pour le diocèse n'a pu remédier à la catastrophique pénurie de prêtres qui touche de plus en plus de paroisses, mais seulement la masquer en fusionnant les paroisses.

Finalement, Mgr Koch se disqualifia complètement lorsqu'il tenta de destituer le prêtre récalcitrant de Reschenez (canton de Bâle-Campagne) : contre les lois de l'État, il tenta de se référer à la juridiction propre à l'Église. Naturellement en vain. Car en septembre 2007, le tribunal du canton de Bâle-Campagne décida que, par le retrait de la *missio canonica*, l'évêque avait enfreint le droit du prêtre d'être entendu. C'est bien pourquoi – malgré les injonctions de Koch – la paroisse n'a pas été obligée de licencier son prêtre : un coup dur pour l'évêque qui, suite à cette affaire, se laissa aller – comme président de la Conférence épiscopale suisse ! – à mettre en cause le système du droit public ecclésiastique de la Suisse, qui a fait ses preuves ; il envisagea même à voix haute une séparation générale de l'État et de l'Église. Or peu après, à l'étonnement de toute la Suisse, Koch se réconcilia subitement avec le prêtre. Dans la paroisse, on était déjà convaincu que Rome avait proposé un poste romain à Koch – à condition qu'il réglât ce conflit qui durait depuis des années.

Après à peine dix ans d'épiscopat (2006), le bilan était globalement négatif, selon Koch lui-même et l'ensemble de la presse : « Un fossé entre l'évêque et le peuple. » Plus tard, il s'arrêta durant trois mois pour raisons de santé. C'est pourquoi beaucoup de prêtres et de laïcs se sont réjouis quand finalement, en juillet 2010, il annonça sa démission de l'évêché de Bâle (de façon inattendue lors de son séjour à Rome !) et accepta un poste à la Curie romaine.

Naturellement, au grand dam de beaucoup, la condition en était qu'il s'identifiât constamment et en toutes choses avec les conceptions du cardinal Ratzinger, alias le pape Benoît. Dans ces conditions, en Suisse, le choix de ce nouveau cardinal œcuménique[1] ne suscita aucune grande espérance. Cet homme

---

1. Il est qualifié d'« œcuménique » car il est le président du Conseil pontifical pour la promotion de l'unité des chrétiens.

porteur d'espoirs, qui avait échoué dans son propre diocèse, pouvait-il réaliser dans l'œcuménisme large la percée – attendue de longue date – qui, au-delà de tout œcuménisme de courtoisie ou de tout journalisme de cour, amènerait la suppression des excommunications entre Églises et le rétablissement de la *communio* eucharistique ? En tout cas, je serai le premier à saluer cordialement tout sérieux progrès en ce sens !

Le parcours du théologien David Berger offre un contre-exemple – avec toutefois les mêmes symptômes. Star issue des cercles de la droite catholique, après une ascension fulgurante, David Berger réussit à devenir professeur correspondant de l'Académie pontificale Saint-Thomas d'Aquin ainsi que rédacteur en chef et éditeur de la revue *Theologisches*, manifestement la plus importante tribune des catholiques traditionalistes. Dans son livre bouleversant intitulé *Der heilige Schein – Als schwuler Theologe in der katholischen Kirche* («La sainte apparence – Homosexuel et théologien dans l'Église catholique», Berlin, 2010), cet homosexuel aujourd'hui déclaré décrit comment ses coreligionnaires conservateurs, après son revirement critique envers le pape, le firent chanter à cause de son homosexualité ; ce pourquoi il rompit finalement avec eux. Depuis, il est la cible d'attaques diffamatoires et agressives de la part de ces cercles.

Une Église de façade

Certes, des centaines de milliers de personnes viennent encore aux manifestations du pape, où les problèmes de l'Église sont tus et les questions critiques à peine autorisées. Cependant, mis à part les innombrables curieux et ceux qui sont d'une façon générale en quête de sens, ce sont pour la plupart des jeunes issus des *movimenti*, des mouvements catholiques issus du sud de l'Europe et de la Pologne, en aucune façon représentatifs de «la jeunesse» de nos pays. Dans les questions morales, cette dernière suit la plupart du temps d'autres voies et ne comprend pratiquement plus la terminologie ecclésiastique des professions de foi et des dogmes. Pour la plupart des jeunes comme des adultes, l'Église représente le passé, la mentalité arriérée, des structures autoritaires et une morale hostile à la vie. Ainsi les grandes manifestations du pape n'avaient-elles guère d'effet revitalisant sur la vie des paroisses ; certains catholiques se sentaient même plutôt rebutés par ce culte de la personnalité, médiatique et pompeux, habilement mis en scène et ne regardant pas à la dépense ; la participation à la messe paroissiale n'en fut nulle part augmentée.

Immédiatement après la mise en scène de la grande visite du pape Benoît en Angleterre, l'hebdomadaire catholique *The Tablet* du 16 octobre 2010 proposa en couverture une image en couleur typique : le pape assis au milieu de candidats à la prêtrise souriants. Mais, à côté de cette photo d'un avenir radieux, on lisait sur la même page la triste nouvelle : le dernier séminaire du nord de l'Angleterre (Ushaw) sera fermé. Dernièrement, 26 candidats y étudiaient encore ; à son apogée, pendant les années 1950, il y avait, dans ce qu'on appelait petit séminaire et au grand séminaire, 400 élèves. Pour cette raison, la photo du *Tablet* a la forme d'un puzzle dont une grande pièce est sur le point de se détacher. Le même jour, je lus que l'abbaye bénédictine millénaire de Weingarden, en Haute-Souabe, allait fermer ; pour surmonter la tristesse de l'événement, Mgr Gebhard Fürst y célébra une messe solennelle avec les trois derniers moines. Deux exemples de fermetures parmi d'innombrables, de monastères et de grands séminaires, dans le monde entier…

C'est pourquoi ce qui se voit dans les grandes manifestations religieuses est en grande partie une *Église de façade*, dont l'intérieur a d'urgence besoin d'une rénovation. Certes, il existe encore de nombreuses paroisses florissantes car un bon prêtre y collabore avec une bonne équipe de laïcs et parce que des catholiques participent activement à la vie paroissiale. Et ces prêtres s'investissent moins grâce au pape – qui ne leur procure guère d'inspiration pour une vie chrétienne dans le monde actuel – que malgré le pape : de sa doctrine morale, de sa haute théologie et de l'exercice autoritaire de sa fonction, il vaut mieux qu'ils ne s'occupent pas. Cette Église ne vit pas de proclamations « d'en haut », mais d'impulsions « d'en bas ».

Même l'*Église* catholique *d'Allemagne*, hyper-organisée et, en raison des impôts reversés automatiquement à l'Église par l'État, peut-être l'Église la plus riche du monde, formant un consortium social d'associations caritatives, d'hôpitaux et d'autres institutions sociales, géant de la formation avec jardins d'enfants, écoles et facultés de théologie, localement enracinée à travers des associations de jeunes et de femmes, à travers ses enfants de chœur et ses conseils paroissiaux élus, exerçant encore un pouvoir politique considérable par ses lobbies dans différentes assemblées élues : même cette Église est, depuis des années, « une Église en crise » (Mattias Drobinski, *Oh Gott, die Kirche. Versuch über das katholische Deutschland*, Düsseldorf, 2006) [1].

Une crise complexe, pour laquelle toute explication mono-causale est insuffisante. Certes, il s'agit aussi d'une crise générale de la modernisation et de la sécularisation, et englobant tous les domaines de la vie humaine. Cependant, une grande part de cette crise a une origine interne à l'Église : au centre, il y a la crise du sacerdoce célibataire, avec la menace d'effondrement d'une pastorale régulée, mais aussi une crise quantitative de l'appartenance et une crise financière ; d'un point de vue plus fondamental encore, c'est une *crise de l'autorité, de la crédibilité et de la communication*. À l'heure actuelle, certains pensent qu'il n'y a là plus rien à sauver, et c'est pourquoi les mouvements de réforme ont perdu en attrait. Après tant de frustrations, un grand nombre de catholiques donnent peu de chances à une opposition, fût-elle constructive, argumentée et fortement organisée.

Toute opposition venant d'une personne dépendant de la hiérarchie est réprimée. En voici un exemple, tiré de l'année

---

1. « Oh Dieu, l'Église. Essai sur l'Allemagne catholique », non traduit en français.

2010: Michael Broch, prêtre digne d'estime employé par une radio et directeur religieux de l'école de journalisme catholique, avait, face aux choix contestables et inquiétants de la direction de l'Église, critiqué le maintien du célibat, la vieille morale sexuelle et la mentalité de bunker régnant dans la hiérarchie épiscopale – laissant ainsi libre cours à une juste colère: «Si cela continue comme ça, le pape Benoît va conduire l'Église dans le mur.» Pour ces mots, il dut immédiatement s'excuser en public. Mais ensuite la minorité de la conférence épiscopale conservatrice et soutenue par Rome put même imposer à Michael Fürst, évêque médiatique (!), responsable du diocèse, le départ de Michael Broch incardiné dans son diocèse.

Le *déclin de la théologie scientifique* va main dans la main avec la crise de l'Église et de ses serviteurs de Dieu. Bien entendu, on trouve encore de nombreux théologiens sérieux et travailleurs et même, par bonheur, toujours plus de théologiennes. Mais de jeunes théologiens du calibre des théologiens conciliaires avec leurs idées propres, il n'y en a qu'exceptionnellement. Comment pourraient-ils avancer dans un climat de soupçon, où la pensée indépendante et la créativité spirituelle ne sont pas les bienvenues! Les thèmes critiques sont à peine traités et les auteurs gênants sont passés sous silence. Cela vaut aussi du *Journal de l'association européenne de théologie catholique*, comme le montre un coup d'œil sur le premier numéro d'*ET-Studies* (2010). Beaucoup de facultés de théologie souffrent de rétrécissement intellectuel et de baisse d'effectifs. Rien d'étonnant si désormais des évêques clairvoyants parlent même d'une évaporation de la foi et d'une érosion de la religiosité.

De même qu'au début de ce livre je me demandais: que va-t-il advenir d'une Église disposant certes d'une tradition extraordinaire, mais qui ne rafraîchit que sa façade extérieure traditionnelle et permet en interne une *rupture de la tradition* d'ampleur historique? En effet, il y a toujours moins de prêtres et de candidats au sacerdoce, toujours moins de baptêmes et de mariages, de participants aux rites religieux et de prières en famille ; toujours plus de communes avec des églises et des presbytères vides, de paroisses qui, contre la volonté des croyants et sous la contrainte bureaucratique, sont fusionnées en d'anonymes «unités pastorales» ; toujours plus d'églises vendues et désaffectées et de services sociaux fermés. Des millions de gens, pas seulement en Amérique latine, ont émigré vers des Églises pentecôtistes ou des sectes plus vivantes. Dans un mélange d'aveuglement, d'impuissance et d'incapacité verbale, ce qui fut réalisé par la pastorale sur plusieurs siècles est effacé par l'actuelle génération d'évêques. Cela vaut aussi de l'Église de Pologne (voir à ce propos le chap. 6, «La norme pour réformer l'Église»). On pense parfois aux papes et aux évêques du temps de la Réforme !

Ce processus s'accompagne d'une forte *perte de confiance* et d'une dégradation de l'image de l'institution ecclésiastique ; les prêtres catholiques (et les pasteurs protestants), à titre de personnes individuelles, s'en tirent nettement mieux. Dans les sondages, les Églises sont à l'extrémité la plus basse de l'échelle de confiance, souvent même derrière les partis politiques. De nos jours, il n'y a plus guère d'intellectuels catholiques importants ; de plus, beaucoup de catholiques, les jeunes avant tout, ne croient plus que leur Église est capable de changer. En beaucoup de lieux, les catholiques engagés s'interrogent : comment l'Église peut-elle se libérer de cette crise ? Où trouver une nouvelle énergie et une assurance nouvelle ? La réponse fondamentale est celle-ci : nous devons nous tourner résolument vers les origines chrétiennes de l'Église, telles qu'elles sont attestées dans le Nouveau Testament.

Le modèle du Nouveau Testament
pour assainir la direction de l'Église

Nous sommes redevables des plus anciens documents du christianisme à l'apôtre Paul. Pourtant, à Rome, il est totalement relégué dans l'ombre de l'autre apôtre essentiel, Pierre. Or dans le Nouveau Testament, il y a peu d'informations historiques sur la direction personnelle de l'Église par Pierre. De celle de Paul, nous sommes on ne peut mieux informés par ses lettres. Il dispose d'une autorité étonnante : il voit fort bien que ses communautés sont immatures sur beaucoup de points et font des erreurs. Pourtant, il ne se comporte jamais envers elles comme si, à l'instar d'un pédagogue soupçonneux, il devait d'abord les éduquer à la liberté. Il présuppose plutôt que cette liberté est donnée d'avance, il la respecte, se bat pour elle afin que ses communautés le suivent non pas de force, mais en toute liberté.

Certes, lorsque le Christ et son Évangile sont trahis au profit d'un autre évangile, il doit les menacer de malédiction et d'exclusion. Mais ce qu'il a bien mis à exécution à l'encontre d'un individu, à savoir une exclusion transitoire en vue d'une amélioration, il ne l'a jamais fait à l'encontre d'une communauté, même lors de graves écarts. Partout et autant que possible, il évite d'user de ses pleins pouvoirs apostoliques : au lieu de l'injonction, le souhait ; au lieu de l'interdit, l'appel au jugement et à la responsabilité personnels ; au lieu de la contrainte, la persuasion ; au lieu de l'exhortation impérative, l'encouragement ; au lieu de la forme « vous », la forme « nous » ; au lieu de la sanction, la parole du pardon ; au lieu de la répression de la liberté, l'incitation à la liberté.

Ainsi Paul n'abusait-il jamais de son pouvoir en érigeant une domination d'homme à homme. Au contraire, dans les affaires de discipline ecclésiastique, il renonçait à une décision autoritaire là où il aurait tout à fait pu l'imposer. Il veut aussi, dans les questions morales où il n'y va pas du Seigneur et de sa Parole, laisser ses communautés libres et ne pas leur mettre de corde au cou. Même là où la décision est toute naturelle pour lui, il évite les mesures unilatérales et fait participer la communauté. En outre, même s'il a sans conteste reçu les pleins pouvoirs pour une intervention tranchante, il se retient, il prie alors formellement sa communauté de lui éviter de recourir à ces pleins pouvoirs. Même là où il a un droit, il ne veut pas en profiter.

Paul donc ne s'érige jamais vis-à-vis de ses communautés comme un seigneur, pas davantage comme un prêtre. Non, ce n'est pas l'apôtre qui est le Seigneur. Jésus est le Seigneur, et ce Seigneur pose la norme pour son Église et pour lui-même. Paul est incapable de traiter ses chrétiens comme de simples enfants, il les traite toujours comme ses « frères » (et sœurs), dont il est le serviteur dans la patience, la franchise et l'amour. Qu'il veuille rester fidèle au Seigneur dans le service – et pas seulement pour les bonnes manières ou une prévenance humaniste –, voilà la raison pour laquelle il est toujours prêt à renoncer à l'emploi de ses pleins pouvoirs. C'est justement ainsi qu'il les utilise, non pour anéantir mais pour édifier.

Au centre de cette conception de l'Église ne se tient pas un pape, mais Jésus-Christ et son Évangile, auquel les ministres de l'Église doivent absolument se conformer. Le visage plus « démocratique » de l'Église de Paul et du Nouveau Testament en général, ainsi qu'il régnait encore largement dans l'Église du premier millénaire, exigeait une *unité dans la diversité* des langues, des liturgies, des théologies et des formes de direction particulières, ainsi qu'on peut l'observer encore de nos jours dans les Églises du monde. La vision catholique réaliste de l'Église – à distinguer de l'unité romaine illusoire – prend aussi au sérieux, en plus de la dimension spatiale ou géographique, la dimension temporelle ou historique de la catholicité : le judéo-christianisme ancien tout autant que le christianisme ultérieur de la Réforme et le christianisme moderne qui a traversé les Lumières.

Bien entendu, de nos jours aussi, l'Église doit préserver son *identité* et rester un lieu où la religion est chez elle. Elle ne doit d'aucune façon se soumettre au diktat d'une radicalisation des Lumières, et encore moins perdre son essence par un processus de dissolution dans le monde séculier. Pas plus qu'elle ne doit se conformer totalement ou chercher à plaire à la société moderne, à l'aide d'initiatives de communication raffinées, de campagnes de marketing et d'image, ou de pures stratégies économiques. Mais d'un autre côté, elle ne doit pas non plus tenter de préserver son identité en s'accrochant à des traditions, des formulations, des formes et problématiques dépassées. Elle doit au contraire sans cesse refonder son identité catholique dans la foi en Jésus-Christ, l'unique Seigneur de l'Église, et vivre cette foi dans une continuité pratique. Jadis il s'agissait certainement aussi de cette continuité pour Pierre, et aujourd'hui ce doit être le cas pour le pape s'il prétend être le successeur de Pierre.

Trois promesses de Pierre... Trois tentations du pape

Le Pierre réel ne se reconnaîtrait guère dans l'image qu'on a fabriquée de lui. Pas seulement parce qu'il n'était pas le prince des apôtres, mais plutôt parce que, jusqu'à la fin de sa vie, il resta le modeste pêcheur qui, devenu pêcheur d'hommes, voulait servir à la suite de son Seigneur. Mais surtout parce que, d'après tous les Évangiles unanimes, il avait une seconde face, celle qui ne cessait de montrer un Pierre errant, pécheur, défaillant, tout simplement le Pierre vraiment humain.

Pour un ministère de Pierre dans l'Église, on a donc bien le droit de citer les trois promesses bibliques d'une priorité de Pierre : « Tu es Pierre, et sur cette pierre je bâtirai mon Église » (Matthieu 16,18) ; « Toi donc, quand tu seras revenu, affermis tes frères » (Luc 22,32) ; « Pais mes agneaux » (Jean 21,15).

Mais à chacun de ces trois points se joint, de façon presque scandaleuse, un sévère contrepoint, dont la tonalité sombre et forte recouvre presque complètement le son clair et harmonieux, en tout cas lui fait contrepoids. En effet, aux trois promesses fortes correspondent trois profonds manquements. À celui qui, pape, fait valoir les promesses à Pierre, les trois manquements de Pierre, qui sont pour lui autant de tentations pontificales, devraient aussi donner à penser. Sur une frise de deux mètres de hauteur, les promesses font le tour de l'intérieur de la basilique Saint-Pierre, avec de grandes lettres noires sur fond doré : en principe donc, les contre-propositions devraient être jointes, en lettres dorées sur fond noir, aux promesses, pour qu'on ne les comprenne pas de travers.

La *première tentation* (Matthieu 16,18 *sq.* est suivi de Matthieu 16,22 *sq.*) : lorsque Jésus annonce à ses disciples qu'il doit souffrir et être mis à mort, Pierre le « tira » à lui. Il prétendait mieux que Jésus savoir la suite : un chemin triomphal qui ne doit pas passer par la croix ! Mais justement, ces idées prétentieuses d'une stratégie de pouvoir pontificale, en nette opposition avec ce que Dieu pense et veut, sont bien des pensées d'hommes : une pieuse *ideologia satanae*, une idéologie de Satan, le tentateur par excellence. Chaque fois qu'un pape considère que de toute évidence il cogite les pensées de Dieu, chaque fois que – peut-être à son insu ! – prenant en compte Matthieu 16,16, il en vient à ne tenir aucun compte de 16,22 et qu'au lieu d'œuvrer pour Dieu il œuvre pour un parti humain, le Seigneur lui tourne le dos, et à lui s'applique alors cette dure parole : « Passe derrière moi, Satan ! Tu me fais obstacle, car tes pensés ne sont pas celles de Dieu, mais celles des hommes ! » (16,23).

La *deuxième tentation* : Pierre renie son Seigneur (Luc 22,32 est suivi par Luc 22,34). Une position spéciale et un don spécial impliquent une responsabilité spéciale. Mais justement, cela n'exclut pas les épreuves et les tentations : ici encore apparaît Satan, qui a réclamé chaque disciple de Jésus pour les passer au crible comme du froment. La foi de Pierre ne doit pas chanceler. Mais dès qu'un pape sûr de lui pense que sa fidélité va de soi et que sa foi est une possession ferme et incontestable, dès qu'il ne sait plus qu'il dépend de la prière du Seigneur et qu'il est sans cesse tenu d'accueillir de manière neuve foi et fidélité, dès que, plein d'assurance, il se surestime et ne place plus toute sa confiance dans le Seigneur, alors sonne l'heure du coq, celle du reniement. À cet instant, il ne connaît plus son Seigneur et il est capable de le renier non seulement une fois, mais trois fois, c'est-à-dire totalement : « Je te le dis, Pierre, le coq ne chantera pas aujourd'hui que par trois fois tu aies nié me connaître. »

La *troisième tentation* : Pierre se mêle du destin de Jean (Jean 21,15 est suivi de Jean 21,20 *sqq.*). Pierre, qui renia Jésus trois fois, est questionné trois fois quant à son amour : « M'aimes-tu plus que ceux-ci ? » C'est ainsi seulement, sous cette condition uniquement, que la direction de la communauté lui est remise ; il garde les agneaux et paît les brebis en ceci que, dans l'amour, il suit Jésus. Mais un pape qui, au lieu de s'occuper de Jésus, prêterait attention à ce qui pourrait le dépasser dans l'amour de Jésus obtiendrait de Jésus, à sa question déplacée de savoir ce qu'il doit en advenir, cette réponse : « Que t'importe ? » Il y a donc des choses qui ne relèvent pas du pape. Chaque fois qu'un pape ne s'occupe pas de sa propre tâche, chaque fois qu'il veut s'occuper de tout, chaque fois qu'il ne voit pas qu'il y a des personnes et des choses sur lesquelles il ne peut pas statuer, chaque fois qu'il oublie qu'il y a des relations particulières à Jésus qui ne passent pas par lui, chaque fois qu'à côté de son chemin il n'admet pas aussi d'autres chemins, alors il lui faut entendre cette parole qui doit le frapper durement et qui, cependant, l'appelle encore à suivre Jésus : « Que t'importe ! Toi, suis-moi. »

La grandeur de la tentation correspond à la grandeur de la mission. Et le poids de la responsabilité qui pèse sur le service de Pierre est sans nul doute grand s'il veut *vraiment* être le roc, le détenteur des clés et le pasteur au service de l'ensemble de l'Église. Car l'époque est passée où – comme Léon X l'aurait dit au temps de Luther – l'on pouvait jouir de la papauté puisqu'elle est un don de Dieu, qu'il s'agisse de la jouissance de la chasse et des plaisirs ou, de nos jours, de la jouissance anachronique d'une liturgie fastueuse dans des habits luxueux et de grandioses manifestations. Combien de fois, avec toutes les peines et les désolations liées à ce service, avec toutes les occasions d'être incompris ou incapable, la foi va-t-elle vaciller (cf. Luc 22,32),

175

l'amour défaillir (cf. Jean 21,17), s'affaiblir l'espérance de s'imposer face aux portes de l'enfer (cf. Matthieu 16,18)… ?

Cependant, la question se pose : ne manquerait-il pas quelque chose à l'Église catholique, et peut-être même au christianisme, si tout d'un coup ce service de Pierre n'était plus là ? Comme je l'ai toujours souligné, il y a quelque chose de grand dans ce service quand il est compris lucidement et sans sentimentalisme, à la lumière de l'Écriture sainte, comme ce qu'il doit être : un service pour l'ensemble de l'Église ! La catégorie biblique de « service » fait totalement éclater les catégories « juridiques » du premier concile du Vatican en 1870. Je reprends :

– Cette primauté de service va bien au-delà d'une primauté honorifique (*primatus honoris*), dont les possibilités d'influence semblent bien trop limitées.

– Mais cette primauté de service est aussi plus qu'une primauté de juridiction (*primatus jurisdictionis*) : comprise seulement comme puissance et pouvoir, celle-ci serait un malentendu fondamental ; comprise selon son libellé, elle passe justement sous silence l'essentiel, le service, même s'il se peut qu'elle ne le renie pas. Le service de Pierre, suivant la Bible correctement désigné comme *primauté de service*, est une *primauté pastorale ou d'aide spirituelle* !

Ce service peut aussi attendre beaucoup de ses frères et sœurs, plus que ce qui lui est souvent accordé et qui ne lui est d'aucune aide. Donc ni soumission servile, ni dévotion exempte de critique, ni adulation sentimentale, mais intercession sincère et collaboration loyale, et aussi critique constructive, comme celle que Paul a publiquement formulée avec force à l'encontre de Pierre lors de l'assemblée de la communauté – qui reste un modèle pour tous les temps.

Dans cet esprit de collaboration loyale et de critique constructive, on doit aussi parler au chapitre suivant des avancées concrètes qui peuvent aider l'Église catholique à sortir de sa crise. Un programme d'espoir : se réalisera-t-il, ne fût-ce qu'en partie ?

6

Une thérapie œcuménique

Des mesures de sauvetage

L'ostéoporose du système ecclésiastique ?

Pour écarter les réformes, on entend sans cesse la même proposition simpliste : en fin de compte, l'Église ne serait pas une démocratie. Pourtant, du point de vue du Nouveau Testament, l'Église n'est certainement pas une dictature (religieuse) ! Plutôt qu'avec une monarchie (le règne d'un seul) ou une théocratie (le règne d'une caste sacrée), il faut la comparer avec une *démocratie* : c'est un règne de l'ensemble du peuple saint. En effet, tandis que dans le Nouveau Testament, tous les titres prestigieux, sacrés ou séculiers, sont strictement évités pour des serviteurs singuliers, ils sont très volontiers attribués à l'ensemble du peuple croyant, désigné comme « une race élue, un sacerdoce royal, une nation sainte » (Première lettre de Pierre 2,9) : « tu as fait d'eux pour notre Dieu une Royauté de Prêtres régnant sur la terre » (Apocalypse 5,10).

Dès le début, il y eut dans cette communauté ecclésiale de nombreux services (charismes, vocations), permanents et non permanents. Avec les prophètes et les docteurs, les *apôtres*, auxquels était confiée la charge de fonder et de diriger des Églises, appartenaient en première ligne aux serviteurs permanents. Ils trouvèrent leurs successeurs dans les différents *services pastoraux*, les services de direction. C'est de ce *service* ecclésial de direction que ces serviteurs (évêques, prêtres, et autres collaborateurs) détiennent une *autorité* spéciale ; ce n'est qu'à

177

partir du service que leur autorité peut vraiment être fondée. Les pasteurs de l'Église ne constituent donc en aucune façon une classe dirigeante avec un pouvoir de commandement unilatéral, face à laquelle la seule attitude possible serait une obéissance unilatérale. Ils ne sont pas un *dominium*, mais un *ministerium*. Ils ne forment pas une structure de domination, mais une structure spéciale de service.

On pourrait comparer cette structure de service – pour rester dans la terminologie médicale – avec le *squelette*, l'appareil qui soutient le corps de l'Église et qui doit être au service de tous les autres organes, donc avec la charpente osseuse qui fait tenir debout et maintient l'Église. Naturellement, si justement cet appareil de soutien est fatigué, voire sérieusement malade, par exemple pour cause de perte osseuse, d'*ostéoporose* (grec : *ostéon*, « os » ; *póros*, « orifice, pore, tuf »), c'est grave. Certes, les os tiennent encore ensemble en apparence, mais, souvent peu visible pendant longtemps et sans douleur, la densité osseuse diminue par la décomposition de la substance et de la structure osseuse. Une maladie qu'on découvre souvent par hasard, en général seulement après une fracture.

Une « ostéoporose » du système ecclésiastique – est-ce vraiment une comparaison plausible, qui peut s'appliquer à l'échelle sociale ? Par exemple à la perte et à la faiblesse de la structure ecclésiastique officielle, pouvant conduire à la paralysie et à l'effondrement ? En tout cas, les systèmes politiques peuvent non seulement être réduits de l'extérieur, mais aussi être minés de l'intérieur. Question : est-ce le cas de l'Église ?

Les systèmes autoritaires peuvent imploser

« Ne pourrait-il pas arriver au Vatican et à l'Église catholique ce qui est arrivé au Kremlin et au Parti communiste d'Union soviétique ? », me demandait il y a peu, en Italie, un catholique fin observateur de l'actualité. Sur la place Rouge, les membres fort âgés du Bureau politique ne saluaient-ils pas de la main d'imposantes parades militaires, avec des membres du Parti et des jeunes, alors que le système soviétique, en apparence inébranlable, était déjà en perdition ? Menacé, non pas tant par des puissances ennemies extérieures – contre lesquelles il s'était constamment prémuni avec des chars d'assaut, des missiles et des avions – que par la corruption, la décadence et la décomposition internes. S'il m'est permis de le transcrire dans le langage de la physique : ce ne fut pas une « explosion », mais plutôt une « implosion », le brusque effondrement d'un corps creux (le Parti) suite à une surpression (sociale) de l'extérieur.

Ce processus pouvait aussi, de l'avis de mon interlocuteur, se produire étonnamment vite dans l'Église catholique, comme le montrait l'effondrement durant ces dernières années de l'ancien catholicisme majoritaire en Irlande, en Espagne, en Belgique et même en Italie. De même pour le développement de la critique en Allemagne, où l'on a plusieurs fois remplacé le jubilatoire « nous sommes pape » après l'élection de Benoît XVI, par des paroles opposées comme « nous ne sommes pas pape » jusqu'à « nous sommes à plaindre » ! D'après un sondage du *Spiegel* du 6-7 juillet 2010, seulement 35 % des Allemands considèrent le pape comme un bon représentant de l'Allemagne, tandis que l'ancien chancelier fédéral, Helmut Schmidt, parvient à 83 %.

J'objecte toutefois à cela qu'on ne peut comparer la foi de la chrétienté, vieille de deux mille ans, à l'idéologie du Parti communiste qui avait à peine soixante-dix ans, et pas plus les deux mille ans de l'institution ecclésiastique avec les soixante-dix ans du système totalitaire soviétique. Le Kremlin lui-même reflète d'ailleurs cette histoire mouvementée. À l'ancienne Rome succéda Byzance en tant que « deuxième » Rome, puis, à cette dernière, Moscou en tant que « troisième » Rome. La deuxième sombra avec la conquête turco-musulmane de 1453, la troisième durant la Révolution d'octobre 1917, et l'empire communiste qui se constitua alors s'effondra après le tournant de 1989. Du coup la « première Rome » revendique de nouveau ses anciennes dominations sur l'ensemble de l'Église.

Dans chacune des trois « Rome », ne se voile-t-on pas la face sur la réalité des rapports de force ? Le patriarcat de Moscou mise sur la restauration de l'Église orthodoxe russe. Le patriarcat œcuménique de Constantinople veut l'unité de toutes les Églises orthodoxes d'Orient. Le Vatican rêve de la possibilité d'une rechristianisation du monde occidental devenu séculier, d'une reromanisation de l'Église protestante et anglicane et d'une restauration de l'Église catholique romaine d'avant le Concile. Ces attentes vont-elles se réaliser ?

C'est peu vraisemblable. En tout cas, la volonté d'amener l'orthodoxie d'Orient sous la domination de la primauté romaine et de l'infaillibilité du pape en en appelant à la parenté de structure et de conception des ministères restera une *illusion romaine*. Deuxième illusion : l'appréciation romaine qui voudrait que le protestantisme et l'anglicanisme disparaissent d'eux-mêmes par implosion, à cause d'un vide spirituel toujours plus grand et par un processus d'atrophie et de décomposition, même si les processus d'érosion, incontestables, doivent être pris au sérieux. Finalement, troisième illusion : l'effort pour moderniser et accroître ses propres prétentions au pouvoir, grâce à la centralisation et la bureaucratisation, pour établir une contre-société catholique romaine sur le rejet de la modernité et en même temps surmonter l'éloignement accru entre la hiérarchie romaine et le peuple catholique.

Une « implosion » peut même frapper un pays exemplaire comme la *Pologne*, dont l'Église avait développé une résistance admirable aux époques du national-socialisme et du communisme. Mais depuis l'effondrement du communisme, l'Église polonaise présente des signes d'érosion, devenus manifestes après la mort du pape polonais. Un peu avant Noël 2010, le père Ludwik Wiśniewski, dominicain, admirable lors du mouvement citoyen des années 1970, a ainsi adressé une mise en cause au nonce à Varsovie, comprenant sept thèses sur la situation déprimante du catholicisme polonais, avec copie au journal libéral *Gazeta Wyborcza* : « Le constat des Dominicains est accablant. Selon eux, cinq ans après la mort du pape Jean-Paul II, figure tutélaire et exemplaire de la Pologne, l'Église polonaise se perd dans un vain triomphalisme. Vingt ans après la victoire sur le communisme, elle ne semble puissante, imposante et multicolore que de l'extérieur. En vérité, elle fait penser à une baudruche gonflée. Le spectre espagnol d'une rapide sécularisation de la société, liée à une fuite massive hors de l'Église de la jeune génération, devrait bientôt atteindre aussi la Pologne » (Adam Krzeminski, journaliste de l'hebdomadaire de Varsovie *Polityka*, dans la *Neue Zürcher Zeitung* du 6 janvier 2011).

Le constat de Wiśniewski à propos de la Pologne confirme mon analyse : « Les responsables de la misère de l'Église sont les évêques conservateurs, qui se retranchaient derrière le mur d'un conservatisme aberrant et autorisaient les activités haineuses et pratiquement païennes de groupes catholiques et nationalistes, utilisant abusivement la croix comme un totem de leurs opinions politiques. » Wiśniewski voit même la faiblesse de l'Église avant tout dans l'épiscopat : « Le "talon d'Achille" de l'Église polonaise et de la conférence épiscopale est leur incapacité à s'orienter dans une société démocratique. Pourtant le pluralisme serait une chance, à la seule condition que les hommes communiquent entre eux et représentent les points de vue et les valeurs dans leurs diversités ». Les nominations d'évêques des vingt dernières années – donc dès le temps du pape polonais – étonnaient souvent, car elles concernaient des dignitaires "hors de ce monde", qui avaient certes grand standing à Rome mais aucun contact avec le véritable peuple de l'Église, et qui étaient réticents envers tout principe de collégialité. Selon Wiśniewski, « le pays se trouve au cœur d'une révolution sociale. Les jeunes Polonais émigrent en masse. Beaucoup perdent leurs repères, mais ce n'est ni avec de "saintes formules", ni avec une incessante damnation de l'Occident "pourri" et de la "conspiration" visant à anéantir le christianisme qu'on pourra les atteindre.»

Qu'on me permette une remarque : au lieu que les évêques, avec des milliers de catholiques polonais, voyagent à Rome pour une problématique béatification de Karol Wojtyla, il aurait peut-être mieux valu – en conformité avec les suggestions de Wiśniewski – que la situation de l'Église dans le contexte de la Pologne moderne soit discutée dans des cercles de travail composés d'évêques et de laïcs.

Tous les diagnostics de ce livre l'ont montré : l'état de la « patiente Église » est grave. Si l'on ne veut pas gâcher ses chances d'avenir, il demande des *mesures de sauvegarde.* Pas seulement des « discours » pour rassurer les croyants, mais des mesures déterminées pour réformer l'Église. Les exigences de ce chapitre ne sont pas mes idées personnelles, mais des mesures réformatrices exigées depuis des années, des décennies, en partie même depuis des siècles, mais sans cesse reportées. Il faut – au nom de la guérison – quelque amère et douloureuse médecine. Mais aussi (vis-à-vis de l'« ostéoporose ») une thérapie faite de plus de mouvements, d'air frais et de lumière solaire.

Comme dans mon programme détaillé écrit pour le Concile (1960), dans ce « plan de sauvetage » postérieur de cinquante années (qui aurait peut-être besoin aussi d'un concile), je m'efforcerai à une certaine exhaustivité. Je suis conscient du fait que beaucoup de ces réformes exigeront une génération et peut-être plus ; d'autres en revanche sont des mesures immédiates, et elles peuvent et doivent être transposées dans les faits. Dans toutes ces questions domine – à long terme pour quelques-unes, souvent à moyen terme et le plus souvent à court terme – la nécessité d'agir : l'Église retrouvera la santé et gagnera en vitalité seulement si la direction de l'Église se pose enfin ces questions et fait suivre ses paroles par des actes. Lesquels? On ne peut les désigner qu'en remontant à l'essence et à la mission de l'Église.

La norme pour réformer l'Église :
non pas un droit canon bricolé,
mais le Jésus-Christ historique attesté dans la Bible

Justification : l'Église est, dans sa définition brève, la communauté de ceux qui ont la foi en Christ : la communauté de ceux qui attestent activement que Jésus-Christ et sa cause, pour lesquels ils se sont engagés, sont l'espérance pour le monde. L'Église est crédible lorsqu'elle ne parle pas en première ligne du message chrétien à d'autres mais à elle-même, et que de la sorte elle ne fait pas que prêcher les exigences de Jésus, mais aussi les réalise. Toute sa crédibilité tient donc à la fidélité à Jésus-Christ. Dans cette mesure, aucune des Églises actuelles – et pas non plus l'Église catholique – n'est automatiquement et à tous égards identique à l'Église de Jésus-Christ. Une Église ne l'est que si elle reste fidèle à Jésus-Christ en paroles et en actes.

Toutes les réformes doivent donc se laisser mesurer au critère central de l'Église : au Jésus historique, tel qu'il vient à notre rencontre dans le Nouveau Testament, équivalant à nul autre dans sa prédication, son comportement et son destin, comme Christ des chrétiens, en dépit de toutes les tentatives critiques pour le réduire à néant. Encore faut-il qu'il soit transmis aux hommes d'aujourd'hui dans un langage actuel, et non dans un langage dogmatique et archaïque, incompréhensible pour les « laïcs ». Il entre alors vivant dans notre présent et en devient un critère concret.

On ne peut pas alors imaginer que Lui auquel en appelle le christianisme, s'Il revenait comme dans le récit de Dostoïevski (cf. chap. 1, « Un instantané inquiétant »), manifesterait de nos jours dans les questions controversées les mêmes dispositions que les autorités ecclésiastiques romaines, et souvent aussi les non romaines :

– que Lui, qui mettait en garde les Pharisiens contre les fardeaux trop lourds qu'ils plaçaient sur les épaules des hommes, déclarerait aujourd'hui encore que toute contraception «artificielle» est un péché mortel qui vide la sexualité de sa substance et qu'elle confine à l'avortement;

– que Lui qui, justement, invitait les déchus à sa table, interdirait à jamais sa table à tous les divorcés remariés;

– que Lui, qui était constamment accompagné par des femmes (se souciant de ses besoins) et dont les apôtres étaient tous mariés, interdirait, dans la situation actuelle, le mariage à tous les hommes ordonnés, mais aussi l'ordination de toutes les femmes;

– que Lui priverait progressivement les paroisses de leur prêtre et de leurs aumôniers et donc de leur célébration eucharistique régulière;

– que Lui, qui a pris la défense de la femme adultère et des pécheurs, édicterait de durs verdicts sur des questions délicates comme les rapports sexuels prénuptiaux, l'homosexualité et l'avortement, qu'il faut à l'évidence juger selon un regard critique qui sait différencier.

Non, je ne peux pas non plus envisager que, s'Il revenait aujourd'hui, Il serait d'accord:

– si dans le domaine œcuménique, on maintenait la différence de confession comme un obstacle au mariage et même, pour les théologiens laïcs (de même pour les candidats protestants au pastorat), comme un obstacle à exercer un service pastoral;

– si l'on contestait la validité de l'ordination et de la célébration eucharistique des pasteurs protestants;

– si l'on empêchait l'hospitalité eucharistique et les célébrations eucharistiques communes, la construction commune d'églises et de centres paroissiaux ainsi que l'instruction religieuse œcuménique;

– si au lieu de convaincre par des arguments ses propres théologiens, aumôniers, vicaires et catéchistes, mais aussi ses journalistes, ses représentants associatifs et ses responsables d'organisations de la jeunesse, on cherchait à les tenir en laisse par des sanctions, des décrets, des «déclarations» et des retraits de la *missio*...

Finalement, je ne peux davantage envisager qu'Il contesterait que les non-juifs et les non-chrétiens reconnaissent eux aussi le véritable Dieu et peuvent trouver le chemin qui mène jusqu'à Lui. Il a traité les gens de croyance différente d'une autre façon que beaucoup d'«orthodoxes» ou de «bons pratiquants» contemporains. Il les a respectés en tant que personnes en reconnaissant leur dignité. Lui qui était né d'une mère juive se réjouissait de la foi d'une femme syro-phénicienne ou d'un officier romain. Il accueillait amicalement les Grecs qui souhaitaient le voir et, non sans provocation, il proposait à ses compatriotes juifs un samaritain hérétique comme l'inoubliable modèle de l'amour du prochain.

Au vu de ce Jésus-Christ, les nécessaires *réformes* peuvent être précisées à travers les exigences concrètes suivantes. De son point de vue il importe fondamentalement de tenir ceci :

L'*Église* ne doit pas être comprise comme un appareil de pouvoir ni comme une entreprise ou un «trust religieux» en permanence gêné par le dialogue et la démocratie, mais comme «peuple de Dieu», «corps du Christ» et communauté mondiale et locale de l'Esprit.

Le *ministère* ecclésial ne doit pas être compris comme un «front bien ordonné» (*acies bene ordinata*) ni comme une «souveraineté sacrée» (une «hiérarchie»), mais comme un «service» (un «diaconat») auprès des hommes.

Le *pape* ne doit pas être compris comme un demi-dieu et un autocrate spirituel, ni comme le commandant en chef ou le PDG d'un trust, mais comme l'évêque qui guide l'Église catholique, dont la primauté collégiale et pastorale est intégrée dans un collège épiscopal au service de l'œcuménisme dans son ensemble.

Ces exigences de réforme, fondées en dernière instance sur la Bible, seront explicitées dans les paragraphes suivants.

L'Église doit renforcer ses fonctions principales et en même temps prendre en compte ses responsabilités sociales

Justification : si l'Église veut arriver à une guérison en profondeur, elle doit – au plan mondial et local – en premier lieu renforcer ses *fonctions principales ou de base.*

– Elle doit communiquer le *message chrétien* dans le langage des hommes d'aujourd'hui, de façon compréhensible, précise, différenciée et intéressante, sans archaïsmes bibliques ni dogmatismes scolastiques, mais aussi sans jargon théologique à la mode.

– Le *baptême* commun à tous les chrétiens, signe de l'unique foi au Christ, n'admet pas qu'une unique confession se comprenne et se comporte comme la seule à apporter le salut, ni que les différentes confessions chrétiennes se discriminent et s'excommunient à cause de leurs divergences doctrinales.

– L'*eucharistie*, ou *célébration de la sainte Cène*, est un repas de commémoration, d'action de grâce et de communion qui, dans l'esprit de Jésus et de la communauté chrétienne primitive, doit être signe d'unité au-delà des différences de statut, de formation, de génération et de théologie.

– Si l'Église veut retrouver la confiance des hommes en tant qu'Église servante, elle doit – du baptême à l'enterrement, en passant par la confirmation et les célébrations eucharistiques – fournir *des services pastoraux* qui interpellent.

Mais si l'Église veut arriver à une guérison en profondeur, elle doit en même temps – et encore une fois sur le plan mondial et local – *prendre en compte sa responsabilité sociale.*

– Non pas constituer une Église de « vrais chrétiens » ou de « fidèles de Rome » tournant autour d'eux-mêmes ou de leur chef spirituel.

– Mais pas davantage une Église de « droite » ou de « gauche » politisée, partisane, moralisatrice, s'immiscant dans toutes les questions possibles.

– À titre *individuel*, un *chrétien* peut prendre position sur toutes les questions qui se présentent à lui. Cependant, l'*Église comme communauté de foi* et ses représentants peuvent et doivent, dans les questions de société controversées, prendre publiquement position partout où, et seulement là où, leur charge spécifique leur en donne le pouvoir. Plus précisément : là où et aussi loin que l'Évangile de Jésus-Christ lui-même (et, dans sa ligne, les droits et les devoirs fondamentaux de l'homme) l'exige sans équivoque.

Bien entendu, dans la société actuelle, séculière et plurielle, l'Église doit aussi, avec courage et intelligence, défendre les valeurs chrétiennes, mais toujours dans le contexte des valeurs humaines communes à tous les hommes : l'*éthique* spécifiquement *chrétienne* est donc encadrée par une *éthique mondiale ou de l'humanité*, qui englobe les standards moraux et les comportements communs aux différentes religions et philosophies.

Cependant, face à des problèmes factuels souvent complexes, on ne pourra pas souvent, à partir de l'Évangile, dépasser l'énonciation de normes d'action cruciales, et il faudra renoncer à formuler des solutions toutes faites. C'est-à-dire qu'il faudra proposer des objectifs au lieu de prises de position politiques, des options de fond au lieu de recettes moralisatrices, des orientations pour un meilleur avenir au lieu d'une simple confirmation du *statu quo*.

Le pape doit s'efforcer d'unifier l'Église

Justification : celui qui revendique le ministère de Pierre doit, sur la base de sa foi au Christ, être le « roc » de l'unité de l'Église, et non un bloc de roche qui barre la route d'une unité nouvelle, comme même Paul VI, le pape du Concile, l'avait constaté à regret. Les papes furent les principaux responsables du grand schisme entre l'Orient et l'Occident (cf. chap. 2, « Le système romain divise la chrétienté ») et de la scission suite à la Réforme (cf. chap. 2, « Des Pères non saints et des réformes imposées » et « Le système romain divise la chrétienté »). Paul VI tenta de surmonter la scission entre l'Église d'Orient et d'Occident, mais il n'était pas prêt à renoncer aux prétentions romaines issues des réformes grégoriennes du XIᵉ siècle. Certains supposent que le pape Jean-Paul I, décédé dans des conditions mystérieuses après trente-trois jours, aurait ici fait un pas de plus. Toutefois, ses deux successeurs, les papes de restauration Jean-Paul II et Benoît XVI, à part beaucoup de belles paroles et peu de gestes, n'ont guère fait progresser réellement l'unité des chrétiens. Aussi les propositions et les intentions œcuméniques de Vatican II n'ont-elles été que partiellement appliquées dans la réalité.

Au contraire, beaucoup de catholiques constatent, avec une irritation et une tristesse croissantes, que Benoît XVI prend toujours plus ses distances avec le Concile sur de nombreux points (cf. le premier chapitre) : il ne s'agit pas seulement de ses occasions non saisies ou manquées de rapprochement avec les juifs, les musulmans et les Indiens d'Amérique du Sud, et surtout d'une entente meilleure avec les protestants et les orthodoxes. Mais il s'agit aussi de décisions de détail mineures, de nature concrète ou personnelle, qui montrent que ce pape, qui s'est même rapproché des quatre évêques schismatiques, anticonciliaires et antisémites de la Fraternité Saint-Pie-X, s'est toujours plus éloigné de Vatican II et donc aussi de la communauté des croyants.

L'écart avec Vatican II s'exprime symboliquement dans le vieux ou le nouveau goût du faste et de l'apparat vestimentaire du pape Benoît. Le pape du Concile, Paul VI, cultivait avant tout, pour les vêtements et l'organisation, un style simple et moderne. Dès le Concile, le 11 novembre 1964, il retira solennellement et pour toujours la tiare (la mitre médiévale des papes, avec une triple couronne), car elle est aussi le signe d'un pouvoir séculier. Et après le Concile, le 21 juin 1968, il édicta un *motu proprio*, le *Pontificalia Insignia*, pour simplifier et clarifier l'usage des insignes pontificaux pour tous les prélats – ce qui bien entendu n'a pas toujours été bien accueilli au Vatican.

Le pape Benoît vient maintenant à la rencontre de la réaction au Vatican et tente de faire passer une réforme de la réforme orientée vers le passé. Peut-être pense-t-il pouvoir compenser un peu la perte de la splendeur morale interne de la papauté – perte due aux scandales – par une restauration de la splendeur et de la gloire d'antan ? Mais Joseph Ratzinger a toujours eu un penchant pour le baroque et une nostalgie de l'ancienne liturgie. Malgré ce constat, beaucoup se sont étonnés que cet homme, qu'on croyait simple et modeste, aille sans tarder attirer l'attention sur lui par ses tenues vestimentaires. Il porte de nouveau volontiers, avec des chaussures modernes sur mesure de couleur rouge, une courte cape de velours rouge garnie d'hermine et bordée de soie (mozette), datant du XIIIe siècle. Il a fait sortir des entrepôts du Vatican la mitre garnie de pierres précieuses que Pie IX avait portée à l'ouverture de Vatican I, mais aussi le trône princier fastueusement ouvragé du successeur de ce dernier, Léon XIII, et une lourde crosse en or.

Au Vatican, beaucoup exultent de ce que, grâce au nouveau Maître des cérémonies pontificales, Mgr Guido Marini, des coutumes préconciliaires soient réintroduites : six cierges immenses garnissent l'autel du pape, les messes pontificales solennelles sont nanties de célébrants adjoints, deux cardinaux diacres portant la mitre. Il faut qu'il soit bien visible que ce n'est pas un simple évêque qui officie mais un monarque.

On pourrait sourire de voir ce pape se présenter au monde dans des habits raffinés toujours nouveaux et avec des mitres richement brodées : un faste et un attirail d'antan, qui inciteront peut-être certains évêques à faire de même. Mais qu'un pape allemand, après avoir déjà célébré le mercredi des Cendres 2008 dans des vêtements du pape Borghèse (Paul V), ait en outre fait confectionner trente nouveaux vêtements liturgiques selon le *design* du pape Médicis (Léon X, 1513-1521), qui condamna Luther et ne vit pas venir la Réforme (cf. *The Tablet* du 8 mars 2008) est plus qu'une fantaisie en faveur de la mode traditionaliste. Face à cet onéreux manque de tact envers les protestants et à cette indélicatesse envers les catholiques de tendance réformiste, on peut rester dubitatif. En tout cas, dans des messes pontificales de ce genre, la Cène de Jésus est à peine reconnaissable.

Mais plus graves que les incartades de style et les régressions liturgiques (par exemple le retour de la communion dans la bouche et non dans la main), il y a les constantes *nominations*, à des sièges épiscopaux ou aux postes décisifs de la Curie, *de personnes peu favorables ou même hostiles au Concile*. Là aussi, juste un exemple : en octobre 2010, Benoît a nommé préfet de l'importante Congrégation pour le clergé celui qui en était jusqu'alors le secrétaire, l'archevêque Mauro Piacenza. Il fut le principal architecte de l'« année sacerdotale 2009-2010 » qui, notamment à cause des révélations sur les scandales de la pédophilie, fut un « flop », et il est aussi l'initiateur de l'étrange recommandation de faire du « curé d'Ars », un prêtre du XIXᵉ siècle, le modèle des prêtres du XXIᵉ siècle. Piacenza s'oppose à toute discussion sur l'obligation du célibat des prêtres, c'est un adversaire de la langue vernaculaire dans la liturgie et de la célébration de l'eucharistie face à l'assemblée. Dans l'*Osservatore Romano*, il en appelle, sous toutes les formes, à une « réforme de la réforme » et défend, comme Joseph Ratzinger, une « herméneutique de la continuité » – qui en fait représente une herméneutique de la nostalgie préconciliaire. Cela va de pair avec la haute estime dans laquelle on tient l'historiographie apologétique de l'Église, dont le représentant allemand au Vatican, le professeur Walter Brandmüller, fut fait cardinal en 2010.

Certaines personnes, dans et hors de l'Église, ont invité le cardinal Ratzinger/pape Benoît, en tant que principal responsable de la ligne romaine réactionnaire et de la dissimulation des abus sexuels, à se retirer; je n'en fais pas partie. Mais je fais partie de ceux qui redoutent que ce pape, à cause de son isolement, ne s'éloigne encore plus du peuple de Dieu. La *théorie* classique *du schisme*, telle que le jésuite espagnol Francisco Suarez, ce grand théologien de l'époque baroque, l'a exposée par référence à d'autres auteurs, devrait lui servir d'*avertissement* (*Disputatio* XII *de schismata*, sectio I). Un schisme, une scission de l'Église, serait possible de deux façons; en se séparant du pape, mais aussi en se séparant du reste du corps de l'Église, «et de cette seconde façon, le pape pourrait devenir lui aussi schismatique s'il ne veut pas, ainsi qu'il le doit, maintenir l'unité et les liens de l'ensemble du corps de l'Église» («... *posset Papa esse schismaticus, si nollet tenere cum toto Ecclesiae corpore unionem et conjunctionem quam debet...*»).

Sous une forme positive, c'est donc le devoir du pape de maintenir l'unité interne de l'ensemble de l'Église: devoir de cultiver la cohésion spirituelle non seulement avec les partisans de Rome, mais aussi avec les catholiques critiques envers Rome qui, dans certains pays, forment une large majorité; devoir de ne pas s'installer trop confortablement dans le ghetto du Vatican, où d'ailleurs même d'importants membres de la Curie tiennent Benoît XVI pour un «autiste» érudit, centré sur lui-même ou égocentrique et isolé, qui célèbre de préférence une liturgie traditionnelle et écrit des livres qu'il voulait déjà écrire plus tôt, mais ne prend pas effectivement en compte la direction de l'Église et ne fait rien pour résoudre ses énormes problèmes qui s'accumulent.

Pourtant ces derniers points seraient importants pour une approbation publique dont, dans l'Église, même le ministère de Pierre dépend. Ce qui est, en tant que tel, décisif pour un pape, ce ne sont ni les prétentions, ni le «droit», ni la «chaîne de succession», mais plutôt la mise en œuvre, l'exercice, la réalisation du service effectif. Lors des grandes initiatives œcuméniques de Jean XXIII pour l'Église catholique, la chrétienté et le monde, les hommes furent peu intéressés par ce qu'il en était de la chaîne de succession, s'il pouvait ou non justifier historiquement la légitimité de son ministère. Ils étaient avant tout heureux et soulagés de voir qu'il y avait maintenant quelqu'un pour agir – malgré les nombreuses limites humaines et, aussi, les faiblesses dans la direction de l'Église – comme un « roc » capable, à notre époque, de procurer à la chrétienté un soutien et une nouvelle cohésion (cf. Matthieu 16,18 : « Sur cette pierre je bâtirai mon Église »). Il y a quelqu'un ici qui, à partir d'une foi solide, est à même d'affermir et d'encourager les hommes (cf. Luc 22,32 : « Affermis tes frères »). Il y a quelqu'un ici qui, pour employer une image expressive du temps de la Bible, veut comme son Seigneur garder les brebis dans un amour désintéressé (cf. Jean 21, 15-17 : « Pais mes brebis »). Les gens ne devinrent pas pour autant massivement catholiques. Mais ils sentaient spontanément que ces actes et cet esprit étaient soutenus par l'Évangile de Jésus-Christ et, en tout cas, qu'ils étaient justifiés par lui. Un début de papauté œcuménique ? Jusqu'à présent, c'est ce qu'a empêché la centrale romaine, la Curie, obstacle principal à une entente œcuménique.

Il ne faut pas supprimer la Curie romaine, mais la réformer selon l'Évangile

Justification : le grand Romain Caton l'Ancien prenait soin de terminer tous ses discours à la *Curia* du sénat romain par la formule suivante : *Ceterum censeo Carthaginem esse delendam* (« je pense en outre que Carthage doit être détruite »). J'applique cette formule à la Curie romaine et je dis, sans doute avec beaucoup d'autres : *Ceterum censeo Romanam curiam esse reformandam* (« Je pense en outre que la Curie romaine doit être réformée »).

À proprement parler, ce n'est que depuis le XIe siècle qu'existe une Curie « romaine » ou pontificale. Elle est devenue nécessaire après la réforme grégorienne imposée d'en haut par

192

le gouvernement ecclésiastique centralisateur de l'Occident latin. De nos jours, il ne s'agit pas d'exiger sa suppression, mais bien sa réforme radicale, qui doit être déterminée suivant les exigences de l'Évangile mais que l'on peut aussi rattacher à des impulsions de François d'Assise (cf. chap. 3, « Propension à la violence et esprit de croisade »).

Humilité évangélique : il faut renoncer aux titres honorifiques non bibliques ; ou bien ils ne reviennent qu'à Dieu ou au Christ (*Sanctissimus Dominus*, *Beatissimus Pater*, Sa Sainteté, Saint-Père, chef de l'Église, etc.) ou à tous les chrétiens ou aux évêques (comme représentants du Christ, etc.). Attribuer au pape le titre du grand prêtre païen, *Pontifex maximus*, et d'autres semblables, est pour le moins sujet à malentendus. Les titres appropriés sont : évêque de Rome, serviteur des serviteurs de Dieu, peut-être pasteur suprême. La retenue est opportune pour l'emploi des mots « apostolique » et « saint » quand il s'agit de personnes et d'institutions.

Simplicité évangélique : il ne s'agit pas d'une pauvreté romantique irréaliste, mais de renoncer à la pompe et au luxe hérités du pouvoir de Pierre des temps anciens. De rester modeste pour l'habillement, le personnel employé, la tenue de la maison, la garde d'honneur et avant tout en matière liturgique. Les distinctions pontificales et les honneurs de la cour ont peu de sens dans une Église de service.

Fraternité évangélique : il faut renoncer à tous les styles de gouvernement absolutistes, au style des discours et des décrets impériaux, aux procédures secrètes. Aucune décision ne doit être prise en solitaire, sans le concours de l'Église, en négligeant la collégialité avec l'épiscopat. Que le synode des évêques ne soit pas seulement consultatif, mais aussi codécisionnaire, qu'il y ait peut-être même un conseil de laïcs. Qu'on limite l'influence des nonces apostoliques sur les conférences épiscopales et les nominations d'évêques (les nonciatures ne devraient pas devenir des dénonciatures, avait-on relevé à Vatican II).

Liberté évangélique : il faut promouvoir l'autonomie des

Églises et des services pastoraux selon le principe de subsidiarité. Alléger et réduire l'appareil de pouvoir hypertrophié de la Curie. Recourir à l'ensemble de l'Église lors de l'élection du pape (au moyen du synode des évêques et d'une représentation des laïcs).

Naturellement, je sais qu'ici je formule des exigences maximales dans une perspective à long terme. Mais il faudrait voir tout ce qui serait réalisable à court terme, ou au moins à moyen terme. Car de même que le monarque et la couronne britanniques ont déjà dû fondamentalement se transformer et n'ont pu subsister qu'ainsi, de même devrait-on pouvoir demander au pape que lui-même et sa Curie se modifient fondamentalement pour que d'un *Imperium Romanum* médiéval naisse un *commonwealth* catholique adapté à notre époque. Dans une perspective chrétienne, ces exigences ne sont rien moins qu'évidentes.

Au lieu du favoritisme, nommer plus de personnel qualifié et compétent

Justification : les structures vaticanes du pouvoir doivent devenir transparentes et publiques. En effet, qui possède le pouvoir au Vatican ? Il suffit de jeter un coup œil dans l'*Annuario Pontificio*, publié tous les ans (je dispose de l'édition de 2004, qui compte plus de 2 200 pages) pour voir à quel point l'appareil du pouvoir de la *Curia romana* est complexe et minutieusement organisé : la Secrétairerie d'État est au centre du pouvoir, avec toutes ses Congrégations (ministères), Tribunaux, Conseils pontificaux, Offices et Commissions pontificaux. S'y rajoute naturellement la hiérarchie catholique du monde entier, avec tous ses patriarcats, ses archidiocèses et ses diocèses, ses ordinariats, vicariats, préfectures, etc.

Mais l'organisation apparente fait très facilement perdre de vue qu'au fond le Vatican est encore resté une « cour », le siège d'un souverain au règne absolu, avec des costumes et des habitudes à la fois médiévaux, baroques et modernes. Innombrables sont les «courtisans» de divers rangs, allant des *Reverendi* et des *Monsignori* aux Excellences et aux Éminences – une société de cour masculine et célibataire, vivant suivant une étiquette et dans une atmosphère spéciales. Et plus haut quelqu'un s'élève jusqu'à la proximité du souverain, moins cela dépend d'abord de la compétence ou du caractère, et plus cela vient de la faveur du souverain : c'est lui qui détermine qui est *persona grata* ou *non grata*. Même aux plus bas échelons, le Vatican est largement régi par le «favoritisme». Selon le dictionnaire *Duden*, ce terme désigne «l'attribution de postes à des favoris à la place des personnes compétentes».

Que le pape se comporte aujourd'hui encore de cette façon est attesté par la publication des plus récentes dépêches de Wikileaks. À partir des 729 rapports que des diplomates américains ont envoyés au Département d'État (cf. Ulrich Schwarz, *Spiegel online* du 11 décembre 2010), on peut voir à quel point ils devaient fréquemment clarifier le fonctionnement de l'étonnante cour-État vaticane. Selon une dépêche de 2009, cette Église serait «très hiérarchique» et néanmoins chaotique. Le plus souvent, «seule une poignée d'experts connaît les décisions à l'ordre du jour». Et il serait de règle qu'ils approuvent simplement leur chef. Quasiment personne n'ose critiquer le pape ou lui transmettre de mauvaises nouvelles. Les conseillers indépendants seraient rares. Le cercle resserré du Vatican serait presque exclusivement constitué d'Italiens (une tendance d'ailleurs considérablement renforcée par les nominations de cardinaux de l'année 2010), qui s'entretiennent entre eux dans un jargon propre à la Curie et difficile à comprendre ; ils ne comprennent ni les médias ni les techniques d'information modernes. Même le cardinal secrétaire d'État ne parle pas l'anglais, et c'est de toute façon un «béni-oui-oui».

Aujourd'hui, les *cardinaux* occupent partout les sommets de l'appareil de pouvoir de la Curie. Le cardinalat, contrairement à l'épiscopat, est conféré par un choix et une consécration, donc est aussi décerné par la faveur du pape (« librement choisi par le pontife », canon 351, § 1). À l'origine, les cardinaux étaient employés – « incardinés » (lat. : *cardo*, « gond ») – comme ecclésiastiques dans les principales églises de Rome, plus tard ils devinrent les chefs des églises de Rome. Suite à la réforme grégorienne seulement, ils reçurent une importance générale dans l'Église en tant que légats pontificaux, mais surtout par leur privilège d'électeurs du pape. Dans l'usage linguistique de la Curie, ils sont aujourd'hui encore désignés comme des « créatures du pape », car ils n'obtiennent pas leur « chapeau rouge » par un sacrement ou une consécration, mais uniquement par la faveur du pape. Il appelle les évêques « frères », mais les cardinaux sont ses « fils ». Ils sont certes souvent qualifiés de « conseillers supérieurs du pape » ; cependant, même pour les cardinaux de la Curie, cette fonction est contenue dans d'étroites limites. Sauf lors de l'élection du pape, ils ne se réunissent guère pour former un véritable conseil. Au début, le pape Ratzinger l'a tenté, mais il y a vite renoncé. Même le soi-disant « consistoire » pour la nomination de nouveaux cardinaux est le plus souvent une formalité. Benoît XVI a tenté une modification, mais sans succès. Finalement, ayant toujours la parole, lui non plus n'attend aucune opposition.

On l'a encore vu lors du consistoire du 19 novembre 2010 : à l'occasion de la « création » de nouveaux cardinaux, l'ensemble des cardinaux et des prêtres séminaristes furent invités à une sorte de journée de récollection avec prières et liturgie. Ce ne fut certes pas pour discuter avec sérieux et franchise des problèmes de l'Église, mais pour écouter des conférences d'experts pontificaux de haut rang sur de brûlantes questions actuelles (les Anglicans, les abus sexuels, la déclaration *Dominus Jesus*, la sécularisation de l'Europe) : il n'y eut pas de temps pour débattre, ce fut un endoctrinement romain. Eugene Cullen Kennedy, psychologue et théologien connu de l'université Loyola de Chicago, commenta l'opération dans un article précédent ce consistoire (*National Catholic Reporter* du 12 novembre 2010) : « Si les cardinaux réfléchissent ou prient vraiment, ils n'auront pas le temps d'exprimer beaucoup de consternation sur ce qui n'est pas un simple "point à l'ordre du jour" [est visée la problématique des abus sexuels], mais vraiment une plaie qui, jusqu'à présent, est restée sans diagnostic, pour l'essentiel sans traitement et visiblement sans guérison. Que ce point ait été placé tout à la fin de l'ordre du jour, sans donner à ces hommes un forum d'échanges, eux qui partagent pourtant la solennelle obligation de creuser et de traiter ce problème, peut faire d'eux des séminaristes, mais cela provoque quelque chose de bien plus grave encore pour les catholiques en général et les victimes d'abus sexuels en particulier. Cela montre en effet que ces princes de l'Église, dégradés en séminaristes, ne peuvent simultanément réfléchir et prier. Et en tout cas cela montre clairement qu'ils peuvent en même temps – peut-être sans le vouloir et sous le prétexte du patronage du pape – en un seul et même jour scandaliser et abuser des catholiques dans le monde entier. »

Ce sont en l'occurrence des *évêques de cour*, dont le nombre s'est hélas fortement accru suite à une décision malheureuse de Jean XXIII, qui dépendent de la faveur des monarques de l'Église. Il s'est laissé convaincre par des membres de la Curie de faire de l'ensemble des secrétaires de congrégations, qui étaient jusqu'alors des *Monsignori* de divers grades, des archevêques, et ce sans aucun examen. De ce fait ils furent placés au même rang que les évêques diocésains, ou à un rang protocolaire supérieur, et le parti de la Curie en fut renforcé dans le Concile et l'Église.

La bureaucratie vaticane, qui comporte bien entendu bon nombre de collaborateurs capables, pourrait sans problème être réduite de moitié si, d'une part, suivant le principe de la subsidiarité, on l'allégeait de tâches inutiles, et si, d'autre part, on pourvoyait justement les postes les plus élevés de personnes compétentes. En effet, il règne aujourd'hui une *pénurie de relève hautement qualifiée*. La crise de la relève dans l'Église catholique a bien entendu des répercussions aussi sur le Vatican. Toujours moins de diocèses peuvent ou veulent envoyer leurs meilleurs éléments à Rome pour étudier ou entrer à la Curie. Tout comme dans les séminaires diocésains de beaucoup de pays, il y a un manque de forces hautement qualifiées à Rome, dans les collèges pontificaux. Même le Pontificium Collegium Germanicum de Rome, où j'ai moi-même passé sept années d'études précieuses, qui était appelé alors la «pépinière de l'épiscopat allemand», souffre aujourd'hui d'un processus d'atrophie. Au lieu des 120 élèves internes de jadis, il y en a, pour l'année d'étude 2009-2010, seulement 63. De plus, les nationalités ont changé. Autrefois, les élèves internes provenaient principalement des pays de langue allemande, maintenant la moitié vient des anciens pays «de l'Est». D'Allemagne, sont issus seulement quatre «nouveaux germanistes», d'Autriche et de Suisse aucun.

Mais il n'y a pas que les diocèses qui ont de graves soucis de relève, les Ordres aussi sont frappés. En revanche, à la Curie romaine, un autre personnel ignoré autrefois s'est largement fait sa place. C'est celui des *mouvements* (*movimenti*) fondamentalistes, qui ont pris un puissant essor avec l'entrée en fonction du *pontifex* polonais et n'ont cessé d'accroître leur influence y compris à la Curie.

C'est le grand mérite de Hanspeter Oschwald, journaliste et écrivain qui a derrière lui une expérience de plus de quarante ans de reportages sur le Vatican, d'avoir percé à jour, à grand-peine, ce réseau des nouveaux mouvements, fort peu transparent: *Im Namen des Heiligen Vaters. Wie fundamentalistische Mächte den Vatican steuern* (Heyne, Munich, 2010)[1]. À partir de nombreuses informations, Oschwald (p. 157 *sq.*) déduit une hiérarchie entre les mouvements, qui sont à séparer en deux groupes:

– Le premier exerce le plus grand pouvoir dans l'appareil. Il

---

1. «Au nom du Saint-Père. Comment les forces fondamentalistes pilotent le Vatican», non traduit en français.

est constitué par : 1) l'Opus Dei, 2) les Légionnaires du Christ, 3) Communione e Liberazione, 4) le Chemin néocatéchuménal, 5) le Mouvement des Focolari, 6) la Communauté de Sant'Egidio.

– Le second groupe exerce la plus forte influence sur le pape lui-même : 1) le secrétaire Georg Gänswein et le cardinal secrétaire d'État Tarcisio Bertone, 2) la Communauté catholique d'intégration (par des relations personnelles et privées), 3) l'Opus Dei, 4) des traditionalistes (par une proximité de pensée).

Mais ces mouvements n'agissent pas de concert. D'après Oschwald, selon l'image que ces organisations ont d'elles-mêmes, on peut différencier trois groupes : 1) les réactionnaires. en font partie les créations espagnoles que sont l'Opus Dei et les Légionnaires du Christ, ainsi que les traditionalistes ; 2) les communautés qui se réfèrent aux « premiers chrétiens », et qui sont dominés par le Chemin néocatéchuménal, le Mouvement des Focolari et la Communauté catholique d'intégration (Munich) ; 3) ceux qui ont un fort poids politique : en font partie Communione e Liberazione et Sant'Egidio.

Certains lecteurs seront déconcertés par tous ces noms, mais ils sont moins déconcertants que la situation d'ensemble qui en résulte à la Curie romaine. Il y a un manque de personnes compétentes à la Curie, mais on ne manque pas de « carriéristes ». Le « carriérisme » à la Curie, cette aspiration sans scrupule au succès par une carrière rapide, fut même publiquement dénoncé par le cardinal Joseph Ratzinger. Mais il aurait pu nommer bien plus nettement ce qui, du Moyen Âge à nos jours, est resté le signe distinctif du système curial : népotisme, favoritisme à l'égard de parents, esprit de coterie, rapacité, corruption, dissimulation. On a un aperçu concret sur la vie actuelle de la Curie, avec beaucoup d'exemples de dysfonctionnement, dans le livre *Via col vento in Vaticano* (*Le Vatican mis à nu*), écrit en 1999 par Mgr Luigi Marinelli (sous le pseudonyme de « Les Millénaires »), âgé alors de 72 ans ; entre-temps décédé, il était membre de longue date de la Congrégation pour les Églises orientales. Il s'entoura de neuf ou dix coauteurs, et la première édition s'est vendue à 100 000 exemplaires en trois semaines. Marinelli obtint en 2003 le prix Herbert-Haag « Pour la liberté dans l'Église ». Dans son livre, il décrit le système romain comme un système délabré, qui nécessiterait d'urgence une réforme radicale, y compris de l'administration ordinaire, mais cependant avant tout des finances vaticanes.

Glasnost et perestroïka pour les finances de l'Église

Justification : depuis la naissance de la Curie romaine au XIᵉ siècle, les papes ont un rapport problématique à l'argent. Le mouvement de réforme de Cluny soumit directement au Saint-Siège ses centaines de monastères et lui procura d'énormes recettes et d'immenses biens fonciers partout en Europe. Comme d'autres évêques de Rome, le grand Innocent III ne cessa de réfléchir à de nouvelles sources d'argent et demanda même à chaque participant du quatrième concile œcuménique du Latran de lui faire un « cadeau d'adieu ». En particulier durant le Grand Schisme, la nouvelle résidence du pape et celle de la Curie à Avignon exigèrent de colossales sommes d'argent. C'est pourquoi un ingénieux système d'impôts et de taxes fut développé, et il s'est conservé en partie jusqu'à nos jours. Puis la pratique des indulgences de Léon X, initiée par les banques et les maisons de commerce des Médicis pour financer la nouvelle construction de la basilique Saint-Pierre, fut l'occasion immédiate des *Thèses* de Martin Luther.

La Curie romaine n'est pas non plus en reste de scandales financiers (ou de réformes financières insuffisantes), même à l'époque moderne. Vers la fin du XIXᵉ siècle, le pape Léon XIII, en liaison étroite avec la Banco di Roma, fonda la Commission « Ad pias causas » (« Au profit des bonnes œuvres ») et il rendit ainsi possible un engagement du Vatican dans les Bourses de Londres, Paris et Berlin. Sous le pape Pie XII, il en sortit en 1942 l'« Istituto per le Opere di Religione » (IOR : « Institut pour les œuvres de religion »), la propre banque du Vatican, qui opérait toutefois de façon fort opaque et jusqu'à nos jours n'est pas du tout mentionnée sur la page d'accueil du site Internet du Vatican.

Mais dès les pontificats de Paul VI et de Jean-Paul II, d'énormes scandales financiers furent mis en lumière. On a beaucoup écrit sur le trio criminel qui en fut l'instigateur. Ce sont :

– Mgr Paul Marcinkus, américain, promu président de l'IOR et archevêque titulaire ;

– Michele Sindona, banquier sicilien mafieux et « blanchisseur » d'argent, conseiller de Marcinkus ;

– Roberto Calvi, président de la Banco Ambrosiano, la plus grande banque privée d'Italie, qui fit faillite en 1987 avec une perte gigantesque d'environ 3 milliards de dollars.

L'archevêque fut protégé par le Vatican d'une arrestation par la justice italienne et, après un long séjour au Vatican, il fut expédié en toute discrétion aux États-Unis. Le banquier mafieux mourut – meurtre ou suicide – d'un espresso empoisonné dans une prison italienne. Calvi, le « banquier de Dieu », fut retrouvé pendu sous un pont de la Tamise en 1982. C'est pour cette raison qu'eut lieu, la même année, la première enquête italienne sur les finances vaticanes.

Et le Vatican ? Personne n'y remuait le petit doigt pour éclaircir ces activités criminelles, mais en tant que principal actionnaire de la Banco Ambrosiano, le Vatican paya « de son plein gré » 240 millions de dollars sans reconnaître une quelconque faute. Le cardinal Joseph Ratzinger, depuis 1981 au centre du pouvoir comme président de la Congrégation pour la doctrine de la foi, se concentrait sur le combat contre la théologie de la libération en Amérique latine et lança une procédure contre Leonardo Boff, un théologien brésilien de grand mérite.

Parmi d'autres, David A. Yallop a, dans son best-seller intitulé *Au nom de Dieu* (1984), rendu compte en détail de toutes les implications du Vatican. Toutefois, il n'a pas pu établir de lien avec la mort soudaine et mystérieuse du pape de trente-trois jours, Jean-Paul Ier, qui était très remonté contre l'IOR, ni éclaircir le rôle de Giulio Andreotti, qui fut sept fois Premier ministre : bien qu'il fût à maintes reprises mis en cause pour ses relations avec la mafia, il réussit chaque fois à se soustraire à la justice italienne. Le Vatican, par ailleurs prompt à délivrer des verdicts moraux, n'a exprimé de critique ni sur l'«affaire Andreotti», ni sur l'«affaire Berlusconi».

Une nouvelle situation, déjà mentionnée plus haut (chap. 1, «Poussée de fièvre»), se mit en place en 2009, avec la publication de plus de 4 000 documents originaux – pièces comptables, lettres, comptes rendus du conseil d'administration, numéros de comptes, bilans – tirés des archives secrètes du consciencieux Mgr Renato Dardozzi (1922-2003), mandataire du secrétariat d'État du pape pour l'IOR et donc au courant de tous les secrets financiers du Vatican. Toute sa vie il resta loyal à son devoir de réserve, mais dans ses dernières volontés il y avait la demande suivante : «Ces documents doivent être publiés pour que tous sachent ce qui s'est passé.» Cachés dans une ferme tessinoise[1] pour des raisons de sécurité, les documents furent enregistrés et photocopiés en Italie après la mort de Dardozzi. En 2009, sur ordre de l'exécuteur testamentaire, les plus importants d'entre eux furent commentés et publiés par le journaliste Gianluigi Nuzzi sous le titre *Vaticano S.p.A.*, édition française : *Vatican S.A.* (Paris, Hugo et Compagnie, 2011). Sous-titre : *Les archives secrètes du Vatican – La vérité sur les scandales financiers et politiques de l'Église.* Depuis, on connaît avec précision les stratégies d'occultation, les circuits de pots-de-vin et les comptes secrets d'hommes politiques italiens de haut rang, en particulier ceux d'Andreotti, et aussi d'autres personnalités.

La publication fut un terrible choc pour les hommes du Vatican. Le pape Benoît XVI et son cardinal-secrétaire Tarcisio Bertone se virent mis au défi d'agir. En effet, en Italie, 250 000 exemplaires

---

1. Dans le canton du Tessin, au sud de la Suisse (lieu de passage avec l'Italie).

de ce livre, paru en mai 2009, furent vendus en peu de mois. Des changements décisifs s'ensuivirent au Vatican : le chef de l'IOR, Angelo Caloia, en fonction depuis vingt ans, fut prématurément « congédié » et remplacé par un nouveau président, Ettore Gotti Tedeschi, lui aussi un proche de l'Opus Dei et un ami de Bertone. Le poste d'un « prélat » de l'IOR – au centre d'opérations financières dénuées de scrupules – fut supprimé, et celui qui l'occupait (l'ancien secrétaire privé du cardinal secrétaire d'État Sodano) muté en Afrique comme nonce. Et dans son encyclique sociale *Caritas in veritate*, Benoît XVI osa prononcer une condamnation des activités financières qui nuisent aux hommes…

Cependant, il y eut d'importantes conséquences politiques et juridiques pour le Vatican, jusqu'à présent si soucieux du secret absolu ; le nouveau chef de l'IOR, Gotti Tedeschi, fut, le 29 novembre 2009, forcé de signer une convention où le Vatican s'engageait à observer les lois en vigueur dans l'UE pour empêcher le blanchiment d'argent : « L'État du Vatican s'engage à adopter les actions opportunes, à travers une transposition directe ou d'éventuelles actions équivalentes, pour appliquer toute la réglementation communautaire pertinente en matière de prévention du blanchiment des capitaux illicites, prévention des fraudes et des contrefaçons des moyens de paiement, qu'ils soient comptants ou non. Il s'engage en outre à adopter toute la réglementation communautaire pertinente en matière bancaire et financière quand un secteur bancaire est créé dans l'État de la Cité du Vatican » (cf. Nuzzi, p. 18). La convention est entrée en vigueur le 1er janvier 2010. Ainsi, tout semblait en ordre…

Or, qu'est-ce qui est arrivé ? Comme on l'a dit dans le premier chapitre, en octobre 2010 passa une information dans les médias qui suscita « consternation et étonnement » au Vatican : « le Parquet de Rome enquête sur la banque du Vatican à cause d'un soupçon de blanchiment d'argent. » 23 millions d'euros de fonds non déclarés auraient été déposés par le Vatican sur le compte d'une banque italienne et auraient été saisis pour cette raison. Une procédure judiciaire fut engagée contre les nouveaux responsables de l'IOR, le président Gotti Tedeschi et le directeur général Paolo Cipriani ; ils furent convoqués à une audition. L'immunité vaticane (« nous sommes un État souverain ! »), dans le passé souvent utilisée abusivement, ne leur fut d'aucun secours. Ils ne purent expliquer aux juges de façon satisfaisante ni l'origine ni le but des millions saisis. Depuis ce moment, les institutions italiennes traitent la banque du Vatican comme une quelconque et obscure banque off-shore qui, dans les Caraïbes ou ailleurs, sert de paradis fiscal. L'affaire est désormais entre les mains de la Cour suprême italienne.

Poursuivis par une procédure judiciaire italienne et menacés de sanctions par l'UE, le pape Benoît et les personnes compétentes de la Curie se sont décidés à faire avancer énergiquement leur réforme des finances du Vatican. Cela fait exactement trente ans que le cardinal Ratzinger est entré dans la sphère la plus intime du pouvoir de la Curie, et plus de cinq ans qu'il est pape – un temps suffisant donc, mais maintenant il y a urgence ! En pleine période de Noël, le 30 décembre 2010, le pape annonça dans une « Lettre apostolique » la mise en place d'une autorité de régulation (*Financial Information Authority*), entrée en vigueur le 1er avril 2011, et l'adoption de nouvelles lois et de sanctions plus sévères pour tous les organes de la Curie (y compris pour la Congrégation pour l'Évangélisation des peuples qui, avec ses nombreuses propriétés foncières, fait également l'objet d'une procédure judiciaire). But de l'action du pape : garantir « la prévention et la lutte contre les activités illégales dans les domaines financier et monétaire ».

Cette purification de sa propre maison par le pape a été saluée à bon droit. La pression extérieure a conduit le Vatican à progresser. Mais naturellement, tout dépend de la façon dont les nouvelles dispositions seront mises à exécution par la banque du Vatican, en particulier de la façon dont la commission de régulation de cinq membres (responsables exclusivement envers le pape) sera composée et dont elle fonctionnera (une telle commission bancaire a déjà existé, sans grand succès). Il ne s'agit pas ici seulement de quelques traditionnels « défauts de construction » de la banque du Vatican, mais d'un manque fondamental de transparence au sein du système romain en général. Cependant, cela démontre combien les papes, auxquels Vatican I attribue la suprême et pleine juridiction sur toutes les Églises et sur chaque chrétien, se sont montrés incapables ne serait-ce que de contrôler effectivement leur propre banque.

Mais le Vatican vit désormais en grande partie des dons des croyants et des prélèvements et taxes des diocèses, et la banque du Vatican gère les milliards d'euros d'économies des Ordres, des organisations religieuses et des diocèses du monde entier, et elle met ses bénéfices à la disposition du pape. Ce qui a été exigé il y a quelque temps du Kremlin, on peut tout autant l'attendre de la centrale de l'Église catholique par rapport à une politique financière totalement opaque :

– *Glasnost* (russe : « publicité [des débats] ») : en effet, le Vatican devrait montrer qu'il s'efforce à la « transparence » dans sa gestion financière et rendre publiques des informations sincères ;

– *Perestroïka* (russe : « reconstruction ») : le Vatican devrait s'engager à « restructurer » les finances vaticanes et à « réorganiser » ou « réorienter » sa politique financière. Est-ce trop demander ?

C'est aussi ce que stipule l'*Union européenne* dans l'accord conclu en 2009 avec le Vatican et entré en vigueur en 2010. Mais la *communauté ecclésiale catholique* a le droit de demander la même chose à sa centrale romaine. Son onéreux système de prélèvements et de taxes a jusqu'à présent été largement caché au clergé et au peuple catholiques au Vatican. Chaque chose – des titres de prélat aux béatifications en passant par les procès matrimoniaux – a son prix. Mais le public, et en particulier les catholiques, veut savoir combien de millions versent chaque année à la Curie les Églises catholiques, par exemple celles d'Allemagne ou des États-Unis (les deux principaux « sponsors » du Vatican, souvent peu appréciés ou respectés dans les pratiques de la Curie) – comparé au libre don du «denier de Saint-Pierre», relancé par Pie IX et d'ordinaire tiré des collectes lors de la fête des apôtres «Pierre et Paul». Explication et transparence sur les fonds des croyants sont donc exigées de toute urgence. On est tenté de citer Matthieu 10,27 : «Ce que je vous dis dans les ténèbres, dites-le au grand jour ; et ce que vous entendez dans le creux de l'oreille, proclamez-le sur les toits.»

L'utilisation de l'*argent des impôts au bénéfice des Églises dans les diocèses allemands* est nettement plus transparente, surtout dans des diocèses comme Rottenburg-Stuttgart, où le conseil pastoral, composé de représentants du clergé et des laïcs, peut codécider sur le budget. Encore plus démocratique et plus proche de la structure ecclésiale néotestamentaire est le système d'impôt ecclésiastique des cantons suisses : les impôts ne sont pas déversés par centaines de millions de francs dans une caisse épiscopale centralisée, comme en Allemagne, mais prélevés localement par l'ensemble des paroisses, lesquelles décident de son usage à leur niveau, avant d'en verser un certain pourcentage au diocèse.

Cependant, depuis peu se pose le problème du nombre accru de gens qui quittent l'Église comme collectivité de droit public et, ce faisant, ne veulent plus payer l'impôt ecclésiastique, tout en continuant de se considérer comme des membres de la communauté de foi catholique. La conférence épiscopale allemande a reçu de Rome la consigne de ne plus excommunier désormais automatiquement ces croyants, mais de vérifier lors de chaque retrait si la personne s'est détournée seulement de l'Église ou bien aussi de la foi chrétienne. Dans le premier cas, ces chrétiens pourraient avoir recours aux prestations de l'Église, même si elles ne payent pas d'impôt ecclésiastique. En conséquence, il est bien possible que le tribunal administratif fédéral de Leipzig, que Harmut Zapp, canoniste retraité de Fribourg, avait saisi pour cette affaire, se prononce pour un statut de «catholique non assujetti à l'impôt».

Ne pas réformer l'Inquisition, mais l'abolir

Justification : beaucoup des pages les plus affreuses de l'histoire de l'Église s'écrivent sous la terrible rubrique de l'«Inquisition». La poursuite systématique en justice des hérétiques par un tribunal ecclésiastique (*Inquisitio haereticae pravitatis*) n'avait pas seulement le soutien du pouvoir séculier, mais aussi celui de larges couches populaires, qui jouissaient souvent avec grande avidité des exécutions d'hérétiques. Ainsi l'Inquisition est hélas devenue une marque avant tout de l'Église catholique romaine, même si des exécutions d'«hérétiques» eurent lieu aussi dans les Églises réformées.

Jetons un bref coup d'œil sur l'histoire. Elle nous montre une institution en évolution : d'une part, l'empereur Frédéric II eut une influence décisive sur la naissance de l'Inquisition en stipulant, dans son édit de couronnement, la mort sur le bûcher comme peine de l'hérésie ; d'autre part, le pape Grégoire IX (neveu d'Innocent III), promulgua une constitution pour se réapproprier la lutte contre les hérétiques, auparavant surtout organisée par les évêques locaux ; et, pour débusquer les hérétiques, il nomma inquisiteurs du pape en particulier des membres des ordres mendiants, très mobiles. L'Inquisition romaine, universelle et plus efficace, est issue de l'allègement, de l'élargissement et de l'intensification de l'Inquisition épiscopale déjà en usage au Haut Moyen Âge !

Les hérétiques condamnés par l'Église devaient être transférés au tribunal séculier pour l'exécution de la peine – la mort par le feu ou au moins la section de la langue. Les laïcs ne devaient discuter de la foi ni en privé ni en public, mais plutôt dénoncer tous ceux qui étaient soupçonnés d'hérésie. Seules les autorités religieuses étaient compétentes pour décider des questions de foi, et elles n'autorisaient aucune liberté de parole ou de pensée. C'est justement Innocent IV, un pape qui était un grand juriste, qui fit un pas de plus. Il autorisa l'Inquisition à laisser les autorités séculières employer aussi la torture pour contraindre aux aveux. Les souffrances concrètes infligées aux victimes défient toute description.

Seules les Lumières mirent fin aux barbaries de la torture et des bûchers pour les hérétiques. Mais l'Inquisition romaine continue d'exister sous une autre dénomination (« Saint-Office », « Congrégation pour la doctrine de la foi »), avec des méthodes de torture psychiques, et elle utilise de nos jours des méthodes de fichage numérisées. Elle procède cependant toujours d'après ses principes médiévaux – c'est même une des raisons qui interdisent au Vatican d'intégrer la Convention européenne des droits de l'homme de 1950, qui doit garantir un niveau minimal de respect des droits de l'homme.

Malgré un ordre procédural finalement reformulé et, pour la première fois, publié – une concession arrachée à la Congré-gation pour la foi lors du conflit sur l'infaillibilité – il reste vrai que la procédure contre un suspect ou un accusé est toujours secrète. Personne ne sait qui sont les informateurs. Aucun interrogatoire contradictoire de témoins ou d'experts n'a lieu. Aucun accès au dossier n'est accordé, et la connaissance des audiences préliminaires est ainsi empêchée. Accusateur et juge sont identiques. L'appel à un tribunal indépendant est exclu ou, plutôt, inutile.

Car établir la vérité n'est pas le but de la procédure, mais la soumission inconditionnelle à la doctrine romaine, toujours identique à la vérité. Bref : il faut l'« obéissance » à l'Église, selon la formule, aujourd'hui encore en usage : *humiliter se subjecit* (« il s'est humblement soumis » ; à propos de l'« index de l'abêtissement du peuple », cf. chap. 6, « Non seulement améliorer le droit canon… »). Une telle obéissance exige un apprentissage précoce : d'après le nouveau code ecclésiastique, « les séminaristes seront formés de telle sorte que, pénétrés de l'amour de l'Église du Christ, ils se lient au Pontife Romain, successeur de Pierre, par un amour humble et filial… » (Canon 245

§ 2)[1]. Cela est assorti au serment de fidélité envers le pape exigé de chaque évêque avant sa prise de fonction (Canon 380), normalement à prêter dans le cadre de l'ordination épiscopale.

Le pouvoir du chef qui veille sur la foi est toujours grand et, en particulier chez les évêques et les théologiens, il est encore craint. Tout l'appareil de la Curie est à sa disposition. Il lui est facile d'accéder directement à chacune des nonciatures vaticanes du monde entier pour charger le représentant du pape d'intervenir dans une conférence épiscopale, un gouvernement et aussi contre un individu précis. Il peut aussi écrire directement à chacun des 5 000 évêques, ou presque, du monde entier, pour le rappeler à l'ordre, lui ou ses théologiens, ses prêtres, ses religieux. Le tout sans bruit et en passant totalement inaperçu du public, souvent explicitement *sub secreto pontificio*, sous le plus haut degré de confidentialité du Saint-Office. C'est seulement ainsi que, durant des décennies, a pu effectivement fonctionner le camouflage mondial des abus sexuels du clergé.

C'est hors de doute : l'Inquisition, même dans sa forme modernisée, est une insulte à l'Évangile comme au sens de la justice le plus commun de nos jours, celui en particulier qui est exprimé dans la déclaration des droits de l'homme. L'Inquisition ne doit pas être réformée, comme on a tenté de le faire sous Paul VI, mais tout simplement abolie. Le mieux serait de remplacer la « Congrégation pour la foi » par une « Congrégation pour l'amour », une instance de contrôle qui vérifierait que chaque action ou chaque mesure de la Curie ne contredit pas l'esprit de l'amour chrétien. Car il ne s'agit pas ici seulement de l'Inquisition formelle, mais aussi de la répression romaine au sens beaucoup plus large.

---

1. Cf. www.vatican.va/archive/FRA0037/_PV. HTM. La version allemande que cite Küng parle de « *kindlicher Liebe* », « amour enfantin » (au lieu de « filial »).

Écarter toutes les formes de répression

Justification : par « répression » il faut entendre toute forme d'oppression de l'homme par l'homme par un système déterminé et ses représentants. Naturellement, une communauté de foi a besoin de critères et de références selon lesquels ses membres peuvent s'orienter. Mais, dans l'Église catholique, beaucoup – des individus, et parfois des groupes entiers – ont à déplorer des limitations et des entraves par divers moyens spirituels de pression et de pouvoir (des moyens qui souvent sont aussi politiques, juridiques, financiers). Au lieu de la liberté dans l'esprit de l'Évangile, c'est la mise au pas « spirituelle », voire l'oppression (cf. chap. 1, « Ça ne peut pas continuer comme ça »).

Mais les représentants de l'Église officielle minimisent volontiers ce point et voudraient donner l'impression qu'une telle répression n'existe pas du tout. Bien plus, d'un point de vue pastoral, il régnerait un climat de fraternité et d'amour, il y aurait en théologie une totale liberté de la recherche et de l'enseignement ; aucune stagnation œcuménique ne saurait être constatée ; il n'y aurait aucune alliance de la Curie conservatrice avec des évêques ou avec des tendances réactionnaires en politique, dans la culture et dans la société.

Bien entendu, je ne veux pas trop noircir le tableau, mais pas non plus trop voir la vie en rose. Non seulement les « théologiens critiques », mais d'innombrables fidèles des paroisses n'arrivent pas à comprendre :

– les méthodes de discrimination et de diffamation toujours employées du côté des services ecclésiastiques contre les membres ou les groupes de l'Église qui – sur certains points de doctrine, de morale, de discipline et de politique – pensent autrement que le pape ou autrement que certains cardinaux ou évêques, à Rome ou dans leur propre pays ;

– la diffamation envers des chrétiens – évêques, prêtres,

théologiens, laïcs – engagés dans le social, en Afrique et surtout en Amérique latine, qu'on essaie de discréditer et de réduire au silence en tant que marxistes ou communistes ;

– la diffamation envers des femmes, dont des religieuses (voir la visite «romaine» aux États-Unis), qui s'engagent contre la discrimination des femmes dans l'Église et l'interdiction de l'ordination des femmes ;

– la diffamation envers des théologiens dans le monde entier, qui s'engagent pour la majorité morale du chrétien d'aujourd'hui et des positions plus compréhensives et plus différenciées dans les questions éthiques importantes pour la vie des gens.

Combien de loyaux catholiques, hommes et femmes, ont, dans cette Église catholique romaine, souffert de mesures répressives ! Certains cas sont connus, beaucoup sont restés inconnus. Lorsque je pense à tout ce qui m'a été rapporté par écrit ou est parvenu à mes oreilles, par des gens concernés, durant les vingt-huit années du régime Wojtyla-Ratzinger, je pourrais remplir avec leurs paroles des pages innombrables : mises en demeure, avertissements, menaces, assignations, mutations, destitutions, «silence de pénitence», retrait de l'habilitation ecclésiastique à enseigner, retrait de l'habilitation à prêcher, suppression de la charge sacerdotale...

Le National Catholic Reporter (NCR), organe renommé des catholiques critiques des États-Unis, a publié le 28 septembre 2007 un *Special Report: Theology Censure.* Y figure une liste des «cibles» (*targets*), pour ne pas dire des «victimes», de «vingt-huit ans de discipline pontificale» sous Jean-Paul II ; celle-ci ne prétend certes pas donner une représentation complète, mais substantielle, des personnes sanctionnées. Elle inclut, en partie dès le pontificat de Paul VI, des noms célèbres : le théologien français Jacques Pohier (dominicain), Edward Schillebeeckx, professeur de théologie dogmatique belgo-hollandais (dominicain), Karl Rahner, professeur de théologie dogmatique allemand (jésuite), le théologien américain Charles Curran et, seul conservateur, l'archevêque traditionaliste Marcel Lefebvre.

Se rajoutent à cette liste de la NCR l'archevêque Raymond Hunthausen de Seattle (États-Unis) (à cause d'«abus» en liturgie) et Jacques Gaillot, évêque d'Evreux (France) (à cause de ses prises de position à propos des groupes marginaux), les théologiens de la libération Ernesto Cardenal (Nicaragua), Leonardo Boff (Brésil) et Jon Sobrino (Salvador). Sans oublier des théologiens qui s'efforcent d'enraciner la théologie dans une culture («inculturation») : Tissa Balasuriya (Sri Lanka), Jacques Dupuis (Université grégorienne à Rome) et Anthony de Mello (Indien, condamné plusieurs années après sa mort). Mais sur cette liste figurent aussi des gens d'Église favorables aux homosexuels, comme le P. Robert Nugent et sœur Jeannine Gramick, ainsi que le professeur John McNeill. Plus bas, on trouve les religieuses Mary Agnes Mansour (sœur de la Miséricorde, États-Unis), Élisabeth Morancy et Arlene Violet (également sœurs de la Miséricorde), obligées de choisir entre leur position de leader dans le domaine social ou politique et leur vie religieuse ; elles choisirent de quitter leur congrégation. Mais aussi Barbara Ferraro et Patricia Hussey (sœurs de Notre-Dame de Namur) et Ivone Gebara (Brésil), sanctionnées pour leur opposition à l'attitude romaine sur l'avortement. En fin de compte, il y a aussi le dominicain américain Matthew Fox (exclu de l'Ordre à cause de sa doctrine du péché originel, de la sexualité et du «panthéisme») et le jésuite américain Robert Haight (à cause d'une christologie déviante)... C'est une liste sans fin.

Je ne peux que le répéter : si l'Église catholique veut cesser de se replier et survivre, elle doit cesser d'opprimer les esprits créatifs et éviter d'ériger une nouvelle tour d'ivoire antimoderne. Elle doit à nouveau – c'est ce que Jean XXIII voulait dire en parlant d'ouvrir les fenêtres de l'Église – laisser entrer l'esprit de cette liberté pour laquelle le Christ nous a libérés. Le grand air et la lumière du soleil, dit-on, sont de bons remèdes pour combattre l'ostéoporose. Mais c'est surtout le droit canon qui a surtout besoin d'une thérapie.

Non seulement améliorer le droit canon,
mais le remodeler de fond en comble

Justification: le droit «canonique» (pontifical) développé au XIᵉ siècle avec la science canonique, est le plus important soutien idéologique du système romain; les revendications romaines du Moyen Âge ne purent s'imposer qu'avec leur instrumentation juridique (cf. chap. 3, «Hostilité envers les femmes et la sexualité»). Cependant, le paradigme de l'Église et du droit canon, recouvert d'un verni de modernité mais au fond médiéval et datant de la Contre-Réforme, est en contradiction avec les bases néotestamentaires de la constitution de l'Église, même si on a tenté, lors de Vatican I (1870), de le légitimer en le sacralisant, et après Vatican II (1962-1965) de le réimposer sous la forme d'un nouveau vieux *Codex juris canonici*, avec des moyens autoritaires et inquisiteurs. Un tel paradigme de l'Église et du droit canon est *a fortiori* en contradiction avec les idéaux de la démocratie moderne et du peuple de Dieu, même s'il est soutenu par un culte populaire de la personnalité et une politique de gestion du personnel qui n'est ni collégiale ni démocratique, mais vise à la conservation et à l'extension du pouvoir romain.

On s'en souvient, dès 1959, insatisfait du *Codex juris canonici* (CJC) de 1917, le pape Jean XXIII avait annoncé, en plus du Concile, une *réforme du droit canon* de l'Église latine – même si cela ne faisait pas forcément plaisir à sa Curie. Le Concile lui-même souhaitait une réforme de fond en comble. Mais alors que le *Code* de 1917 a été terminé en treize ans, pour le nouveau il en fallut seize. Ce n'est qu'en janvier 1983 qu'il fut solennellement proclamé par Jean-Paul II, qui évoqua et cita sans cesse le Concile.

Or, la commission de révision du droit canon était presque entièrement aux mains de la Curie, et donc le *Code* et ses 1 762 canons n'apportèrent pas vraiment ce que le Concile

213

souhaitait, mais plutôt ce que la Curie voulait. Naturellement, ce nouveau Code a malgré tout apporté des progrès dans sa forme et son contenu. Mais derrière une forme systématique et une terminologie qui s'appuient sur les concepts et les représentations du Concile, se dissimulent beaucoup trop souvent des contenus peu conformes au Concile. «Le nouveau droit canon: l'ancien système. L'esprit préconciliaire dans une formulation postconciliaire[1]»: c'est sous ce titre que Knut Walf, canoniste allemand, professeur à l'université de Nimègue et grand connaisseur de la problématique conciliaire, proposa son analyse du «nouveau» *Code*. J'en résume brièvement le contenu complexe et controversé.

Tout d'abord, quelques points de cette réforme sont particulièrement problématiques: d'importants *mots* du Concile, tels que l'Église comme *communio* ou le ministère comme *munus* (service, et non «*potestas*», pouvoir) et, en général, certaines avancées du Concile furent adaptés pour entrer dans la systématique juridique romaine. La primauté du pape est encore plus fortement affirmée dans le *Code* de 1983 que dans le *Code* de 1917; que le pape soit désigné, à côté de tous les autres titres, comme le «Vicaire du Christ», est nouveau (canon 331). Il n'y a plus de chapitre entièrement consacré au concile œcuménique, auquel on n'attribue plus aussi clairement le pouvoir «suprême» sur l'Église entière (canon 337 § 1) que dans le *Code* de 1917 (canon 228), où l'on se référait au concile de Constance. En même temps, toute collégialité des évêques et du synode des évêques est rattachée au pape, «chef» du collège des évêques: sans lui ce collège est frappé d'incapacité (canon 336). La capacité de décision des conférences épiscopales est restreinte: pour décider des questions de grande portée,

---

1. Titre original: «Das neue Kirchenrecht – das alte System. Vorkonziliarer Geist in nachkonziliaren Formulierungen», publié dans le recueil *Katholische Kirche – wohin? Wider den Verrat am Konzil* («L'Église catholique – quelle orientation? Contre la trahison du Concile»), 1986, édité par Norbert Greinacher et Hans Küng (non traduit en français).

elles doivent demander l'accord du Saint-Siège. Les légats du pape (nonces) doivent, avant chaque séance, obtenir à temps l'ordre du jour de la conférence épiscopale et, plus tard, il en sera de même pour le protocole de la séance, de sorte qu'une surveillance totale soit garantie. Le Saint-Siège peut même exiger que le nonce soit non seulement invité à la première séance, mais aussi aux suivantes : institutionnalisation de la méfiance romaine !

Il y a deux autres exemples de modification des droits traditionnels en faveur de la primauté : *primo*, la création de « prélatures personnelles » pour des organisations comme l'Opus Dei – ce sont en fait des quasi-diocèses, directement soumis au pape et largement soustraits à l'autorité des évêques ; cela peut conduire à des tensions, voire à des scissions. *Secundo* : la nomination d'un coadjuteur (évêque auxiliaire) est désormais toujours liée au droit de succession épiscopal. Le pape peut placer un tel coadjuteur aux côtés d'un évêque, lui imposant de cette façon même son successeur ; il peut ainsi contourner si nécessaire les droits de vote, formellement garantis par un concordat, du chapitre de la cathédrale. Excepté des mots, il n'est pas resté grand-chose d'une véritable collégialité du pape avec les évêques.

Mais ce qui n'est pas écrit dans le nouveau *Code* n'est pas non plus sans importance :

1. Il est certes explicitement question des laïcs et de leurs droits et devoirs, mais le *Code* ne contient pas de réglementation pour les *laïcs occupant un poste ecclésial permanent* ; on n'a même pas voulu leur attribuer l'ombre d'une « juridiction ». Des fonctions ecclésiastiques importantes, telles qu'assistant pastoral ou « aumônier » (de sexe masculin ou féminin), ne sont même pas mentionnées.

2. Il manque des dispositions à propos de la *laïcisation des clercs*, que la commission avait déjà élaborées à l'époque du pape Paul VI (le renvoi peut se faire aussi par une voie administrative simplifiée et accélérée). Mais cela avait déplu à son successeur

polonais (en particulier à cause de nombreuses demandes de dispense venant de Pologne) et, dès le 14 octobre 1980, il avait fait savoir aux évêques et aux supérieurs réguliers, par une lettre secrète de la Congrégation pour la foi, que la dispense du célibat n'était en rien le résultat automatique d'une procédure administrative; à l'avenir, les dispenses ne seraient accordées que dans des cas d'exception. Cela aggrava encore la problématique du célibat et favorisa la dissimulation des situations irrégulières.

3. Le même Jean-Paul II porte personnellement la responsabilité du rejet des règles détaillées pour une *juridiction administrative* de l'Église, telle qu'elle était encore contenue dans le projet de nouveau *Code* de 1980. Les actes ou les mesures de l'administration ecclésiastique doivent donc rester hors de tout contrôle, pour que les interventions parfois arbitraires de la Curie et des évêques ne puissent être sanctionnées par un tribunal indépendant.

Je ne peux que souscrire à la conclusion du canoniste Knut Walf : « Du fait de son passéisme, le nouveau *Code* ne peut pas offrir d'aide ou de directives pour guider l'Église catholique dans un avenir proche ou lointain. » « Ce *Code* était dépassé dès son entrée en vigueur » : la réforme fondamentale du droit canon reste donc à faire. Pour cela, il faudrait prendre en considération :

– que cette réforme doit partir d'un examen approfondi de la nature et de la fonction du droit dans l'Église ;

– qu'elle ne doit pas procéder à ces réformes concrètes uniquement selon une tradition juridique déterminée (surtout celle de la Curie), mais selon la norme de l'Évangile lui-même et selon les exigences de l'époque actuelle ;

– que les dispositions qui, tôt déjà, se sont glissées dans le droit canon officiel grâce à des falsifications (par exemple pour la convocation, la conduite et l'approbation du concile œcuménique ou à propos du choix des évêques) doivent être examinées au cas par cas et n'être maintenues que si elles sont indispensables d'un point de vue pastoral. *Salus animarum suprema lex* (« Le

salut des âmes doit toujours être dans l'Église la loi suprême ») :
ce vieil adage se trouve aussi à la fin du nouveau *Code*, en
conclusion du droit relatif aux sanctions et aux procès, composé
en tout et pour tout de 442 canons. En font partie 13 canons
peu engageants sur les procédures de destitution et de transfert
des curés, mais chose significative, pas un seul ne porte sur une
dispense de l'obligation du célibat. C'est pourquoi s'impose la
revendication fondamentale du chapitre suivant.

Autoriser le mariage des prêtres et des évêques

Justification : Jésus et Paul ont certes mis en avant, par leur
exemple, le célibat pour le service auprès des hommes, mais sur
ce sujet ils ont laissé à chaque individu toute sa liberté. Pierre
et le reste des apôtres étaient mariés durant leur ministère.
On ne peut défendre le célibat à partir de l'Évangile que comme
vocation (charisme) librement consentie et non comme loi
obligatoire. Il n'y a qu'un seul passage où Jésus parle du célibat
(volontaire !) : « Qui peut comprendre, qu'il comprenne ! », et
non : il doit comprendre. Il est aussi attesté que Jésus a visité
la maison de Pierre et guéri sa belle-mère (Matthieu 8,14). Paul
s'est résolument opposé à ceux qui, jadis déjà, défendaient l'idée
« qu'il [est] bon pour l'homme de ne pas toucher la femme »,
objectant ceci : « Étant donné les occasions de débauche, que
chacun ait sa femme, et que chacune ait son mari à elle » (Première lettre aux Corinthiens, 7,1 *sq.*). Selon la Première lettre à
Timothée du Nouveau Testament, il faut que l'« épiscope […]
n'ait été marié qu'une fois » (3,2) (et non : aucune fois !).

Pendant de nombreux siècles, le mariage alla de soi pour
les évêques et les prêtres et il s'est maintenu jusqu'à nos
jours en Orient, dans les Églises unies à Rome tout comme
dans l'ensemble de l'orthodoxie, au moins pour les prêtres.
La loi du célibat romain contredit l'Évangile et la tradition
catholique ancienne. Mais elle contredit aussi la Déclaration

des droits de l'homme qui inclut, pour chaque personne, le droit au mariage.

Il est vrai que certains prêtres vivent le célibat apparemment sans trop de problèmes; d'ailleurs, à cause de leur surcharge de travail notoire, beaucoup ne seraient pas en mesure de s'occuper de leur vie de couple ni de leur famille. Mais à l'inverse, l'obligation du célibat conduit souvent en pratique à des situations insupportables: beaucoup de prêtres aspirent à l'amour et au sentiment de sécurité, mais ne peuvent vivre une relation qu'en secret – celui-ci étant en maint endroit plus ou moins un «secret de polichinelle». Et si des enfants en sont issus, suite à une pression venant d'en haut ils sont passés sous silence, avec des conséquences désastreuses tout au long de la vie des intéressés. À cause du célibat, d'autres prêtres deviennent amers et se coupent du monde, avec, souvent, une relation tendue avec les femmes – qu'ils considèrent dans le pire des cas comme de purs êtres de sexe ou de tentation sexuelle. C'est pourquoi bien des hommes ordonnés et contraints au célibat ne feront guère bon accueil à l'ordination des femmes et à la collaboration collégiale à égalité avec elles dans les commissions de direction et de décision de l'Église. Raison de plus pour remplacer le célibat obligatoire par le célibat librement consenti de ceux qui s'y sentent appelés, et de voir que le véritable lieu pour une vie célibataire est dans les Ordres et les communautés monastiques. 87% des Allemands sont d'avis que l'interdiction du mariage pour le sacerdoce n'est plus adaptée à notre époque (ARD-Deutschlandtrend, sondage du 19 mars 2010).

La corrélation entre abus sexuels de mineurs par des clercs et loi du célibat n'a certes eu de cesse d'être niée, et pourtant on ne saurait ignorer les rapports entre les deux: l'obligation au célibat et l'Église monosexuelle pouvaient certes expulser les femmes de tous les ministères ecclésiastiques, mais non expulser de l'homme la sexualité; et, comme l'expose le catholique sociologue des religions Franz-Xaver Kaufmann, l'Église accepta ainsi de s'exposer au risque de pédophilie. De nombreux psychologues et psychanalystes l'attestent : la loi du célibat contraint les prêtres à s'abstenir de toute activité sexuelle, mais les impulsions sexuelles restent puissantes et risquent de se déporter vers un domaine tabou où elles trouvent compensation. La vie de célibataire, et surtout une socialisation (fréquemment par l'internat, puis le grand séminaire) souvent dominée par des hommes célibataires pour y mener, peuvent donc favoriser les tendances pédophiles. Diverses études montrent qu'une inhibition du développement psychosexuel se produit plus souvent chez les célibataires que dans la population ordinaire. Cependant, les déficits du développement psychologique et les tendances sexuelles ne deviennent souvent conscients qu'après l'ordination. Or, les évolutions et les comportements sexuels déviants sont systématiquement voilés dans l'Église catholique. Il faut donc une nouvelle attitude positive non seulement envers la sexualité, mais aussi et surtout par rapport aux femmes.

Ouvrir tous les ministères ecclésiastiques aux femmes

Justification : de longue date, s'agissant de l'interdiction des servantes de messe (entre-temps de nouveau levée) ou de l'interdiction de l'ordination des femmes et de la régulation artificielle des naissances, les femmes n'acceptent plus la façon dont l'Église les traite concrètement. De nos jours, elles refusent d'être dégradées en devenant l'objet d'ordres, d'interdits, de règles et de rôles décidés par les hommes. Comme dans la famille et la société en général, de plus en plus de femmes dans l'Église revendiquent les mêmes possibilités d'épanouissement et les droits qui vont avec. Beaucoup, surtout les plus jeunes, ont par résignation tourné le dos à l'Église, elles se sont retirées des paroisses ou suivent leur propre chemin spirituel et théologique. Parmi celles qui restent, elles sont toujours plus nombreuses à s'opposer à de telles contraintes et elles œuvrent ainsi pour une autre Église. Les critères les plus importants pour un ministère dans l'Église ne doivent plus être le sexe masculin et l'approbation opportuniste ou conformiste du *statu quo*. Nous devrions plutôt composer sérieusement avec le fait qu'il existe des capacités, des vocations et des charismes divers qui, dans l'Église, contribuent à créer une communauté où femmes et hommes sont égaux.

Réintroduire le *diaconat* de la femme est souhaitable. Mais cette mesure ne suffit pas : si, en même temps que l'accès des femmes au diaconat, on n'autorise pas aussi l'accès au presbytérat (à la prêtrise), cela ne conduira pas à une égalité des droits, mais retardera plutôt l'ordination des femmes. Même l'accès des femmes aux fonctions liturgiques (comme servante de messe, lectrice, pour distribuer la communion, comme prédicatrice), déjà pratiqué dans beaucoup de paroisses, peut être un important pas vers la totale intégration des femmes dans les services de gouvernement de l'Église. Mais ceci ne rend pas superflue pour autant la revendication d'une pleine ordination des femmes.

Il n'y a pas de raisons théologiques sérieuses qui s'opposent à l'accès des femmes au *presbytérat*. La composition exclusivement masculine du collège des douze apôtres de Jésus doit être comprise à partir de la situation socioculturelle de l'époque. Les raisons pour exclure les femmes que l'on trouve dans la tradition (c'est par « la femme » que le péché est entré dans le monde ; la femme a été créée en seconde position ; la femme n'est pas créée à l'image de Dieu ; la femme n'est pas un membre à part entière de l'Église ; le tabou des menstruations) ne sauraient être référées à Jésus et témoignent d'une diffamation théologique fondamentale de la femme. Dans ses lettres, l'apôtre Paul parle explicitement de femmes qui seraient ses *synergoi*, ce qui veut littéralement dire « collaboratrices », en substance : « collègues ». Il cite avec respect le nom de plusieurs femmes, avant tout Junie, qu'il désigne comme jouissant « d'une grande considération parmi les apôtres » (lettre aux Romains 16,7). Vu, d'une part, les fonctions dirigeantes des femmes dans l'Église primitive et, d'autre part, la présence toute naturelle de nos jours de femmes compétentes dans l'économie, les sciences, la culture, l'État et la société, l'accès des femmes au presbytérat ne devrait pas être retardé plus longtemps. Jésus et la primitive Église étaient, par leur haute estime des femmes, en avance sur leur temps, et l'Église catholique ne peut désormais plus empêcher l'ordination ; elle est largement à la traîne de son époque et des autres Églises chrétiennes, où cela fait longtemps que des pasteures et des évêques femmes font avec succès leur service. C'est un service de même dignité que celui les hommes, totalement différent des positions et fonctions subalternes que, depuis récemment, de nombreuses femmes des *movimenti* occupent à la Curie romaine.

L'exemple des *servantes de messe* montre que la résistance, et éventuellement aussi la désobéissance, peuvent parfaitement donner des résultats dans l'Église catholique. Il y a bien des années, elles furent tout simplement interdites par Rome. Mais l'indignation dans la population et le clergé fut grande et, dans la plupart des paroisses, on garda tout simplement les servantes de messe. Cela fut d'abord toléré, et enfin permis par Rome. En août 2010, lors d'un grand rassemblement de servants de messe à Rome, les servantes de messe (60 %) surpassaient en nombre les servants (40 %). Les temps changent. Le 7 août 2010, un article de L'*Osservatore Romano* louait même cette évolution comme une importante percée, étant donné qu'aujourd'hui on ne peut plus attribuer une « impureté » aux femmes et qu'une « profonde inégalité » est ainsi écartée. Combien de temps cela prendra-t-il pour qu'on comprenne à Rome que les mêmes arguments valent aussi pour la prêtrise, mieux : pour l'ordination des femmes ? Cela dépendra beaucoup des dispositions et des interventions des évêques.

Impliquer de nouveau le clergé et les laïcs dans le choix des évêques

Justification : à l'époque du christianisme ancien, les évêques étaient choisis par le clergé et le peuple. Furent ainsi choisis par le peuple Ambroise de Milan et Augustin d'Hippone, peut-être les plus grands évêques de tous les temps. *Nos eligimus eum* («Nous le choisissons») : ainsi résonnait la formule d'acclamation du peuple dans les communautés latines. Ce n'était pas l'évêque de Rome, mais les évêques proches qui participaient de manière décisive au choix. Aussi, selon les dispositions ultérieures du premier concile œcuménique de Nicée, le droit de consécration et de confirmation ne revint-il pas au siège épiscopal de Rome, mais au métropolite de la province ecclésiastique concernée.

Au Moyen Âge, l'attribution du siège épiscopal fut confiée le plus souvent aux souverains, puis, au XIᵉ siècle, selon l'idée de la réforme grégorienne souhaitée par les papes, au chapitre de la cathédrale. Ainsi le Saint-Siège accéda-t-il de plus en plus au droit de confirmation et d'ordination pour un siège. Cela aboutit à des «réservations», grâce auxquelles les papes se réservaient l'attribution des évêchés : d'abord ce fut pour des cas isolés, puis pour certains sièges, et enfin, depuis le XIVᵉ siècle, c'est le cas de tous.

De la sorte, le droit de vote du chapitre fut affaibli et même, avec le temps, juridiquement refoulé. Suite à la disparition des dynasties catholiques, ces droits furent largement délaissés. Ainsi se libéra la voie pour la nomination de tous les évêques par le pape – voie préparée depuis longtemps et désormais fixée en bonne et due forme dans le nouveau *Codex Juris Canonici* (proclamé unilatéralement par Rome en 1917, sans la moindre participation ou consultation de l'épiscopat ni de l'Église !).

Le droit de vote, pour le moment sans restriction, des diocèses suisses de Bâle, de Coire et de Saint-Gall, ainsi que celui d'Olomouc en République tchèque, demeurent les grandes exceptions. L'objectif est de rétablir le choix de l'évêque selon l'ancienne tradition, par un organe représentatif du diocèse, par exemple le conseil pastoral ou le conseil des prêtres complété par des laïcs. Le choix doit ensuite être confirmé par le pape (sur la tradition, voir le récent ouvrage de Gerhard Hartmann, *Wählt die Bischöfe. Ein Vorschlag zur Güte*, « Choisir les évêques, une tentative de conciliation », Rastibonne, 2010). Mais ci-dessous on trouvera encore une autre « tentative de conciliation ».

Cesser de proscrire l'eucharistie en commun des chrétiens catholiques et protestants

Justification : il serait temps que, après les nombreux documents sur le consensus des commissions œcuméniques officielles ou non officielles, l'Église catholique, qui porte la principale responsabilité de la scission de l'Église, reconnaisse la validité des ministres protestants et de la célébration de la Cène protestante. De toute façon, c'est déjà souvent le cas dans la pratique pastorale des paroisses.

Déjà à Augsbourg en 1971, lors de la rencontre œcuménique de Pentecôte où des milliers de personnes pratiquèrent spontanément l'intercommunion, le souhait de laisser les groupes œcuméniques et les couples interconfessionnels célébrer l'eucharistie ensemble, et de permettre à tous les chrétiens qui veulent communier de le faire dans chacune des Églises chrétiennes fut soumis par une grande majorité, en bonne et due forme, aux autorités de l'Église. Les interdits qui s'y opposaient devraient être abolis par les Églises.

Or pourquoi, quarante ans après, n'avons-nous pas progressé ? Pourquoi réagit-on encore – souvent des deux côtés – avec étroitesse d'esprit, crainte pour l'orthodoxie, méfiance et peur ? Pourquoi le synode de Wurtzbourg des évêques de la République fédérale d'Allemagne (1971-1975) comme les visites du pape remplies de bonnes paroles restèrent-ils sans progrès œcuménique ?

Par peur de l'hospitalité œcuménique spontanée et des célébrations en commun de la Cène, la hiérarchie ecclésiastique catholique repoussa une nouvelle rencontre œcuménique à l'année 2003, au *Kirchentag* œcuménique de Berlin : or la hiérarchie catholique y refusa encore une fois la communion en commun avec l'Église protestante, ce que d'ailleurs cette dernière accepta tacitement. En même temps, on pressait les dirigeants de l'Église protestante de renoncer même à la pratique toute naturelle d'inviter des chrétiens de toutes confessions à communier ensemble.

Pourtant, dès 1982, sous le titre de *Baptême, Eucharistie, Ministère*, fut adoptée à Lima une déclaration « de convergence », élaborée par la commission « Foi et Constitution » du Conseil œcuménique des Églises, en collaboration avec des représentants catholiques officiels. On y était d'accord sur ce point : les différences théologiques qui ont, au xvie siècle, mené à la scission de l'Église sont devenues surmontables. Deux des principales questions litigieuses d'alors ont été éliminées par le concile du Vatican II : la liturgie en langue vernaculaire et la communion au calice permise aux laïcs. Qui donc, à part quelques théologiens polémistes et rétrogrades, voudrait encore se diviser sur ces vieilles questions litigieuses : la mort de Jésus est-elle un « sacrifice d'expiation » ? Le pain et le vin subissent-ils une « transformation essentielle » (« transsubstantiation ») ? Le Christ est-il réellement présent sous les espèces du pain et du vin et si oui, comment ? Les Églises protestantes manifestent-elles vraiment le respect requis pour la célébration de la sainte Cène et la communion ?

En ce qui concerne la difficile question des ministres de la célébration eucharistique, il y a aujourd'hui de moins en moins de catholiques pour affirmer que l'eucharistie ne saurait être « célébrée » pour le peuple que par le prêtre. Et aucun protestant n'affirmera que chaque chrétien peut et doit tout simplement célébrer l'eucharistie, quand et où il veut. Mais selon le Nouveau Testament, il est évident qu'à côté de l'appel d'un ministre par un ministre il y a en second lieu un envoi en mission par des gens qui n'ont pas eux-mêmes été spécialement envoyés (par exemple, dans les Actes des Apôtres, l'imposition des mains par des prophètes ou des docteurs). Et troisièmement, il y a le charisme né librement de ceux qui, dans une communauté de foi, se reconnaissent appelés au service de diriger (Première lettre aux Corinthiens 12,28 ; 16,15) ou de présider la célébration de l'office religieux (Lettre aux Romains 12,8). Bien entendu, il est compréhensible que, dans l'Église des temps postapostoliques, c'est la première forme de ministère, basée sur l'envoi spécial par l'imposition des mains, qui se soit finalement imposée, si bien qu'on la nomme « succession apostolique ».

Tout cela fut exposé dès 1973 dans un mémorandum détaillé[1], par un groupe de travail issu d'Instituts universitaires œcuméniques de la République fédérale d'Allemagne, le mémorandum était intitulé « Réforme et reconnaissance des ministères religieux » ; il demandait que même l'Église catholique reste en principe ouverte aux deux autres voies. Il y a donc aussi peu d'objections à une reconnaissance des ministres protestants par l'Église catholique qu'à une célébration commune de l'eucharistie ou de la Cène. Les groupes et les paroisses qui la pratiquent déjà à la marge de ce qui est officiellement autorisé ont le message biblique de leur côté. Il existe d'autres mémorandums sur le même sujet, dont dernièrement les *Thèses sur l'hospitalité eucharistique*[2] des instituts œcuméniques de Strasbourg, Tübingen et Bensheim, sous le titre programmatique : *Le partage eucharistique entre les Églises est possible.* Après de minutieuses analyses, ils arrivent à la même conclusion. Il s'agit maintenant de transposer enfin dans la pratique ce qui est depuis longtemps clarifié du point de vue théologique.

---

1. *Reform und Anerkennung kirchlicher Ämter*, Mayence, 1973.
2. Titre complet : *Le partage eucharistique entre les Églises est possible – Thèses sur l'hospitalité eucharistique*, Academic Press Fribourg, 2006. Küng cite d'abord le sous-titre, puis le titre.

L'entente œcuménique et la collaboration sincères, sans échappatoire ni dissimulation

Justification: c'est justement de l'Église qu'est exigée une parole sincère; «Quand vous dites "oui", que ce soit un "oui", quand vous dites "non", que ce soit un "non"» (Matthieu 5,37). En particulier, le oui formel à l'œcuménisme ne doit pas être falsifié en un non de fait. De plus en plus de gens ne tolèrent plus les vieux prétextes sans cesse répétés par les hommes d'Église (il n'y a guère de femmes parmi eux!) de Rome et même d'Allemagne, parfois soutenus par des protestants uniquement préoccupés d'identité protestante:

– les temps ne seraient pas encore mûrs ni pour une entente œcuménique ni pour une levée des excommunications ni pour instaurer la *communio* ni pour célébrer ensemble l'eucharistie et la Cène, comme si sur tous ces sujets il n'y avait pas eu d'interminables discussions – officielles ou non officielles;

– il faudrait qu'encore beaucoup de commissions et de synodes continuent de siéger, bien que quantité de réunions aient eu lieu dont les résultats furent tout simplement ignorés;

– il faudrait «prier» encore plus, comme si l'*oratio* des croyants ne devait pas enfin être associée à l'*actio* des dirigeants;

– il faudrait continuer de «souffrir» avec patience de l'Église et de ses scissions, comme si la souffrance que les scissions de l'Église ont apportée et apportent toujours à l'humanité, aux peuples, aux paroisses, aux familles et aux mariages ne criait pas depuis longtemps vers le Ciel...

Avec des objections comme celles qui précèdent, ce n'est pas un bon esprit qui s'exprime, mais un esprit qui divise, qui fait traîner, qui retarde! Ce n'est pas l'Esprit-Saint, volontiers cité dans ces circonstances: car s'il peut libérer l'Église de l'autojustification et la purifier de l'hypocrisie, il peut aussi faire fléchir l'entêtement des théologiens et de la hiérarchie, éliminer la peur par un amour qui surmonte les frontières, jeter les ponts de la confiance...

226

La parole sincère n'exclut ni la vérification ni la différenciation. « Vérifiez tout, retenez ce qui est bon » : ce que l'apôtre Paul écrit à la communauté de Thessalonique (Première lettre aux Thessaloniciens 5,21) au sujet des déclarations prophétiques vaut de nos jours *a fortiori* pour les déclarations de scientifiques. Elles doivent être écoutées dans l'Église, sans cependant qu'on accepte tout les yeux fermés, mais en vérifiant intégralement si elles sont vraies et bonnes pour l'homme.

Cela vaut en particulier pour les questions d'éthique médicale, très discutées, notamment la question fort controversée, même parmi les catholiques, du *diagnostic préimplantatoire* (DPI), où des embryons sont générés dans des éprouvettes, hors du corps de la mère, pour dépister les maladies héréditaires et, le cas échéant, pour les trier. Bien entendu, on peut faire un mauvais usage de ces méthodes. Mais l'axiome éthique *abusus non tollit usum* (« l'abus n'exclut pas l'usage ») vaut là aussi. L'interdit indifférencié du DPI exigé par des hommes d'Église se fonde sur des arguments discutables.

Qu'on y réfléchisse en effet : en particulier parmi les près de 250 000 personnes qui, en 2010, ont quitté l'Église catholique de la République fédérale allemande, il y en a sans doute plus d'une qui, opposée à la doctrine officielle de l'Église, milite non seulement pour la pilule mais aussi pour la fécondation artificielle et le DPI. En effet, les gens ne veulent pas que des ministres d'Église célibataires, responsables de la dissimulation de cas d'abus sexuel, continuent de leur faire la morale et de les accuser de se mettre gravement en faute, de « marcher sur les plates-bandes de Dieu », de provoquer une « rupture des digues » morales, et même, en tant qu'humains, de « s'ériger en maîtres au-dessus d'autres hommes ».

Ce dernier argument surtout a besoin d'un examen, car il faut impérativement le comparer à la façon dont les choses se passaient à l'évidence dans la tradition catholique romaine classique –, or ce point est *passé sous silence* – intentionnellement ou par ignorance – par les ministres actuels. La question de fond est celle-ci : l'homme individuel, doté d'une âme personnelle, existe-t-il dès la fusion chimico-biologique de l'ovule et du spermatozoïde (c'est-à-dire dès la nidation), ou seulement à un instant ultérieur, qui n'est peut-être pas mathématiquement déterminable ?

Mais l'ensemble des ministres catholiques se tait sur ceci : que l'on puisse dès le début parler d'une *personne* humaine ne concorde en aucune façon avec la tradition catholique romaine. Thomas d'Aquin, s'inspirant d'Aristote, admet que l'âme se forme par étapes (*animatio successiva*) : lors de la première phase, il existe une âme végétative (*anima* ou principe vital), lors de la deuxième phase une *anima sensitiva*, et seulement à la troisième phase, une *anima intellectualis* ou âme spirituelle. Le point décisif, c'est qu'il n'y a pas de *personne* humaine sans une *anima intellectualis*, une âme spirituelle ; *persona* « *non invenitur nisi in rationali natura* » (« il n'y a de personne que dans une nature rationnelle ») (*Summa theologia* III, q.6, a.4 ad 3, cf. I q.29 1 co, définition selon Boèce).

Cela resta la doctrine catholique traditionnelle jusqu'au XIXe siècle. Mais n'est-ce pas une conception de la formation de la vie humaine trop schématique – en accord avec l'état des connaissances scientifiques d'alors ? C'est sans nul doute le cas, néanmoins elle correspond quand même mieux aux données de la biologie que l'affirmation selon laquelle une « *personne* humaine » est donnée dès la fusion de l'ovule et du spermatozoïde et que, dans les cas d'un DPI, d'un avortement ou même de la « pilule du lendemain », un « humain » est tué, et même (par une intention méchante) assassiné. Une image pour le dire : celui qui me dérobe un gland (qui est un chêne *in potentia*) du jardin ne m'a pas pour autant abattu un chêne.

Mais qu'en est-il de la pratique catholique romaine ? Elle confirme tout à fait l'enseignement classique : les embryons nés de fausses couches et les enfants mort-nés n'obtiennent jamais – au contraire des nourrissons – un enterrement religieux en bonne et due forme. Une identification conséquente de l'ovule fécondé avec une personne humaine impliquerait ceci : chaque mort-né, et même chaque ovule fécondé artificiellement en laboratoire, devrait être enterré religieusement. Cela aurait peu de sens, si même c'était possible.

Reste cette question : depuis quand la théologie catholique connaît-elle une focalisation si acharnée sur le point de départ de la vie humaine ? Depuis longtemps, un travail scientifique précis (par exemple une thèse) serait indiqué sur ce sujet. Il ne fait aucun doute que la discussion du dogme de « l'Immaculée conception de Marie », en 1854, sous Pie IX a joué un rôle décisif pour cet enseignement excessif. Pourquoi ? En se donnant un peu de peine, même les laïcs sans formation théologique peuvent le comprendre.

Sous l'influence de la doctrine du péché originel selon Augustin, Thomas d'Aquin et l'ensemble de la théologie latine avaient toujours maintenu que même Marie fut engendrée « maculée ». C'est seulement au Moyen Âge tardif que le subtil théologien franciscain Duns Scot (*Doctor subtilis*) en est venu à l'idée que Marie aurait été préservée du péché originel par une « rédemption préventive » : *conceptio immaculata*, comme cela a ensuite été défini dans l'étrange dogme de l'« Immaculée conception de Marie » de 1854 (Marie engendrée sans péché originel dans le sein de sa mère), mais dont on ne trouve pas un seul mot dans la Bible et la tradition catholique du premier millénaire et qui, à la lumière de la théorie de l'évolution, n'a guère de sens.

Voici un résumé précis de ma position dans le débat d'éthique médicale : dès le début, la « *vie humaine* » est présente, c'est pourquoi est exigé dès le début un respect spécial de cette vie : on ne peut la manipuler n'importe comment ; lui revient déjà, suivant le Tribunal constitutionnel de la République fédérale, la dignité humaine. Mais une « *personne humaine* » n'est pas donnée au départ, et dans cette mesure, les critères éthiques se rapportant à l'avortement et aux recherches sur les cellules souches doivent être appliqués de façon différenciée, et non pas comme si on avait déjà affaire à une personne humaine qui, à mon avis, présuppose au moins la formation du cerveau. C'est en ce sens que je souhaite conseiller la pondération et la retenue, pour qu'en ces matières on ne retombe pas dans les anciens affrontements – Église *versus* science –, qui ne sauraient être opportuns ni pour les scientifiques ni pour les gens d'Église. Il serait bon que, sur ces questions controversées même chez les catholiques, le « magistère » de l'Église, au lieu de les durcir et de les exaspérer, contribue à des solutions constructives et à une concorde œcuménique. Hélas, jusqu'à présent ce n'est guère le cas.

Faut-il imposer une thérapie de la dernière chance ?

Lorsque je fis lire une version provisoire du manuscrit de ce livre à un ami médecin de ma Suisse natale, sa remarque critique la plus importante fut qu'il manquait à la fin un chapitre sur une possible « thérapie imposée ». Lui, catholique convaincu et démocrate intègre, me pria de bien vouloir « montrer en détail les démarches absolument nécessaires afin que les thérapies réputées efficaces pour le traitement de la maladie *puissent être prescrites d'urgence et mises en œuvre obligatoirement, au sens d'une thérapie imposée*, au "système romain" qui continuera sans doute d'être un patient peu compréhensif. [...] Sans mesures coercitives, Rome va encore ignorer ce livre et passer au point suivant. Tu viens en effet de subir une terrible déconvenue avec la lettre ouverte aux évêques qui n'a pas suscité une seule réaction. La même chose arrivera probablement aussi à ce remarquable livre ».

Le concept de « thérapie imposée » effrayera peut-être certains catholiques, d'autres en revanche pourraient approuver cette démarche. Mais que faut-il comprendre par « thérapie imposée » dans le contexte de l'*Église* ? En *médecine*, dans des cas juridiquement bien définis, on a le droit d'imposer et d'appliquer une thérapie déterminée, qui est donc une thérapie imposée. Toutefois, ce n'est pas le cas d'un patient majeur qui, menacé par une maladie organique, est en pleine possession de ses moyens intellectuels et peut avoir conscience de sa situation. Il peut refuser une thérapie et personne ne peut la lui imposer, même si ce refus le conduit à la mort. Qui peut souhaiter cela à l'Église ?

Différent est le cas d'un malade (en particulier d'un malade mental) incapable, à cause de sa maladie, de reconnaître qu'il est malade et de ce fait menacé de déchéance physique et/ou psychique. Lorsque manque cette clairvoyance, on a le droit, pour le sauver et aussi pour protéger les autres, de lui imposer une thérapie, éventuellement en l'internant ou en l'hospitalisant. Une thérapie imposée est aussi permise lorsque des parents (par exemple des témoins de Jéhovah) ne veulent pas autoriser en raison de leurs convictions religieuses une transfusion sanguine pour leur enfant très gravement malade. La thérapie pour guérir l'enfant peut alors être appliquée même contre la volonté des parents.

Mais une fois cela dit, où se situe l'*analogie avec l'Église* ? Naturellement, personne n'affirme que ceux parmi les dirigeants de l'Église qui refusent le dialogue et empêchent les réformes sont tous des cas pathologiques, bien que ce soit plus d'une fois ouvertement discuté dans des publications à propos de cas particuliers (par exemple pour le pape de l'infaillibilité, Pie IX). Mais une analogie avec des cas de maladie peut être reconnue : en raison de leur socialisation et de leur « curialisation » religieuse, ces personnalités ne sont souvent plus capables de reconnaître à quel point l'Église est malade de son propre système romain. Ce n'est pourtant pas à ces dirigeants ecclésiastiques qu'appartient l'Église, c'est seulement sa tutelle et sa direction qui leur sont confiées. Mais vu leurs œillères ecclésiastiques (l'« entêtement » biblique), ils refusent d'administrer un traitement efficace pour guérir la communauté Église. Pour sauver l'Église, il faudrait donc leur imposer une thérapie. Mais comment faire ?

Si l'on jette un coup d'œil sur l'histoire moderne, il y a deux modèles de « thérapie imposée » qui se présentent pour réaliser la transformation radicale d'une monarchie absolue :

– une *révolution par les armes*, suivant l'exemple des Révolutions française ou russe. Bien entendu, pour une Église qui en appelle au Jésus non-violent, un renversement dans le sang est hors de question ;

– une *évolution politique*, d'après l'exemple du parlementarisme anglais. En instituant le Parlement, la bourgeoisie a pu imposer le dépassement des formes à la fois de la société féodale et du pouvoir absolutiste, au profit de la responsabilité du gouvernement face au Parlement. Or dans l'Église catholique romaine, il n'y a, au niveau mondial, aucune représentation élue du peuple – pas même du clergé – qui serait pourvue d'une qualité parlementaire.

Alors ? Dans cette Église absolutiste, l'individu (le fidèle, le prêtre et aussi l'évêque) n'est-il qu'un soldat de plomb menant, pour ainsi dire, un combat perdu d'avance ? Non, même dans ce système, l'individu dispose sans conteste de *diverses options* pour résister ; et certains les mettent à profit – avec des effets thérapeutiques pour l'Église :

– Il ou elle peut quitter l'Église. Ces dernières années, des centaines de milliers de personnes l'ont fait, non seulement à cause des impôts d'Église, mais aussi à cause de nombreuses situations injustes dans l'Église et du blocage général des réformes, et aussi, en particulier depuis 2010, à cause des scandales d'abus sexuels.

– Il ou elle peut refuser de payer les impôts d'Église : quitter la communauté de droit public assujettie à l'impôt ecclésiastique sans quitter pour autant la communauté des croyants est de plus en plus souvent autorisé en Allemagne, y compris par la justice. Même le pape y prête une oreille attentive. En Suisse, où les membres de l'Église payent les impôts ecclésiastiques directement aux paroisses, le refus de la paroisse ou plutôt du synode cantonal de reverser la part diocésaine dans la caisse épiscopale s'est révélé être un moyen de pression efficace dans plusieurs cas.

– Il ou elle peut se convertir à une autre Église : déjà beaucoup de prêtres catholiques qui se sont mariés ont assumé une charge dans l'Église vieille-catholique ; mais ces derniers temps, il y a eu aussi des catholiques qui, pour les raisons évoquées ci-dessus, se convertissent à l'Église protestante.

– Il ou elle peut tout simplement ne jamais rejoindre l'Église : c'est vrai de plus en plus de jeunes qui soit n'ont pas été baptisés, soit sont au mieux des membres passifs de leur Église.

– Il ou elle peut s'engager activement pour des réformes dans la paroisse, dans des mouvements de réforme, en théologie. C'est l'option que j'ai choisie.

Mais quelles sont les *méthodes* par lesquelles ceux qui sont engagés dans l'Église peuvent pour ainsi dire imposer une thérapie au système autoritaire et absolutiste ? Il y a quatre décennies déjà, j'ai réfléchi sur la façon d'entreprendre une thérapie « contre la résignation » dans l'Église – ce sont les mots que j'emploierais aujourd'hui. En 1972, trente-trois théologiens éminents du monde entier signèrent une déclaration dans ce sens ; parmi eux : Alfons Auer (Tübingen), Gregory Baum (Toronto), Franz Böckle (Bonn), Norbert Greinacher (Tübingen), Herbert Haag (Tübingen), Otto Karrer (Lucerne), Walter Kasper (Tübingen), Ferdinand Klostermann (Vienne), Richard McBrien (Boston), Johann Baptist Metz (Münster), Stephan Pfürtner (Fribourg), Edward Schillebeeckx (Nimègue)… À l'évidence, de cette façon l'individu n'est pas impuissant, mais il *peut et doit exercer un pouvoir (non une domination)* dans un secteur plus ou moins étroit ou large.

Cette thérapie comporte cinq parties :

1. Ne pas se taire : le *poids des mots.* Le croyant individuel ne doit pas se taire, que ce soit par opportunisme, découragement ou légèreté. Dans l'Église, chacun, qu'il soit ministre ou non, homme ou femme, a le droit et souvent le devoir de dire ce qu'il pense de l'Église et de sa direction, et de faire ce qu'il considère nécessaire, donc de proposer des améliorations.

2. Agir soi-même: la *force de l'action*. Plus il y aura de personnes dans l'Église qui ne feront pas que se plaindre et pester contre Rome et les évêques, mais agiront elles-mêmes, plus elles contribueront à ce que la communauté ecclésiale arrive à surmonter le lourd système catholique romain. Dans les paroisses et dans l'ensemble de l'Église, beaucoup de grandes choses se sont mises en route grâce à des initiatives individuelles. La société moderne justement offre à l'individu des possibilités d'influencer positivement la vie de l'Église (qu'on songe seulement aux nouveaux médias et à Internet). Il peut ainsi de différentes manières faire pression pour de meilleures liturgies, des homélies plus compréhensibles et une pastorale plus moderne, pour des modifications structurelles, pour l'intégration œcuménique des paroisses et pour un engagement chrétien dans la société.

3. Agir de concert: *l'union fait la force*. L'individu ne doit pas agir seul, mais au contraire, partout où c'est possible, avec le soutien d'autres personnes, d'amis, du conseil paroissial, du conseil presbytéral, du conseil pastoral, d'une association de catholiques laïcs, ou encore d'un libre réseau de laïcs, d'un mouvement de réforme, d'un groupe de prêtres ou de solidarité. La coopération des différents groupements ne doit pas être entravée par un isolement sectaire, mais renforcée au nom de l'objectif commun. En particulier, le contact des groupes de prêtres réformistes avec les nombreux prêtres mariés et sans ministère doit être maintenu, en vue de leur retour à un service religieux intégral.

4. Rechercher des solutions provisoires: la *force de la résistance*. À elles seules, les discussions ne font rien avancer, souvent il faut montrer que l'on est déterminé. Et ce en toute bonne conscience. Car une pression sur les autorités, dans un esprit de fraternité chrétienne, peut être légitime là où les ministres ne remplissent pas leur charge. La langue vernaculaire dans l'ensemble de la liturgie catholique, la modification de la réglementation des mariages mixtes, l'approbation de la tolérance, de la démocratie, des droits de l'homme et tant d'autres choses dans l'Église n'ont été obtenus que par la constante et loyale pression venant d'en bas.

En pratique, cela signifie ceci : si une mesure des hautes autorités religieuses ne correspond manifestement pas à l'Évangile, la résistance peut être permise, voire obligatoire. Par exemple, la désobéissance civile des paroisses allemandes vis-à-vis de l'interdit romain des servantes de messe évoquée ci-dessus a eu gain de cause. De même pour l'initiative allemande de fonder *Donum Vitae* après que l'Église catholique, pressée par Rome, se fut retirée des centres de planning familial. Autre exemple : dans certains diocèses, des laïcs (hommes ou femmes) peuvent prêcher malgré l'interdiction romaine. Ou encore celui de la paroisse de Reschenez, une commune suisse du canton de Bâle-Campagne : elle lutta avec succès, jusqu'auprès des tribunaux séculiers, pour conserver un prêtre illégalement destitué par l'évêque.

Si une mesure indispensable et urgente est retardée de façon intolérable par les plus hautes autorités religieuses, des solutions alternatives ou provisoires, sous réserve de préserver l'unité de l'Église, peuvent être mises en œuvre de façon avisée et modérée. Exemple : l'ancien évêque de Bâle, Otto Wüst, avait accordé, sous son unique responsabilité et sans l'autorisation romaine, l'habilitation ecclésiale à enseigner au jeune théologien Kurt Koch – maintenant cardinal de la Curie – pour permettre son activité de professeur. En Autriche, en Allemagne et dans d'autres pays, le Mouvement du Peuple de l'Église a été fondé à cause de l'ajournement des réformes. En ce qui concerne la loi inhumaine et non biblique du célibat, un prêtre qui, après mûre réflexion, envisage de se marier devrait, plutôt que de se retirer en secret de sa charge, en informer à temps sa paroisse. Si la paroisse souhaite qu'il reste en place, elle tentera d'éviter, par tous les moyens légaux, que le prêtre concerné soit obligé de quitter sa paroisse.

5. Ne pas abandonner : la *force de l'espérance*. S'agissant de sauver ou de renouveler l'Église, la plus forte tentation,

qui est souvent aussi un alibi commode, est de penser que tout cela n'a pas de sens, que de toute façon rien ne progresse et qu'il vaudrait donc mieux renoncer. Là où manque l'espérance, manque aussi l'action. C'est justement lors d'une phase de restauration et de stagnation dans l'Église qu'il importe de poursuivre avec sérénité, dans une foi confiante, et de ne pas s'essouffler. Beaucoup espèrent toujours une prise de conscience des responsables. En effet, même chez beaucoup d'évêques, le travail sur les cas d'abus sexuels a fait avancer une lente évolution des esprits. Ils sont maintenant confrontés à des questions plus fondamentales, par exemple sur le pouvoir et son exercice dans l'Église catholique, sur le dogmatisme rigide de cette Église, sur la sexualité et son refoulement dans cette Église.

Il y a sans cesse de petits signes d'espérance, par exemple lorsque l'évêque de Rottenburg-Stuttgart, Mgr Gebhard Fürst, déclara lors de ses vœux pour la nouvelle année, le 6 janvier 2010 à Stuttgart : « Dans l'Église catholique d'Allemagne, nous avons besoin d'un processus de purification et de renouvellement. » Cependant, parmi les auditeurs, certains se demandèrent jusqu'à quel point il était sérieux, dans la mesure où le processus sera de toute façon nécessairement limité par le contexte de l'« Église universelle » (c'est naturellement de « Rome » qu'il s'agit) et si à cette occasion on ne mettait pas une fois de plus en avant la « grande valeur » du devoir du célibat au lieu d'exiger sa suppression. En effet, il y a tout juste quarante ans, du 3 au 5 janvier 1971, a eu lieu l'assemblée plénière constituante des diocèses allemands lors du synode de Wurtzbourg ; durant les années suivantes, avec un droit de vote égal, 58 évêques, 88 prêtres, 30 religieux et 141 laïcs traitèrent de « sujets brûlants », dont le devoir du célibat. Mais rien ne fut réalisé, aucun problème urgent ne fut résolu – à cause du blocage de la Curie et de l'inaction des évêques allemands. Le P. Wolfgang Seibel, témoin de ces évènements, écrivait ceci dans *Stimmen der Zeit*, pour l'anniversaire du synode : « Il est regrettable que cette forme commune de prise de décision n'ait pas fait école… L'actuelle direction de l'Église occulte cette intéressante partie de la tradition. »

Toutefois, pour certaines requêtes de réforme, il faudra, quant à leur réalisation, compter sur le long terme ; il en va de même dans la société civile. Lors d'une conférence à Cincinnati il y a quelque temps, un monsieur d'un certain âge me glissa une note d'encouragement. Il y a quelques décennies, écrivait-il, à cause de la suprématie des WASP (*White Anglo-Saxon Protestant*), quatre groupes de personnes ne jouaient encore aucun rôle social essentiel aux États-Unis : les Noirs, les juifs, les catholiques et les femmes. Personne ne contestera que bien qu'il reste pour chacun encore beaucoup de progrès à faire, l'influence de ces groupes dans la société américaine a fondamentalement évolué dans le bon sens. Il faut chercher résolument et avec énergie de tels changements à long terme aussi dans l'Église.

Vers une convalescence

Ce que j'ai promis au début de ce livre, je pense l'avoir maintenant réalisé, avec ce sixième chapitre sur les mesures concrètes. Tel était le livre *Concile et retour à l'unité. Se rénover pour susciter l'unité* (1960, trad. fr. 1961), sur la situation dramatique de l'Église catholique avant le deuxième concile du Vatican, tel est, cinquante ans après, face à la nouvelle situation dramatique, *ce livre-ci* : sur la base d'un diagnostic précis, actuel, historique et systématique (chapitres 1 à 5), j'ai présenté au chapitre 6 un « plan de sauvetage » complet et détaillé, pour une Église gravement malade.

Pour cette Église, j'ose alors espérer une « convalescence » (du latin *convalesco*, « se fortifier, se rétablir »), une « reconsolidation », une « récupération », une « guérison ». Pour mener à cette convalescence, j'ai décrit les thérapies, opérations et médications nécessaires. J'ai formulé certains propos avec fermeté, mais jamais avec mépris envers les personnes ;

237

avec clarté, mais non pas pour dénoncer. L'on aura certainement remarqué que le « thérapeute » a parlé avec tant de sévérité par amour de l'Église et de sa cause.

J'espère que les responsables de l'Église (locale et mondiale) engageront résolument les indispensables mesures de sauvetage. Que faire dans le court terme immédiat ?

– Dans les *paroisses*, il faut que tous – mais en particulier les responsables des conseils paroissiaux – acceptent de discuter en public et sans restrictions des questions qui les concernent, et de débattre sur les mesures concrètes à adopter.

– Les *mouvements réformistes*, comme « Nous sommes l'Église » et « Pour une Église d'en bas » doivent se saisir de cet agenda réformiste complet, avec ses justifications, agenda qui les soutient et les replace dans un contexte plus large, et le diffuser dans tous les pays.

– Le *Comité central des catholiques allemands* doit, face à la conférence épiscopale, exiger avec courage et constance des mesures concrètes d'assainissement et de renouvellement.

– Les personnalités *catholiques laïques* doivent user de leur réputation pour exiger publiquement, seules ou en groupe, des réformes concrètes des évêques et de Rome. C'est ce que firent de façon exemplaire huit personnalités politiques réputées de la République fédérale allemande, qui demandèrent en janvier 2011 un assouplissement de la loi du célibat et au besoin un règlement local spécial : Norbert Lammert, président du *Bundestag*, Annette Schavan, ministre fédéral de l'Éducation, Bernhard Vogel, Erwin Teufel et Dieter Althaus, anciens Premiers ministres, et Friedrich Kronenberg, secrétaire général du Comité central des catholiques allemands, en fonction depuis des années.

– Espérons aussi que l'un ou l'autre *évêque* écoutera sa conscience et trouvera le courage de prendre une position personnelle, bien informée et fondée pour une réforme dans son diocèse et dans l'ensemble de l'Église.

– Que la *conférence épiscopale d'Allemagne* passe à l'acte et fasse valoir son influence auprès des autres conférences épiscopales et auprès de Rome pour sortir l'Église malade de la crise et poursuivre le renouvellement et la réforme dans le sens du concile Vatican II.

– Que le *pape* fasse preuve de clairvoyance et satisfasse les demandes d'innombrables personnes, qu'il aille de l'avant pour guérir l'Église. Qu'il institue une commission de réforme compétente et si possible qu'il convoque prochainement un concile œcuménique (avec un nombre limité de participants, mais représentatif).

En conclusion, je reviens à la perspective globale.

Conclusion : la vision demeure

Dans ce livre j'ai, à un âge avancé, présenté une fois de plus un condensé de ma vision de l'Église : selon mon expérience, elle exprime les attentes de millions de chrétiens et de non-chrétiens. C'est une vision telle que je l'ai des décennies durant explorée, construite avec beaucoup d'efforts et portée dans la douleur. Une vision de la façon dont l'Église peut survivre et contre laquelle les adversaires de la réforme n'ont jusqu'à présent guère d'arguments à opposer.

Cette vision de l'Église se définit par trois caractéristiques :

– *Radicalité christique* : aucune des propositions de réforme de l'Église n'est fondée sur l'adaptation à un «esprit du temps», ni sur des considérations pratiques ou sociologiques, mais sur le message christique originel lui-même. Toutes les exigences de réforme y puisent leur racine, leur *radix*. De plus, elles sont étayées par la grande tradition catholique et formulées en vue des nécessités et des espérances des hommes d'aujourd'hui.

– *Constance* : c'est sans chanceler ni hésiter, sans considération opportuniste et sans concession à la théologie de cour qu'a été présentée ici une conception reprenant les impulsions de base du concile Vatican II – une conception qui fut systématiquement et mûrement réfléchie des décennies durant et concrétisée dans la pratique. Les exigences de réforme ne viennent pas d'un enthousiasme interne à l'Église, ni d'un extrémisme hypercritique : elles sont formulées de façon réaliste et constructive par rapport à ce qui est dès à présent possible dans l'Église.

241

– *Cohérence* : aucune exigence de réforme ne vaut par elle-même et isolément, chacune est un élément d'une conception globale et homogène. Des questions comme celles du célibat, de l'ordination des femmes ou de la contribution des laïcs aux décisions ne sont aucunement des questions de détail, mais l'expression d'un projet ecclésiologique en lui-même cohérent ; concentré sur l'Évangile, il explicite le cheminement, engagé pour l'Église catholique par Vatican II, de la configuration globale – vers un changement de paradigme qui s'éloigne du Moyen Âge, de la Contre-Réforme et de l'antimodernité pour aller vers une concrétisation de la postmodernité.

Cette vision sur la façon de sauver l'Église, je l'avais déjà récapitulée il y a longtemps dans quatre doubles propositions. Globale – elle ne vaut pas seulement pour l'Église catholique –, elle a été sans cesse confirmée ces dernières années et je ne vois donc aucune raison de m'en écarter :

1. Une Église rétrograde, enfermée dans le Moyen Âge, l'époque de la Réforme ou encore les Lumières, ne peut être sauvée. Mais une Église *orientée vers l'origine christique et concentrée sur les missions actuelles* peut survivre.

2. Une Église figée dans une image stéréotypée et patriarcale de la femme, dans un langage exclusivement masculin et dans des rôles sexués prédéfinis, ne peut être sauvée. Mais une Église qui serait une *Église de partenariat*, combinant ministère et charisme et acceptant les femmes à tous les ministères ecclésiastiques, peut survivre.

3. Une Église qui a succombé à un exclusivisme confessionnel idéologique et étroit, à l'usurpation de pouvoir et au refus de la communauté, ne peut être sauvée. Mais une Église qui serait une *Église ouverte sur l'œcuménisme*, pratiquant l'œcuménisme en interne et faisant suivre les nombreuses paroles œcuméniques aussi par des actes œcuméniques tels que la reconnaissance des autres ministres, la levée des excommunications et une totale communauté de la sainte Cène, peut survivre.

4. Une Église européocentrique et défendant un exclusivisme

chrétien et un impérialisme romain ne peut être sauvée. Mais une Église qui serait une *Église universelle* et tolérante, respectant la vérité toujours supérieure, cherchant pour cela à apprendre aussi des autres religions et laissant aux Églises nationales, régionales et locales une autonomie adaptée, peut survivre. Et pour cette raison, elle sera respectée par les hommes, chrétiens comme non chrétiens.

Peut-on encore sauver l'Église ? Je n'ai pas perdu l'espoir qu'elle va survivre.

Remerciements

J'aurais volontiers dédié ce livre à tous les amis du renouvellement de notre Église catholique, en particulier à ceux avec lesquels je suis en relation d'échange constante depuis de nombreuses années. Mais ce livre est conçu pour un plus large public qui, de diverses façons, se sent concerné par le destin de l'Église.

Je veux limiter l'expression de mes remerciements nominaux à ceux avec lesquels je suis toujours en relation de travail amicale et qui, avec leurs qualités diverses, ont pour une part essentielle contribué à l'élaboration de ce livre : le Dr Stephan Schlensog, secrétaire général de la Fondation Weltethos ; le Dr Günther Gebhardt, coordinateur académique ; Anette Stuber-Rousselle, assistante administrative et Ute Wanner, secrétaire de direction. Je les remercie tous de tout cœur !

Il faudrait y ajouter certains amis et collègues qui, sur des problèmes très précis, m'ont donné de précieux conseils. Je souhaite mettre en avant le professeur Hermann Häring, lequel – mon élève, collègue et ami – a indépendamment de moi, mais en même temps que moi, écrit un livre très bien documenté et mûrement réfléchi pour en finir avec l'Église mondiale cléricale et ses inflexibles structures autoritaires, son rigorisme dogmatique et son sacramentalisme non biblique.

Je remercie de nouveau la maison d'édition Piper pour sa très agréable collaboration, qui dure depuis des décennies. Non seulement mon lecteur, Ulrich Wank, mais encore Eva

245

Brenndörfer, directrice du service de presse et des relations publiques, m'ont encouragé à écrire ce livre et à surmonter toutes les fatigues qu'il a impliquées.

Hans Küng,
Tübingen, le 1er février 2011

L'auteur de ce livre

Hans Küng, né dans une famille catholique, a grandi dans la petite ville catholique de Sursee, en Suisse, et fait ses études primaires et secondaires dans la ville catholique de Lucerne.

Il vécut ensuite six ans à Rome au sein du Collegium Germanicum et Hungaricum pontifical – un collège romain d'élite – et effectua ses études philosophiques et théologiques à l'Université grégorienne ; ordonné prêtre, il célébra finalement sa première messe dans la basilique Saint-Pierre et fit son premier sermon devant la Garde suisse pontificale.

Il fut promu docteur en théologie à l'Institut catholique de Paris avec sa thèse sur le théologien réformé Karl Barth. Après deux années en paroisse à Lucerne, il devint en 1960, à trente-deux ans, professeur de théologie catholique à l'université de Tübingen.

De 1962 à 1965, il prit part au concile Vatican II en tant qu'expert nommé par Jean XXIII, puis, pendant deux décennies, enseigna la théologie à la faculté de théologie catholique de Tübingen avant de fonder l'Institut pour la recherche œcuménique de cette université.

Mais sous un nouveau pape, il fit l'expérience de l'Inquisition dans sa propre chair. Néanmoins, malgré le retrait de son habilitation ecclésiastique à enseigner, il conserva sa chaire et son Institut (séparés de la Faculté catholique).

Durant les trois décennies suivantes, il maintint une inébranlable fidélité envers son Église, dans une loyauté critique.

Distingué à de nombreuses reprises, il est resté jusqu'à ce jour professeur de théologie œcuménique et prêtre catholique *in good standing* (habilité à tous les actes ministériels).

Il a toujours approuvé la papauté comme un ministère pastoral de Pierre dans l'Église catholique, mais en même temps inlassablement exigé sa réforme radicale selon les critères de l'Évangile.

Aussi la communauté de foi catholique est-elle jusqu'à maintenant, malgré les nombreuses expériences de la face impitoyable du système romain, sa patrie spirituelle. Ce livre a été écrit en vue de sa guérison et de sa survie, au sein de l'œcuménisme chrétien.

Livres de l'auteur sur le même sujet

Rechtfertigung. Die Lehre Karl Barths und eine katholische Besinnung, Johannes-Benziger, 1957 ; trad. fr : *La Justification : la doctrine de Karl Barth, réflexion catholique* (avec une lettre-préface de Karl Barth), trad. Henri Rochais et Jean Évrard, Desclée de Brouwer, 1965.

Konzil und Wiedervereinigung. Erneuerung als Ruf in die Einheit, Herder, 1960 ; trad. fr : *Concile et retour à l'unité. Se rénover pour susciter l'unité*, trad. Henri Rochais et Jean Évrard, Cerf, 1961.

Strukturen der Kirche, Herder, 1962 ; trad. fr : *Structures de l'Église*, trad. Henri Rochais et Jean Évrard, Desclée de Brouwer, 1963.

Die Kirche, Herder, 1967 ; trad. fr : *L'Église*, trad. Henri Rochais et Jean Évrard, Desclée de Brouwer, 1968.

Unfehlbar ? Eine Anfrage, Benziger, 1970 ; trad. fr : *Infaillible ? Une interpellation*, trad. Henri Rochais, Desclée de Brouwer, 1971. Nouvelle édition augmentée : *Unfehlbar ? Eine unerledigte Anfrage*, avec une nouvelle préface de Herbert Haag, Serie Piper, 1989.

Fehlbar ? Eine Bilanz, Benziger, 1973.

Christ sein, Piper, 1974 ; trad. fr : *Être chrétien*, trad. Henri Rochais et André Metzger, Seuil, 1978.

Die Hoffnung bewahren. Schriften zur Reform der Kirche, Benziger,

249

1990 ; trad. fr : *Garder espoir. Écrits sur la réforme de l'Église*, trad. Francis Piquerez, Cerf, 1991.

Das Christentum. Wesen und Geschichte, Piper, 1994 ; trad. fr. : *Le Christianisme. Ce qu'il est et ce qu'il est devenu dans l'histoire*, trad. Joseph Feisthauer, Seuil, 1999.

Kleine Geschichte der katholischen Kirche, Berliner Taschenbuch Verlag, 2001.

Die Frau im Christentum, Piper, 2001.

Erkämpfte Freiheit. Erinnerungen, Piper, 2002 ; trad. fr : *Mon combat pour la liberté. Mémoires*, trad. Monika Thoma-Petit, Cerf, 2006.

Umstrittene Wahrheit. Erinnerungen, Piper, 2007 ; trad. fr : *Une vérité contestée. Mémoires II*, trad. Jean-Pierre Bagot, Cerf, 2010.

Was ich glaube, Piper, 2009 ; trad. fr. : *Faire confiance à la vie*, trad. Éric Haeussler, Seuil, 2010.

Table

Du même auteur

AUX MÊMES ÉDITIONS

Dieu existe-t-il ?
1981

Vie éternelle ?
1985

Le Christianisme et les Religions du monde
1986

Une théologie pour le IIIe millénaire
1989

Christianisme et Religion chinoise
(en collaboration avec Julia Ching)
1991

Projet d'éthique planétaire
La paix mondiale par la paix entre les religions
1991

Être chrétien
« Points Essais » n° 284, 1994

Le Judaïsme
1995

Credo
La confession de foi des Apôtres
expliquée aux hommes d'aujourd'hui
1996

Petit traité du commencement de toutes choses
2008

Faire confiance à la vie
2010

CHEZ D'AUTRES ÉDITEURS

Liberté du chrétien
Éd. du Cerf – Desclée de Brouwer, 1990

Prêtre, pour quoi faire ?
Éd. du Cerf – Desclée de Brouwer, 1990

Garder espoir
Écrits sur la réforme de l'Église
Éd. du Cerf, 1991

L'Islam, un défi pour le christianisme
(direction en collaboration avec Jürgen Moltmann)
Beauchesne, 1994

Mon combat pour la liberté
Mémoires
Éd. du Cerf – Novalis, 2006

Une vérité contestée
Mémoires II
Éd. du Cerf – Novalis, 2010

L'Islam
Éd. du Cerf, 2010

Les Religions au service de la paix
Éd. du Cerf – Novalis, 2010

RÉALISATION : PAO ÉDITIONS DU SEUIL
IMPRESSION : CPI FIRMIN DIDOT À MESNIL-SUR-L'ESTRÉE
DÉPÔT LÉGAL : SEPTEMBRE 2012. N°106149 (113846)
Imprimé en France